集人文社科之思 刊专业学术之声

刊　　　名：庄学研究

主　　　编：胡文臻　郭　飚

执 行 主 编：李　星　刘　卿　张　翼　陈　红　柳伍营

执 行 副 主 编：袁　辉　李家和　马兆胜　张建同

本期特邀主编：姜守诚　程光德　宁全红

ZHUANG-OLOGY STUDIES (2019 No.1) Vol.2

2019年第1期·总第2期

集刊序列号：PIJ-2018-242

中国集刊网：http://www.jikan.com.cn/

集刊投约稿平台：http://iedol.ssap.com.cn/

中国社会科学院（所）地共建智库平台

ZHUANG-OLOGY STUDIES (2019 No.1) Vol.2

2019年第1期 总第2期

主 编

胡文臻 郭 飚

执行主编

李 星 刘 卿 张 翼 陈 红 柳伍营

执行副主编

袁 辉 李家和 马兆胜 张建同

特邀主编

姜守诚 程光德 宁全红

社会科学文献出版社
SOCIAL SCIENCES ACADEMIC PRESS (CHINA)

《庄学研究》集刊编辑委员会

美术编辑 薛小妹 郭山水

项目统筹 周　琼

合作研究编务成员（以姓氏笔画为序）

马修文　牛怀慧　卢　干　刘克海　李　星　陈　刚　李彦频
李　莹　李家和　张建同　张洪涛　张　梅　张　翼　邵王莉
胡文臻　胡春雨　柳伍营　袁　辉　郭　飚　蔡洪光

《庄学研究》 主编简介

胡文臻　中国社会科学院中国文化研究中心副主任，副研究员，硕士生导师，中国社会科学院社会发展研究中心常务副主任，特约研究员

郭　飚　蒙城县人大常委会主任，安徽省庄子研究会常务副会长，特约研究员

序　言

中国社会科学院哲学研究所　王立胜[*]

党的十六大报告提出了经济建设、政治建设、文化建设"三位一体"，十七大报告提出了经济建设、政治建设、文化建设和社会建设"四位一体"，党的十八大报告明确提出经济建设、政治建设、文化建设、社会建设、生态文明建设"五位一体"的总体布局，大大丰富了现代化的理论体系。无论是"三位一体""四位一体"，还是"五位一体"，文化建设都是现代化建设的重要方面。习近平总书记在党的十九大报告中指出："文化是一个国家、一个民族的灵魂。文化兴国运兴，文化强民族强。"文化能为人民提供坚强的思想保证、强大的精神力量、丰润的道德滋养，必须不断加强文化建设。随着中国特色社会主义进入新时代和人民群众对美好生活的需要日益旺盛，文化建设在"五位一体"总体布局中的位置更加凸显，在实现中华民族伟大复兴的宏伟目标中将承担更加重要的历史使命。

对于一座城市或一个区域乃至一个国家而言，离开了文化就失去了灵魂。一座城市或一个区域的文化根脉来自历史深处，它是这座城市或这个区域的基因、灵魂和特质所在。亳州市地处中原文明的核心区域，具有古老的历史，在五千年的历史上，亳州为中华文明贡献了众多伟大的历史人物，留下了宝贵的精神财富和历史遗产。其中，最能体现这个古老而又现代的城市或说地域的文脉和荣耀的非庄子及其创立的庄学莫属。"庄子者，蒙（今亳州市蒙城县）人也。"庄子是道家学派的主要代表人物之一，与老子并称为老庄，创立了中华民族重要的哲学学派——庄学。庄学博大精深、源远流长，在中华民族几千年的思想历程中绽放了璀璨的光芒，不仅深深烙印在蒙城的历史根脉里而化成这座城市和这个区域的文化根脉，

---

[*] 王立胜，中国社会科学院哲学研究所党委书记、副所长、副教授，中国社会科学院中国文化研究中心负责人；中国毛泽东哲学思想研究会副会长；中国社会科学院新疆智库专家委员会委员；中国社会科学院全国中国特色社会主义政治经济学研究中心主任；中国社会科学院当代中国马克思主义政治经济学创新智库常务副理事长；中国《资本论》研究会副会长；中信改革发展研究院资深研究员。

而且茁壮成长为中华民族的重要文化支柱，成为中国人精神家园里与儒、释并齐的一种文化。鲁迅先生甚至说："中国根柢全在道教。"道教的思想基础实为老庄之学。鲁迅先生用极其简洁的语言肯定了道教或说道家学说在中国传统文化中的地位和作用，这是一个科学的论断，它纠正了长期以来在国内外流行的一种学术偏见，即儒家文化可以代表整个中国传统文化，道家文化可有可无、毫无价值，甚至主张予以彻底消灭。

庄学是中国传统政治思想的宝库，蕴含丰富的社会治理智慧。这些政治智慧对于当下新时代中国特色社会主义现代化建设依然具有重要的借鉴意义，对一个城市或一个区域的建设和发展也有一定的潜在价值。庄学思想中，一方面包含着"齐物平等"的高远政治理想，另一方面也蕴藏着对于政治生活和政治行动冷静而深刻的观察，形成了一整套关于社会治理的成熟思考，展现了中华文明深邃的政治智慧。在今天的时代环境下，我们需要从庄学思想中汲取必要的政治智慧来应对当前复杂的现实问题，同时在古为今用的前提下，促使庄学思想实现适应时代需要的创造性转化和创新性发展。诚如《史记·太史公自序》中概述道家的要旨所说："其术以虚无为本，以因循为用。无成执，无常形，故能究万物之情。不为物先，不为物后，故能为万物主。有法无法，因时为业，有度无度，因无与合。故曰'圣人不朽，时变是守。虚者道之常也，因者君之纲'也。"

庄学思想当中也蕴含着关于理想政治的独特思考，这些思考在一定意义上成为中华文明核心价值观的重要组成部分。"内圣外王"的说法最早出自《庄子》。《庄子》载："游心于淡，合气于漠，顺物自然，而无容私焉，而天下治。"这是对为政者的教导。存心淡漠，并非所谓"以出世心做入世事"，而是淡泊名利，从名利心中解脱出来，"无容私焉"，如此才能志存高远，这是对为政者内在品质的要求。只有"存心淡漠"的为政者，才会实事求是，顺应时势自然的要求，大公无私，真正做到不夹杂一己私念地全心全意为人民服务。最终天下得治的"外王"局面，还是要从为政者对自己"内圣"的修养中得来。《庄子》的古训在今天看来仍然有其教育意义。

《庄子》中关于理想政治最重要的看法是"齐物平等"。"齐物平等"强调的是"不齐而齐"的实质平等，强调的是因为差异所以平等的道理。这种平等观是对那种"齐不齐以为齐"的一元独断"文明论"最深刻的批判。正如章太炎先生所说，盲目地崇拜进化论、迷信西方资本主义文明论，实则导致了文明与野蛮的对立，实质上不过是所谓"志存兼并者，外辞蚕食之名，而方寄高义"的霸权世界观而已。中华民族伟大复兴的中国梦，就是要实现中华民族的伟大复兴。今天，我们应该创建一个符合《庄子》"齐物平等"理想的世界，这是真正"和而不同"的世界，是因为差异所以和谐、因为差异所以团结的"大同"世界。今天我们研究《庄子》，就是把庄子思想与中国特色社会主义核心价值观协调起来，利用《庄子》的思想来创造性地提出我们自己的世界理想。

庄学思想当中丰富的治国理政乃至治天下的内容，需要我们深入挖掘，充分消化，在新的时代条件下做出创新性解释。当然，庄学思想同中国一切传统文化一样，既有精华，也有糟粕，有其不可克服的历史局限性和阶级局限性，这就需要我们运用马克思主义观点加以批判扬弃，去其糟粕，留其精华。我们今天研究庄学，一方面是为了能够讲清楚"中华优秀传统文化是中华民族的突出优势，是我们最深厚的文化软实力"的深刻道理，另一方面也是在树立我们的文化自信，党的十九大报告明确指出："文化自信是一个国家、一个民族发展中更基本、更深沉、更持久的力量"，"没有高度的文化自信，没有文化的繁荣兴盛，就没有中华民族伟大复兴"。我们相信"中华民族创造了源远流长的中华文化，中华民族也一定能够创造出中华文化的新辉煌"。庄学思想作为中国独特的文化传统，蕴含着我们理解中国独特历史命运的奥秘。对庄学思想的再解读、再扬弃、再继承、再创造，不仅可以让我们更加自觉地尊重国情、尊重人民，也可以再次强化我们走中国道路的信心。

从庄学中继承和发展中华优秀传统文化是新时代中国特色社会主义建设的一项重要文化工程，也是新的历史时期一项重要战略任务。《庄学研究》是中国社会科学院哲学研究所、中国社会科学院文化研究中心、中国社会科学院社会发展研究中心与安徽省蒙城县人民政府等单位共同组织编撰的集刊，集中推出当前国内外庄学研究领域的最新成果，充分体现了基础理论与实践探索相结合的办刊宗旨。着力将庄学传统文化基因与习近平新时代中国特色社会主义思想相结合，适应新时代文化建设的需要；将传统文化研究与社会治理工作融合协调，适应国家新时代现代化建设的需要，才是《庄学研究》集刊长期发展的目标意义。

今天的亳州，更加着力于社会建设和文化建设，充分利用本地历史文化资源，发挥地方文化特色，努力打造亳州市的文化软实力，在中国特色社会主义核心价值观的培育和弘扬上做了大量的工作，取得了显著的成绩。《庄学研究》集刊建设将哲学社会科学工作者与新时代中国特色社会主义现代化建设紧密联系在一起，这种合作模式非常具有创新性。对于学者而言，一方面，他们可以深入基层、了解实际，亲身参与到地方文化建设工作中去，为"五位一体"的新时代中国特色社会主义现代化建设贡献自己的力量；另一方面，他们可以从实践中汲取养分，用实践检验研究成果，反哺学术研究，促进学术研究取得更优秀的成果。对于地方政府而言，这种合作模式可以极大地促进地方政府切实贯彻落实十八大提出的"五位一体"的现代化建设战略布局，真正将文化建设作为新时代中国特色社会主义现代化建设的五个目标之一，逐步扭转"文化搭台，经济唱戏"的文化建设方式，杜绝似是而非的文化建设现象发生，让文化建设真正成为传承文脉、凝聚人心、铸造灵魂、延续国脉的伟大工程。

习近平总书记在党的十九大报告中指出："发展中国特色社会主义文化，就是以马克思主义为指导，坚守中华文化立场，立足当代中国现实，结合当今时代条件，发展面向现代化、面向世界、面向未来的，民族的科学的大众的社会主义文化，推动社会主义精神文明和物质文明协调发展。"这为我们的文化建设提供了基本思路与根本遵循，也为庄学研究及《庄学研究》集刊建设指明了方向。《庄学研究》集刊建设既要以庄学的学术研究为抓手，传承中华民族优秀传统文化，为文化建设提供坚强的理论支撑，也要将学术研究与新时代中国特色社会主义文化建设相结合，从纯粹的学术研究扩展至文化产业，打造具有竞争力的文化品牌，构建学术、文化、产业"三位一体"的文化建设格局，切实让建设和发展中国特色社会主义文化落到实处。这应该成为新时代中国特色社会主义文化建设的共识。

是为序。

2019 年 3 月 27 日

目　录

学术争鸣

庄学应用价值研究

安徽庄子研究的发展思路

安徽省庄子研究会常务副会长　郭　飚[*]

安徽省庄子研究会成立于 2016 年 5 月 13 日。成立以来，研究会专兼职研究人员深入学习贯彻习近平同志在全国哲学社会科学工作座谈会上的重要讲话精神和党的十九大精神，坚持依法办会、学术立会、开放建会、创新兴会，扎实开展了一系列工作，探索了安徽省庄子研究会的发展思路。

办会方向更加明确。研究会自成立开始，就始终坚持党的领导，自觉坚持用唯物主义辩证法与方法论统领庄学研究全过程。为此，本会成立了党支部，采取集中学和分散学结合的方式，驻蒙会员组织召开了三次组织生活会，深入学习贯彻党的十九大精神，学习贯彻习近平新时代中国特色社会主义思想，学习贯彻习近平总书记系列重要讲话，尤其是在全国哲学社会科学工作座谈会上的重要讲话精神，让庄学研究各项工作始终围绕着"服务新时代，服务新发展"的时代主题。在 2016 年庄子研究会成立大会上，李仁群会长代表全体会员提出了"依法办会、科学办会、民主办会"的基本原则。

开放成果日益显现。李仁群会长曾在理事会上指出：要"团结和凝聚更加广泛的学者，努力将庄子研究会打造成为一个不仅是咱安徽的庄子研究会，还是全国的，甚至是国际性的一个庄子研究会"。按照会长的要求，本会各层面均开展了广泛的对外交流活动，除了与省级社会科研机构、各大高校开展庄学研究交流以外，秘书处也安排了一系列交流活动。如：2017 年 12 月，本会秘书处三位同志到华东师范大学参加两岸庄子学术交流会；2018 年 4 月，在蒙城县人大系统的三位会员借到复旦大学岗位学习的机会，专门请组织方安排冯平教授为全县人大系统 50 名干部授课，讲解庄子思想；6 月，研究会常务副会长带队前往北京，拜访了中国社会科学院哲学研究所党委书记孙海泉、学部委员李景源、副所长崔

＊　郭飚，蒙城县人大常委会主任，安徽省庄子研究会常务副会长，《庄学研究》主编。

唯航等哲学所领导、专家,并与北京大学哲学系教授、道家文化研究中心主任郑开等研究人员讨论庄学;7月,在蒙城县政协系统的会员到山东东明县考察,交流弘扬庄子文化的做法与经验;9月,秘书处两位同志应邀赴山东淄博参加了由北京大学哲学系与山东省社会科学院联合举办的"齐文化与稷下学高峰论坛",借鉴办会经验,拓展交流空间。本会秉持谦卑为怀,笃诚因庄结缘,信守以诚相待,坚定以情呵护,广交庄研专家,共谋研庄之道。

开放办会的成果直接体现在第三次庄子学术交流会上。本次交流会共收到论文83篇。其中,省外专家学者论文23篇,作者来自北京、上海、天津、山东、河南、河北、湖北、陕西、江西、广西、福建、云南、海南、新疆、内蒙古等15个省份;省内县外论文38篇。70%以上来自各级社科研究机构和各大高校,具有很高的学术质量。

载体建设逐步深化。针对如何让安徽省庄子研究会有效运转、科学发展的问题,本会于2018年4月14日在安徽大学主持召开了本会一届三次常务理事会及学术委员会议,对此进行了专题研究,提出了"庄子文化周"的概念,确定了研究会"六个一"的建设目标。"六个一"是指"一会""一集""一网""一刊""一地""一堂",即每年举办一次庄子学术交流会;每年结集出版一期学术论文集;创办安徽省庄子研究会网站;主办《庄子研究通讯》会刊,每年出版两期;把蒙城建设成海内外的庄子研究高地;开办高水准的"庄子大讲堂"。可以说,"六个一"建设目标为本会未来的科学运转和健康发展确定了方向,明确了抓手,搭建了平台。

安徽省庄子研究会网站设有8个主栏目,24个子栏目,上传文字资料100多万字,图片数百幅,点击量超过两万次。秘书处每天通过微信和微信群编发"庄研飞絮",介绍庄子文化、庄研动态、蒙城风物等,直接受众达2000余人,赢得了广大读者的点赞。2017年,在安徽省新闻出版广电局大力压缩社团组织会刊的背景下,本会会刊《庄子研究通讯》准印证获得批准,并于2018年3月创刊出版。自2017年以来,本会委托合肥爱知书店选购《道藏》《子藏》《中国庄学史》等庄子研究系列图书文献,累计已购28万余元的图书。以后将每年投入20万元购置图书文献,力争用五年左右的时间在蒙城初步建成全国庄子文献资料中心。"庄子大讲堂"于2017年8月正式开设,中国社会科学院哲学研究所陈静女士首开讲坛。其后,北京大学教授李中华、上海开放大学教授鲍鹏山等多位学者来蒙讲学,听众反响积极。

成果转化成效显著。"对庄子思想研究成果进行创造性转化和创新性发展，服务新时代，服务新发展"，一直是本会的宗旨，也是时代赋予我们的神圣使命。为此，本会始终学习贯彻习近平总书记的讲话精神，不断赋予优秀传统文化新的时代内涵，努力"让书写在古籍里的文字都活起来"，"既薪火相传、代代守护，也与时俱进、推陈出新"。

一是发掘思想出成果。庄学研究的论文数量越来越多，三次学术交流会收到的论文分别为 27 篇、33 篇和 83 篇，研究会的影响力越来越大。论文质量越来越高，在前两次交流会收到的论文中，共有 6 篇论文被《庄学研究》集刊创刊号收入。在 2017 年安徽省社科联组织的社科研成果评选表彰活动中，本会有两项社科研成果获奖。二是运用智慧促转化。在研究会的协同和指导下，蒙城已将庄子"包容从容、自然自在"的逍遥思想运用到城乡发展的规划与建设中，运用到旅游发展与文化建设中，运用到促进人民群众身心健康与和谐发展的各项事业中，通过中国楹联文化之乡、中国硬笔书法之乡、中国曲艺之乡、中国养生美食之乡等文化品牌的打造，中国古琴之乡、中国寓言之乡的争创，进一步推进了庄子思想的落地，尤其是"庄子文化周"系列活动，从概念的提出到载体的设计再到业态的布局，无一不凝聚着庄学研究的智慧。三是扩大宣传显价值。为给研究会提供更高平台，在中共蒙城县委的支持下，蒙城县政府与中国社会科学院哲学研究所签订了院（所）地智库合作协议。本会作为协议实施单位，从稿件征集、质量把关到编辑出版，都全程参与，深度推进。2018 年 7 月 27 日，《庄学研究》集刊在北京创刊并面向全国发行，新华社电视台、中国网、新华网等 20 多家主流媒体进行了直播，近百家媒体进行了转载，点击量达上千万次之多。研究会《庄学研究》集刊与《庄子研究通讯》的"双刊联动"，不仅建立了本会庄学研究成果发表展示的平台，也进一步推进了蒙城乃至全省的智库建设。

今后，安徽省庄子研究会将以习近平新时代中国特色社会主义思想为指导，进一步深入学习贯彻习近平同志在全国哲学社会科学工作座谈会上的重要讲话精神，牢固坚守"四个意识"，坚定树立"四个自信"，始终坚持马克思主义唯物史观在我国哲学社会科学领域的指导地位，始终坚持为人民服务、为社会主义服务的"二为"方向，百花齐放、百家争鸣的"双百"方针，以及创造性转化、创新性发展的"两创"原则，进一步深化依法办会、学术立会、开放建会、创新兴会理念，不断强化研究会思想生产能力、对策供给能力和以文化人能力，持续推进安徽庄子研究工作稳步健康开展。

进一步强化学术引领，坚持先进的发展理念。学术研究是研究会的根本，出观点、出思想、出成果是学术的生命。为此，本会充分发挥学术委员会的技术优势，进一步强化学术引领。一是积极响应安徽省社科联关于开展学术理论研究、应用对策研究和社科知识普及三项课题研究的文件要求，设立课题项目，组织最强研究力量开展专项研究，力争在庄学研究上有新作为、新突破，在省社科联三项课题研究成果评比中再获好成绩。二是借鉴兄弟学会的成功经验和做法，加快课题研究申报、立项、扶持、服务、管理、成果评审、奖励激励等体制机制建设，把创新性研究落到实处，引向深入。三是进一步壮大秘书处工作人员队伍，不断提高本会的服务能力，保障课题研究经费投入，加快庄子研究文献资料中心和庄子研究基地的建设步伐，利用数字化、互联网等新技术，建立资料搜集、分类整理、数据提供、专业服务等一整套新型文献资料中心运行模式，为全体会员以及庄学研究者的研究、交流提供便利。

进一步坚定开放办会，拓展广阔的发展视野。庄子不仅生活在蒙城，是民族的，也是影响世界的哲学家。作为庄子研究的省级哲学社会科学组织，庄子研究会就应该立足安徽、面向全国、放眼世界，要有大视野、大思路、大格局。成立安徽省庄子研究会联络部，通过联络部的努力，进一步扩大对外交流。一要主动与全国各社科研究机构和高等学校联系，广泛联络海内外庄学研究高端人才，热情欢迎省外庄研专家学者加入本会，热情迎接天下庄研英才会聚庄子故里"莫逆于心，相与为友"，共同为弘扬庄子文化献计献策，真正把本会建成全国庄子学术研究交流中心。二要主动"走出去""请进来"。与海外知名大学和研究机构开展学术交流互鉴活动，经省政府批准，根据省社科联工作安排，本会已派人赴欧洲的波兰维斯瓦大学、捷克东方学堂和瑞典斯德哥尔摩大学访学，传播老庄文化，开展学术交流。通过"走出去"，探讨庄学研究与发展的新理念、新方法、新路径。三要建立起开放、包容、创新、民主的激励机制和保障机制，让庄学研究者以深厚的学识修养赢得尊重，以高尚的人格魅力引领风气，在为国为民立德立言中成就自我、实现价值。

进一步促进成果落地，建立高效的发展智库。庄学研究重在发掘，重在创新，重在转化。国内外的无数专家学者为了弘扬庄子文化、传承庄子思想做了大量艰辛的研究，撰写了恒河沙数的研究文章，每一篇文章都凝聚着作者的心血与汗水，每一个观点都伴随着寂寞和清苦，每一次挑灯著述都值得我们敬佩。为了更好地服务研究成果转化，本会将成立智库委员会，建立研究成果评价机制和激励机制，实行优稿优酬，鼓励多出成果，出大成果，出好成果，积极为庄学研究搭建服务平台，提供展示舞台。智库委员会的工作，将更好地使庄学研究成果转化为落实五大发展理念的大智慧。

庄学研究重在机制，重在过程，重在人才。其中，人才最为关键。有没有像庄子那样达到"无名、无功、无己"境界的研究者，有没有一支"板凳做得十年冷"的庄学研究队伍，决定着研究会的生机与活力，决定着研究会的目标与前景。因此，本会将建立完善激励机制，尊重知识，尊重人才，尊重劳动，努力创造有利于庄学研究的民主氛围、宽松环境和必要条件。研究建立庄子研究青年人才库，聘请国内外知名专家学者担任顾问，言传身教。

庄学研究重在组织，重在服务，重在保障。2019 年 11 月 1 日至 3 日，第一届中国"庄学研究"论坛将在蒙城召开，并且将长期举办。每年集中全国庄学研究者、文化产业转化者齐聚蒙城，共享庄学研究与文化产业成果，真正发挥并建设中国社会科学院（所）地共建智库平台作用。本会将进一步加强领导，实施承办，强化保障，确保论坛活动顺利举办落到实处，着力让每年一届的中国"庄学研究"论坛建设成为中国传统文化研究与文化产业转化的成果交流平台、项目资源共享平台和智库成果展示平台，建成研究转化成果不断呈现、研究人才不断成长、知名学者脱颖而出的具有国内、国际竞争力的智库平台。

庄子云"大知闲闲""大言炎炎"，先哲的思想总是闪烁着智慧的光芒，让我们携起手来，利用好中国社会科学院（所）地共建智库平台，述大智慧之论，建大智慧之言，做大智慧之人，为传承和弘扬中华民族优秀传统文化、服务全面建成小康社会与实现伟大"中国梦"做出更大的贡献！

庄 学 理 论

庄学"言意之辨"的新开展及现代意义[*]

天津社会科学院　赵建永[**]

摘　要："言意之辨"探讨"言"与"意"的关系以及名言和超名言的界域，是中外哲学的基本论题之一。自《庄子》明确提出这个问题后，各家一再讨论。到魏晋时期"言意之辨"引起特别重视，并将之由语言学命题上升到方法论和本体论层面，从而成为魏晋玄学的核心论题。它揭示了普通名言在表达形而上天道方面的局限性，使可说者和不可说者的关系得到了深入考察。汤用彤对言意之辨的开创性研究深刻影响了冯契哲学思想的形成，也对牟宗三等哲人多有启迪。在东西方文化交流互鉴的广阔背景下，庄学言意之辨的深刻哲学意蕴和对中外跨文化对话，乃至指导文艺实践的深远意义已日益彰显出来。庄学揭示的言意之辨问题，既是东方宗教和哲学的关键问题，也是西方神学和哲学的重要问题，并且可能是开创未来世界新的宗教和哲学体系的一个重要支点。

关键词：庄学　言意之辨　魏晋玄学　语言哲学

言、意是庄子哲学的一对重要范畴。"言"（word）指名词、概念、论说等，"意"（meaning）指思想、义理，相当于本体之"道"。"言"与"意"的关系问题，是《庄子》的重要内容，也是中国哲学史上长期探讨的一个重要问题。"言意之辨"探讨"言"与"意"的关系以及名言和超名言的界域，是中外哲学的基本论题之一。自先秦道家尤其是《庄子》明确提出这个问题后，儒、道、佛三家一再讨论，揭示了普通名言在表达形而上天道方面的局限性，使可说者和不可说者的关系得到了深入考察。但若从现代语言哲学的角度来审视，这个问题更富有新意。下面就从庄学言意之辨对魏晋玄学的关键意义及其现代语言哲学的新诠释方面入手展开研究。

---

[*]　本文系国家社科基金项目"汤用彤与20世纪宗教学研究新证"（编号11CZJ001）的阶段性成果。

[**]　赵建永，天津社会科学院国学与跨文化研究中心主任、研究员。

一 言意之辨在魏晋玄学中的新开展

对言意关系的讨论即言意之辨。言意之辨把言意关系归纳为语言与思想的关系，是在庄子"得鱼而忘筌""得意而忘言"等思想基础上发展起来的哲学论辩，在先秦就已引起许多思想家的注意。虽早在先秦时期已提出言意问题，但到魏晋时期"言意之辨"才引起特别重视，并由语言学命题上升到方法论和本体论层面，从而成为魏晋玄学的核心论题。魏晋玄学是以老庄思想为骨架，融合儒学而形成的魏晋乃至南朝时期的主流社会思潮。汤用彤认为："魏晋思想乃玄学思想，即老庄思想之新发展。"① 魏晋玄学主要表现为运用"言意之辨"的方法，注老解庄形成"新庄学"，并祖述老庄以形成玄学或形上学。"言意之辨"中的"言不尽意论"点明了语言的相对性和局限性，这与世界上一些哲学大家的思想相契合。如，维特根斯坦《逻辑哲学论》就提出要思考不能思考之事，并对语言划定界限："凡是能够说的事情，都能够说清楚，而凡是不能说的事情，应该沉默。"② 他所言第一类事情与"言尽意论"相应，第二类事情则与"言不尽意论"相应。

哲学和宗教的探索总会进入一种"说不出"的阶段，即超名言之域的问题，这正是"言意之辨"中"言不尽意论"所指向的终极问题。金岳霖在西南联大时，打算在写完《知识论》后，研究名言世界和非名言世界的问题，即康德提出的"形而上学"（金岳霖称为"元学"）作为科学如何可能的问题。在1942—1943年，金岳霖就此话题在西南联大进行了一场题为"名言世界与非名言世界"的演讲。金岳霖把这次演讲整理成一篇文稿，但未发表，后来佚失。冯契晚年在纪念文章《忆金岳霖先生以及他对超名言之域问题的探讨》中，凭记忆概括出这次演讲和这篇文稿的一些基本思想：不仅哲学，文学也会涉及"不可说"的问题，即尽管不可言传，但还是要用语言来传达。问题是，以语言为媒介来进行创作的哲学和文学，如何言说不可说的东西？这种传达借助人的什么能力和工具才能实现？③

同一时期，汤用彤系统研究了魏晋玄学中的言意关系并撰成《言意之辨》一文，④ 还在西南联大做了题为"魏晋玄学与文学理论"的演讲，从思想史角度回

---

① 汤用彤:《魏晋玄学听课笔记之一》,《汤用彤全集》第4卷,河北人民出版社,2000,第379页。
② 〔奥〕维特根斯坦:《逻辑哲学论》,郭英译,商务印书馆,1962,第20页。海德格尔也认为语言往往会造成对"存在"的遮蔽。
③ 刘培育主编《金岳霖的回忆与回忆金岳霖》,四川教育出版社,1995,第133—135页。
④ 汤用彤:《言意之辨》,《汤用彤全集》第4卷,河北人民出版社,2000,第22—40页。

应和解答了金岳霖的上述问题。这篇演讲的主题是魏晋玄学"言意之辨"和文艺理论之间的关系,认为魏晋玄学"得意忘言"作为一种普遍的方法,对文学艺术产生了深远影响。汤用彤指出,魏晋时人致力于探求生存奥秘,以求脱离尘世之苦海,其所向往为精神之境界,其所追求为玄远之绝对。他说:

> 既曰精神,则恍兮惚兮;既曰超世,则非耳目之所能达;既曰玄远,则非形象之域……既为绝对则绝言超象,非相对知识所能通达。人之向往玄远,其始意在得道、证实相,揭开人生宇宙之秘密,其得果则须与道合一,以大化为体,与天地合其德也。夫如是则不须言,亦直无言,故孔子曰:"余欲无言","天何言哉",而性道之本固其弟子之所不得闻也。①

汤用彤以此说明,无论是作为万物之宗极的"道",还是宗教体道通玄的精神境界,都是超乎名言之域的。"言意之辨"所涉上述矛盾和意义,不仅中国哲人重视,西方从中世纪神秘主义到现代语言分析学派也都在不断探索类似问题。从跨文化比较的视角看,它又是打通中西文化深层结构的关键。如果说"名实之辨"的焦点是在可言说层面上如何言说,那么"言意之辨"则聚焦于不可言说层面,讨论是否真的不可言说,关乎超名言之域形而上学的可能性。

汤用彤比西方哲学家、宗教学家更深刻地认识到,形上本体智慧的超越名言,是指它无法用严格的语言哲学命题描述,但其不可说并非绝对的无法表达,关键是要找到一种不同于普通语言的合适媒介。他对此做了深入论证:"宇宙之本体(道),吾人能否用语言表达出来,又如何表达出来?此问题初视似不可能,但实非不可能。"②"道"虽绝言超象,但言象究竟出于本体之"道"。作为媒介的具体言语在把握和传达无限的宇宙本体上自有局限性,但是,如能视其为无限之天道的体现,忘其有限,就不会为形器所限,而自能通于超越形器之道域。以水喻之,即滴水非海,但滴水亦是海中之水,当具海水之本质;一瓢之水固非三千弱水,但自是三千弱水之一,可显弱水之特性。同理,具体言语固然非"道",但也具备"道"之特性,故也可折射出"道"之全体。因此,汤用彤得出结论:

> 表达宇宙本体之语言(媒介)有充足的、适当的及不充足的、不适当

---

① 汤用彤:《魏晋玄学与文学理论》,《汤用彤全集》第4卷,河北人民出版社,2000,第381页。
② 汤用彤:《魏晋玄学与文学理论》,《汤用彤全集》第4卷,河北人民出版社,2000,第384页。

的，如能找到充足的、适当的语言，得宇宙本体亦非不可能。①

　　总之，宇宙本体虽属于超名言之域，但也不是绝对不可言说，关键是要找到一种不同于普通语言的充足而适当的语言媒介。

　　不仅宇宙本体不是绝对的不可说，玄学家所追求的与道合一的境界也有用语言表达的可能。玄学家的理想不是印度式的出世，而是超世但不离世，即"神虽世表，终日域中"，"身在庙堂之上，而心无异于山林之中"，故玄学家的超世是即此世而即彼世的，是理想和现实的统一。因此，如果有充足而适当的语言，这种境界是能表达的。汤用彤认为，魏晋南北朝时期所谓的"文"就是此种能表现天地自然的充足语言或媒介。此"文"指广义的文学艺术，不仅包括文学，还包括音乐、书法和绘画等艺术样式。② 而文学理论则是关于"文"之所以为"文"、"文"之特征的研究。相对于"思辨地说"，它们都属于广义的"诗意地说"。汤用彤以文学、音乐和绘画为例，阐明了魏晋人是如何以之为媒介来把握天地自然之道的。

　　汤用彤打通哲学与文学艺术的壁垒，首倡将"言意之辨"引入文学和艺术理论研究。"言意之辨"不仅涉及可知论与不可知论的矛盾，而且涉及语言交际中的可传达性与不可传达性的矛盾。正是这些矛盾使文学艺术的意象功能具有独特且无可替代的价值。他指出：

　　　　魏晋南北朝文学理论之重要问题实以"得意忘言"为基础。言象为意之代表，而非意之本身，故不能以言象为意；然言象虽非意之本身，而尽意莫若言象，故言象不可废；而"得意"（宇宙之本体，造化之自然）须忘言忘象，以求"弦外之音"，"言外之意"，故须忘象而得意也。③

　　魏晋士人心胸务为高远，其行虽各有不同，而忘筌之致实无区别。汉人朴茂，晋人超脱。朴茂者尚实际，故汉代观人之方以相法为根本，由外貌差别推知其体内五行之不同。汉末魏初，犹存此风，如刘劭《人物志》之识人方法。其后，识鉴乃渐重神气，而入于虚无难言之域，如人物画法亦受此风尚影响。《世说新语·巧艺篇》云："顾长康画人或数年不点目精，人问其故。顾曰：'四体妍蚩，本无

---

① 汤用彤：《魏晋玄学与文学理论》，《汤用彤全集》第 4 卷，河北人民出版社，2000，第 384 页。
② 汤用彤：《魏晋玄学与文学理论》，《汤用彤全集》第 4 卷，河北人民出版社，2000，第 384 页。
③ 汤用彤：《魏晋玄学与文学理论》，《汤用彤全集》第 4 卷，河北人民出版社，2000，第 393 页。

关于妙处，传神写照正在阿堵中。'"顾恺之"数年不点精"，可见传神之难，其谓"四体妍蚩，无关妙处"，则以示形体无足重轻。葛洪亦叹观人最难，谓精神不易知。汉代相人以筋骨，魏晋识鉴在神明。可见，顾氏画理亦为得意忘形学说之表现。魏晋文学争尚隽永，认为有言外之旨、词外之情。刘勰《文心雕龙》推许"隐秀"，并特立一章。他分"文"为两种，即"秀"和"隐"，情在词外曰"隐"，状溢目前曰"秀"。"秀"者得意于言中，而"隐"者"文外之重旨者也"，则得意于言外，义主文外，言有限而意无穷，是把握天道的充足媒介。

魏晋玄学对文学艺术的影响，不仅使文学内容充满老庄辞意，也由玄谈引发出了文之所以为文的原理。如，玄言诗与山水诗画的出现。魏晋以来诗歌、绘画、书法乃至戏曲等文艺样式，强调传神写意以求言象外之意境，都是得意忘言说的表现。"言不尽意论"对魏晋南北朝文艺评论的理论方法影响深广，凡此均可见当时文学艺术亦用同一原理。

在音乐方面，阮籍《乐论》云："夫乐者，天地之体，万物之性也。合其体，得其性，则和；离其体，失其性，则乖。"音乐是宇宙本体和自然之道的体现，因此，如有充足的媒介发为音乐，就能合天地之体、万物之性，以表现"自然之和"（嵇康），以传天籁。

在绘画方面，魏晋人的兴趣出现了从人物画向山水画的转向，汤用彤对此解释说："晋人从人物画到山水画可谓为宇宙意识寻觅充足的媒介或语言之途径。盖时人觉悟到发揭生命之源泉、宇宙之奥秘，山水画比人物画为更好之媒介或语言。"[①] 山水作为"道"之载体，"为宇宙语言"，这一论断表明汤用彤已经深刻意识到山水表现形式的艺术哲学基础。山水画正是古人为寻找能充足表达"道"的"语言"才得以创生的，宇宙、人生体验因而也就成为山水画确立的内在底蕴。汤用彤将玄学"言象意"之论辩应用于文艺研究，指出山水是表述天地之道的语言，即《周易》所谓"象"。也就是说，山水形式所含精气神本质，实乃对宇宙时空全息观念的理解，这一语言结构内蕴极其深厚。如，先民认为"石乃天之骨"，只有对山（石为本）有通彻的体悟，由此道法自然才可通宇宙之意，见天心而复性归命。言不尽意、忘言得意之论对文学、书画等艺术理论有极大影响，形成了中国古典文艺中以表现主义为主的传统。古画重意不重形，艺术创作重意境与传神，都与之有密切关系。"言意之辨"揭示了民族艺术审美的奥秘，

---

① 汤用彤：《魏晋玄学与文学理论》，《汤用彤全集》第4卷，河北人民出版社，2000，第387页。

即在其无法言传而又非言传不可，美的境界往往存在于语言所述事物的表象之外。晋代不仅把这种媒介用于书画，且用于诗文，山水诗由此而兴。

在文学方面，魏晋人认为，文章虽非天地自然本身，却"肇自太极"，"与天地并生"，是宇宙本体的体现。本体不可言，而文章要能笼天地、接造化，必须善用语言，使之成为一种充足的媒介。陆机《文赋》提出，能"课虚无以责有，叩寂寞以求音"方是至文，至文不限于有，不囿于音，即有而超出有，在音而超出音，如此方可得弦外之音。言外之意，方可达虚无空寂之本体。

魏晋玄学推崇的"尽意莫若言象""得意忘言忘象"，要点有二：一是认为言象可以尽意；二是表明意象思维优于概念思维。这实际上确立了中国传统美学"以象明意"，偏重"意象"的理路。经王弼、刘勰等人的发展，至唐代，"意象"已成审美活动的基本范畴。到明清时，则更为完备，对"写意"之发挥也达到了纷繁奇曲的程度。

魏晋玄学认为"道"是既超越又具体的，故而并不绝对否定"象"和"言"，所谓"四象不形，则大象无以畅；五音不声，则大音无以至"（王弼《老子指略》）。这种言不能穷尽意，但意又不能不借助言的观点体现了"道"超越而内在、既无限又具体的特色，同时也开启了古典美学追求"弦外之音""画外之景""文外曲致"的先河。这种认知模式积淀成为一种集体潜意识，使人觉得只简单照搬生活原景就会一览无余而索然兴尽，促使中国文艺走上以形似为下，神似为佳，追求象外之象、景外之景、味外之旨、韵外之致的艺术道路。为了更充分展示出艺术神韵，就不必局限在具体实物的形状上，而应从主客体的交融、从有限和无限的关系上，去开拓深化和塑造艺术形象，以达到用可感去表现不可感的效果。

二 从言意之辨到"转识成智"的发展

冯契在西南联大读研究生时，在汤用彤和金岳霖的影响下对上述问题颇感兴趣，他认为中国哲学史上长期存在的有名与无名、为学与为道、知识与智慧关系等论辩都与"言意之辨"有关。此间，金岳霖对冯契说，涉及中国哲学的问题可以请教汤用彤先生和冯友兰先生。冯契请示汤用彤如何写毕业论文时，汤用彤让他系统研究中国哲学史上的"言意之辨"。这是冯契以《智慧》为题作研究生论文的缘起。该文继承了汤用彤研究"言意"关系的思路和方法，从对"言意之辨"的研究，发展到对"转识成智"的探索。

在汤用彤的指导下,冯契着重阅读了老庄一派的书。他读《庄子·齐物论》时,忽然闪现出"思想火花"。这就是他在《智慧》一文中对"转识成智"机制的探讨,其灵感主要得自道家哲学。冯契读完郭象《庄子注》后,认为郭象在王弼"贵无"、裴頠"崇有"之后,试图综合二者,其学说主旨在"独化于玄冥之境",亦即"有而无之",并写了一篇读书笔记给汤用彤看。汤用彤喜欢学生提出新见解,看后连声赞叹"很好,很好",并鼓励他循此思路做进一步的探索。

在深入探讨言意问题后,冯契写出名作《智慧》,通过对《庄子》的创造性阐释,重构了以消融矛盾对抗为旨归的道家直觉法。《庄子·齐物论》说:

> 古之人,其知有所至矣。恶乎至?有以为未始有物者,至矣尽矣,不可以加矣。(郭注:此忘天地,遗万物,外不察乎宇宙,内不觉其一身,故能旷然无累,与物俱往,而无所不应也。)其次以为有物矣,而未始有也。(郭注:虽未都忘,犹能忘其彼此。)其次以为有封焉,而未始有是非也。(郭注:虽未能忘彼此,犹能忘彼此之是非也。)

《庄子·庚桑楚》也有类似话语,郭象注云:"或有而无之,或有而一之,或分而齐之。此三者虽有尽与不尽,然俱能无是非于胸中。"这描述了人类从"与道俱生""万物一体"的"真人"境界,堕落到囿于偏执而封闭的自私个体(即"我执")的过程。冯契将认识上的这三个层次颠倒过来,视为实现"理性的直觉"的辩证发展过程。

首先,破是非观念:超越相对的是非,而达到绝对的"是",可称为"分而齐之"。其次,破彼我分别:由超越器界,扬弃元学,而达天道,可称"多而一之"。最后,破能所对待:超越自身,无限不复见,主体亦不立,玄同绝对,能所双泯,可谓"有而无之"。

冯契借用佛教唯识宗"转识成智"的术语来概括这一由知识领域转入智慧境界、由"以物观之"进入"以道观之"的"理性直觉"的飞跃。"转识成智"新说为人们在生活实践中破除狭隘而虚妄的"我执",逐步进入返璞归真、与道同体的"大我"智慧境界,提供了可供操作的哲理路径。

冯契一生的哲学探索,以此为起点,他晚年整理智慧说三篇又在向这个出发点复归。《智慧》中的哲学术语采纳了金岳霖的用法,而哲学思想则受汤用彤的影响更明显,其中提及智慧说与《庄子》郭注有着"血缘"上的联系,正是与汤用彤讨论"言意之辨"的收获。

　　冯契毕生研究著成的《中国古代哲学的逻辑发展》也以"言意之辨"作为重要线索。冯契在汤用彤所总结的魏晋儒、道、释诸家"言意之辨"的基础上，继续追溯其历史渊源，并梳理了它在魏晋以后的演变轨迹，从而形成了自己的一套中国哲学史的研究系统。冯契对魏晋玄学的看法稍异于汤用彤，但是以"有无、动静之辨"为主线来考察魏晋南北朝时期哲学的发展，基本上是循着汤用彤开拓的道路前进的。不同于现代新儒家主要发掘儒家直觉方法，冯契则是在汤用彤、金岳霖的影响下发扬了学界鲜有关注的道家直觉法。他们的以上研究体现了与世界哲学同步前进，乃至领先国际的哲学理念。

　　汤用彤对言意之辨的格外关注不唯深刻影响了冯契哲学思想的形成，也对其他哲人有启迪。牟宗三在《才性与玄理》第七章"魏晋名理正名"之第三节"'言意之辨'之缘起"和第四节"名言能尽意与不能尽意之辨之义理的疏解"中沿着汤用彤的思路对言意之辨多有发挥。他晚年更将言意之辨列为中国文化发展中义理开创的十大争辩之一。[①]

　　综上可见，在东西方文化交流互鉴的广阔背景下，庄学言意之辨的深刻哲学意蕴和对中外宗教与哲学对话，乃至指导文艺实践的深远意义已日益彰显出来。庄学揭示的言意之辨问题，既是东方宗教和哲学的关键问题，也是西方神学和哲学的重要问题，并且可能是开创未来世界新的宗教和哲学体系的一个重要支点。

---

① 牟宗三：《中国文化发展中义理开创的十大争辩》，《牟宗三先生全集》第 27 卷，台北：联经出版事业股份有限公司，2003，第 371—383 页。

庄 学 研 究

论庄子的出世主义

摘　要： 在现实生活的困境中，对生活方式、生活道路做出非此即彼的选择是无法回避的，庄子深刻论述了人间世的生活抉择困境。庄子认为，主观精神境界上的超越不足以解决生活困境中的问题。庄子知识论上的怀疑主义支持了他的出世主义人生选择。

关键词： 庄子　齐物论　怀疑论　出世主义

一

西方哲学家探讨幸福的问题时，往往要追问一个善好生活方式的问题，只有按善好的方式生活才能获得幸福。因此，幸福在于人们现实生活中的行动抉择。面对各种可能的生活选择时，人们必须审慎地考察每一种选择可能导致的后果。

而在现代中国哲学研究者的眼中，中国古代哲人追求幸福生活的方式是不同于西方哲学家的。以庄子为例，庄子追求的幸福是纯粹精神层面的。通过精神境界的超越，庄子克服了现实生活的苦难，在与天地万物为一体的体验中获得了最大的幸福。

这种理解和传统庄学对庄子思想的理解是一脉相承的。《逍遥游》《齐物论》二篇一直被视为理解庄子思想的关键篇章。通过"坐忘"的身体修炼和"心斋"的精神修炼等技术性手段逐步实现精神境界的提高，直至"天地与我并生，万物与我为一"的境界。《逍遥游》中"抟扶摇而上九万里"的大鹏、"乘云气，御飞龙，而游乎四海之外"的神人被视作庄子逍遥人格的写真。刘笑敢教授将这种

---

* 陈冀，山东社会科学院哲学研究所助理研究员。研究领域为先秦儒家与道家、经学、魏晋思想、政治哲学。

精神境界与马斯洛所说的"高峰经验"相比较：

> 高峰经验的特点很多，比如，感觉世界和宇宙是一个整体从而产生万物统一和充满意义的感觉，感觉个人脱离了对人世的关心，感觉失去了世界感和空间感，感觉抛开了一切对立的界限等等。……马斯洛所列举的高峰经验的特点有些与庄子的见独、坐忘或逍遥相似，有些则不同，但是作为纯粹个体的自我的最高的生命体验是十分相似的。①

然而，庄子思想的伟大，并不在于他给出了一套身体和精神修炼的方技以及对精神修炼中内心体验的诗意描述。庄子的"境界"提升究竟在多大程度上能够解决人生幸福问题，乃至为他人追寻人生幸福提供借鉴，是值得怀疑的。威廉·詹姆士在其《宗教经验种种》中指出，神秘的心理体验是暂时性和被动性的。一方面，"神秘状态不可能维持很久，除了罕见的几个特例，通常的极限似乎是半小时，最多一两个小时；超过这个限度，它们渐渐消退，淡入日常的境况"；另一方面，"虽然预先的有意行为可以促使神秘状态发生"，但是在进入神秘状态时人们发觉自我"好像被一个更高的力量所把握"，导向神秘体验的修炼行为（堕肢体，黜聪明）并不一定能够确保修炼者进入神秘体验（同于大通）。② 正如刘笑敢教授所说，庄子的"境界"与马斯洛的"高峰经验"有诸多相似之处，这使我们可以在宗教心理学的时域内对这种"境界"进行考察并发现其局限性。诚然，与一般有过神秘体验的人相比，庄子能够以诗意的文笔去刻画内在体验，使神秘体验不至于被淡忘而通过文艺创作得以升华。但是凭借这种体验不足以克服庄子所洞察的人间世之深邃苦难。

《庄子》文本也清楚地表明，逍遥自由的体验也是有"时效性"的。心灵纵使能短暂突破现实的束缚而升入无拘无束的自由之中，但也会在总体上受现实生活处境的制约。在请求监河侯贷粟而遭敷衍时，庄子也会"忿然作色"，可见他当时处在烦恼和愤怒之中。在这样的状况下，他的心灵如何能够在淡定和从容中自由飞翔？然而这正是庄子日常生活中的处境。离开现实生活的困境空谈逍遥的境界是虚妄的。庄子的人生论所探讨的，就是如何在现实生活中选择一种善好的生活方式。而他所面临的最根本问题，就是出世和入世之间的选择。

---

① 刘笑敢：《庄子之苦乐观及其启示》，《汉学研究》2005 年第 1 期，第 121—122 页。
② 威廉·詹姆士：《宗教经验种种》，华夏出版社，2008，第 272—273 页。

二

庄子的思想中具有浓郁的出世、遁世倾向，这一点是毋庸置疑的。即使是以入世来概括庄子人生论的研究者，也不得不承认，《庄子》中的某些篇章有着十分鲜明的出世意向。分歧在于，庄子对这种"出世主义"究竟是持赞同的态度，还是否定的态度。

入世还是出世的一个基本问题就是是否出仕。根据《庄子》的记载，庄子对仕宦于朝堂是非常抵触和厌恶的。对于在政治领域成功地取得权力和财富之人，《庄子》中不乏辛辣的讽刺。《秋水》篇记载：

> 惠子相梁，庄子往见之。或谓惠子曰："庄子来，欲代子相。"于是惠子恐，搜于国中三日三夜。庄子往见之，曰："南方有鸟，其名曰鹓雏，子知之乎？夫鹓雏，发于南海，而飞于北海，非梧桐不止，非练实不食，非醴泉不饮。于是鸱得腐鼠，鹓雏过之，仰而视之曰'吓！今子欲以子之梁国而吓我邪？'"

《列御寇》篇记载：

> 宋人有曹商者，为宋王使秦。其往也，得车数乘；王说之，益车百乘。反于宋，见庄子曰："夫处穷闾厄巷，困窘织屦，槁项黄馘者，商之所短也；一悟万乘之主而从车百乘者，商之所长也。"庄子曰："秦王有病召医，破痈溃痤者得车一乘，舐痔者得车五乘，所治愈下，得车愈多。子岂治其痔邪，何得车之多也？子行矣！"

庄子认为爵禄如同腐烂的鼠肉一般，只有卑下如鸱者才会孜孜不已地追求，更何况在追求爵禄的过程中要像舐舐痤痈痔疮一样卑贱地取悦王公，所以志向高洁者对其是不屑一顾的。当然，这并不是庄子独有的价值取向。《论语》称："天下有道则见，无道则隐。邦有道，贫且贱焉，耻也；邦无道，富且贵焉，耻也。""危邦不入，乱邦不居。"包咸注"乱谓臣弑父，子弑君；危者，将乱之兆也"。孟子也主张"可以仕则仕，可以止则止"，士人应当依据现实时势来选择是否出仕。战国时代正符合孔子口中这样一种"天下无道"的为乱特征。田氏代齐、三家分晋，一部分儒家士人恪守信念拒绝仕宦于这些"乱臣贼子"的朝堂，并且对谋求富贵的士人大加鞭挞，这是完全可以理解的。但是庄子拒绝出仕并不是因为要顽固地坚守一种信念，而是因为他清楚地分析比较了入世之途为个人生命带来的益处和害处，从而做出趋利避害的选择。从拒绝楚相之聘的故事中我们可以看到庄子冷静的分析，《史记》记载：

> 楚威王闻庄周贤，使使厚币迎之，许以为相。庄周笑谓楚使者曰："千金，重利；卿相，尊位也。子独不见郊祭之牺牛乎？养食之数岁，衣以文绣，以入大庙。当是之时，虽欲为孤豚，岂可得乎？子亟去，无污我。我宁游戏污渎之中自快，无为有国者所羁，终身不仕，以快吾志焉。"

庄子肯定千金之礼为"重利"、卿相之聘为"尊位"，并不是将其视为"腐鼠"一般弃若敝屣。然而他既看到了千金相位的价值，也看到了获取这重利尊位所要付出的代价。如果没有考虑清楚而轻易地接受聘请，一旦遭遇变故，身受兵革刑戮就后悔莫及了。《列御寇》篇记载，有人由于取悦宋王而得车十乘，向庄子炫耀他的收获，庄子以这样一个寓言向他分析其中的利害：

> 河上有家贫恃纬萧而食者，其子没于渊，得千金之珠。其父谓其子曰："取石来锻之！夫千金之珠，必在九重之渊而骊龙颔下，子能得珠者，必遭其睡也。使骊龙而寤，子尚奚微之有哉！"今宋国之深，非直九重之渊也；宋王之猛，非直骊龙也；子能得车者，幸遭其睡也。使宋王而寤，子为齑粉夫！

渊中得珠的寓言是一个极端的论证，我们可以称之为出世主义的"强论证"。冒险已经获得了成功，龙珠已经安全得到了；只要不再次投入深渊探珠于骊龙颔下，就能安享富贵而无性命之虞，然而父亲坚决要毁掉这颗宝珠。因为获取这颗宝珠所面临的风险太大，虽然风险没有演变为现实的灾难，但是必须毁掉这颗宝珠，让儿子认识到他曾面临生命危险而又一无所获，这样才能让他吸取教训今后不再从事类似的冒险。渊中寻珠这样的冒险一次就可以获得极大的收益，成功之后不必再冒第二次的风险，然而身处仕途则是持续性地面临这样的风险。

十乘车马确实是一笔不小的财富，但是对于营生于宦海者来说这绝对称不上一笔一劳永逸的收获。他必须时时出没于喜怒无常的君王身前，时刻都面临身受刑戮的危险。寓言中那次一劳永逸的冒险尚且被否定，更何况持续面临着高风险的宦海生涯。因此可以说这是对出世主义的一个强论证。

我们还可以从这个寓言中概括出另外一个强论证，并且对上文中的论述可能遭遇的来自《庄子》内部的诘难做出回应。众所周知，《庄子》在知识论上持有一种怀疑论。关于怀疑论的话题将在下文中进行讨论，这里考虑的问题是出世主义的价值取向面对怀疑论的困境。庄子没有亲身经历仕宦生活，不能确知在宦海中会有怎样的遭遇，但他为什么会坚持拒绝出仕呢？《齐物论》中，丽姬嫁往晋国之时哭泣不已，而与晋王成婚之后荣华富贵的生活让她感受到出嫁晋国并非坏事，当时的哭泣是完全不值得的。庄子既然明白这一点，为何他面对相位之聘还会坚定地加以拒绝呢？笔者认为，庄子所拒绝的是一种"可能性"。贫家之子渊中得珠，他只是"可能"遭遇恶龙之难，他的父亲并非在他身死龙潭之后的伤心之下毁掉那颗他用生命换来的宝珠，而是基于对坏的可能性的排斥。仕宦于朝堂，可能会遭受刑戮危害生命，这样一种可能性就足以让庄子绝对地排斥出仕，并不需要亲身经历那一幕时再追悔莫及或是"知其不可奈何而安之若命"。

正是基于怀疑主义，庄子在生活中贯彻实践了出世主义的立场。否定庄子持出世态度的人可以从《庄子》文本中找出许多条理由，但是这些理由全都无法面对"事实"的诘难：如果庄子在思辨中否定了出世，为何他在生活中却以那一条近似顽固的理由拒绝相位之聘，坚持出世的立场呢？为什么他不能像郭象所描绘的一样，"身处庙堂之上，然其心无异于山林之中"呢？笔者承认，《庄子》文本中对出世的立场确实有大量的反思批判，但这些反思批判并不足以撼动在实际生活中坚持出世的理由。相反，这些对出世的反思和批判还有可能在进一步的思辨中予以消解。

不论入世还是出世，都是手段而不是目的。手段能否服务于生命，要从正反两个方面进行考察。庄子肯定人需要靠入世参与社会生活来满足生命的外在需求，又需要与社会保持一定的距离以满足内在精神的需要，养生必须内外兼顾。《达生》篇以两个例子做了说明：

鲁有单豹者，岩居而水饮，不与民共利，行年七十而犹有婴儿之色；不幸遇饿虎，饿虎杀而食之。有张毅者，高门县薄，无不走也，行年四十而有内热之病以死。豹养其内而虎食其外，毅养其外而病攻其内。

对内外任何一方面的缺失都会导致生命受到损害。但内外兼顾的主张也面临着这样一个疑问：如果外与内之间有着不可调和的冲突，在两者之间应该如何选择？《达生》中的例子虽然对养外不养内和养内不养外两种态度都进行了批评，但是比较两种境遇，单豹的境遇明显要比张毅更好。能内外皆养固然更好，但是在生命的内外需求面临冲突时，庄子无疑会选择弃其外而守其内。

出世主义最大的问题在于：面对社会和他人的需要，个人应该做一个有用的人还是扮演无用的角色。在《逍遥游》和《齐物论》中，庄子数次以"不材之木"为例说明只有无用之人才能摆脱社会性的摧残而保全生命。然而保持无用的姿态就能确保生命避免摧残吗？《山木》篇揭开了最深层的困境：

> 庄子行于山中，见大木，枝叶盛茂，伐木者止其旁而不敢也。问其故，曰："无所可用。"庄子曰："此木以不材得终其天年。"夫子出于山，舍于故人之家。故人喜，命竖子杀雁而烹之。竖子请曰："其一能鸣，其一不能鸣，请奚杀？"主人曰："杀不能鸣者。"明日，弟子问于庄子曰："昨日山中之木，以不材得终其天年；今主人之雁，以不材死；先生将何处？"

无论是材还是不材，有用还是无用，入世还是出世，都难以避免人间世的摧残。在这种情况下，人们应该如何选择呢？笔者不赞同认为庄子在入世与出世之外找到了能够圆满解决这一冲突的第三条道路。因为庄子坦陈自己的选择是"处夫材与不材之间"，而这种选择"未免乎累"。至于那种超越性的第三条道路如"乘道德而浮游""神农炎帝之法则"，是庄子自己无法实现的。这种境界究竟是一种幻想，还是现实的可能？这种境界的价值或许仅限于文字的美感，不宜过分夸大。

在坚持出世之路的同时，庄子将视角转向心灵：应该如何理解生命。通过心灵认识的转变来消解生活困境，这一探讨引发了知识论领域的问题。

三

庄子的知识论是怀疑主义的。毫无疑问，《庄子》一书中许多章节散发着浓郁的怀疑论气息。至于在其背后是否有一个绝对的怀疑论立场，这一问题不在本文的讨论范围内。本文关心的是，庄子如何运用怀疑主义来化解现实生活问题，并且肯定出世主义的选择。

知识（或信念）是否具有确定性，这是值得探讨的。"夫知，有所待而后当；其所待者，特未定也。"（《庄子·大宗师》）庄子对这一问题的思考出自对生活实践的关怀。人的行为背后总有信念的支撑，人们采取一样行动时，一定是相信这一行动会带来一种后果。当人们饮食的时候，他们相信面前的饮食能够给自己带来营养；当人们劳作的时候，他们相信劳作能够为自己带来衣食。没有这些信念的支撑人就无法生活，因此在思辨中否定了一切的怀疑主义者在日常生活中也必须服膺于必需的信念。但人们在生活中难免遇到一些进退两难的困境，在这些困境中就有必要检讨信念的确定性了。

本文所探讨的是入世与出世的选择问题，这一问题在《庄子》文本中体现为"材"与"不材"的困境。是选择融入社会与被世人为用的"成材"之路（入世），还是选择一无所用的"不材"之途（出世）。无论是入世还是出世，人们都是出于安顿生命的需要而做出相应的选择。但是这种选择的背后没有一个正确的、可靠的知识作为依据。如同休谟所说，人们注意到两个知觉经常在心灵中相继出现，遂认为它们之间有确定性的因果关系。实际上这种信念只是心灵的一种习惯性想象而已。《齐物论》中长梧子批评瞿鹊子"且汝亦大早计，见卵而求时夜，见弹而求鸮炙"，正是对这种想象的批评。人们见到卵就想到鸡、见到弹弓就想起炙鸟，然而这些预期的后果不会确定地到来。依靠这种出自习惯的信念去采取行动，不可能每次都实现预定的目标。庄子多次提出"成材"者死，"不材"者活，但如果把这些现象归纳为一种知识去指导实践，却有可能遭遇不曾料想到的后果。《山木》篇中的能鸣之雁（材）活了下来，不鸣之雁遭到了宰杀。对于刚刚在《人间世》诸篇中习得了"以不材终其天年"的读者来说，这一个案否定了他们刚刚获取的知识。我们甚至可以认为《山木》中那只不鸣之雁正是《人间世》的读者，以"不材"的知识来安顿生命，结果反而遭到了宰杀。爱莲心持这种观点，他认为不鸣之雁违背自己的本性刻意显现"不材"，结果遭到宰杀。我们可以此来说明知识是不可靠的。当然，没有证据说明那只不鸣之雁是违背自己本性而摆出"不材"的姿态。①

①　威廉·詹姆士：《宗教经验种种》，华夏出版社，2008，第272—273页。

我们不能把庄子讲的"不材""无用""出世"当作指导实践的知识,我们同样没有理由相信"成材""有用""入世"能够解决什么问题。庄子在出世的生活中遇到问题的时候,自然要考虑能否通过入世的生活来解决这些问题。庄子生活在贫穷之中,"处穷闾厄巷,困窘织屦,槁项黄馘",当他贷粟于监河侯时生活已近无以为继。按照《达生》篇的说法,庄子应当"鞭其后",注重外在的财富和生活条件。通过仕宦取得俸禄就可以解决问题,在常人看来这是理所当然的。然而对于庄子来说,这种看法也是值得怀疑的。仕宦能够改善物质生活,改善了物质生活才能安顿生命,这条道路确定是正确的吗?人们怎么能肯定,转向入世的生活就可以解决出世生活"养内不养外"的问题,而不会带来更多的问题?显然,这样一种信念也是不能成立的。

庄子认为,人们依靠"知"去行动并不能确定实现设定的目标,因此他主张放弃"知"的努力而接受命运的安排。《德充符》篇孔子向鲁哀公解释"才全"时称"死生、存亡、穷达、贫富、贤与不肖、毁誉、饥渴、寒暑,是事之变,命之行也;日夜相代乎前,而知不能规乎其始者也"。"知不能规乎其始",就是说人们不能在这些事发生之前就预先采取规划。人们愿生不愿死、愿存不愿亡、愿达不愿穷、愿富不愿贫,因此在生活中会依据自己的知识和经验来进行筹划安排以期实现自己的目标。然而人们的知识是不确定的,因此他们的安排不可能成功。明智的态度是放弃自我的追求而接受命运的安排,"不务生之所无以为,不务命之所无奈何"(《达生》)。在庄子看来,这种态度才是"真知"。真知不是关于事实真确的知识,而是"真人"所特有的生存态度。真人知"天之非人""人之非天",天命所决定的事态是人力无法改变的。因此,真人"不以心捐道,不以人助天",不企图以心去察知天道的安排,以作为去影响天命的实现。"人之有所不得与,皆物之情也",真人明白这一点,所以不以知识去规划自己的未来而坦然接受命运的安排。

以上可以得出一个结论:"知"是不可靠的,依靠不可靠的"知"来筹划未来无法确保目标的实现。因此人们应当放弃"知"的努力而顺应命运的安排。当然,单凭这一点我们依然无法突破材与不材、入世与出世之间的困境。解决困境的另一把钥匙在于面对死亡的态度,这一问题实质上是人们面对未知世界的态度。人们都喜爱生,寻求生;厌恶死,抗拒死。但人们凭什么坚信生是好的,死是不好的?

死亡是生存的人们尚未经历到的生活状态。既然尚未经历,人们有什么依据断定死是不好的？《齐物论》中提出："予恶乎知说生之非惑邪？予恶乎知恶死之非弱丧而不知归者邪！丽之姬，艾封人之子也。晋国之始得之也，涕泣沾襟；及其至于王所，与王同筐床，食刍豢，而后悔其泣也。予恶乎知夫死者不悔其始之蕲生乎！"与生相比，人们是厌恶死的，但人们只经历过生未经历死，等人们对生与死的状态都有所察知的时候，也许会发现对生的渴望是一种错误的态度，死亡才是真正的归宿。人们回到这一归宿时，可能反而会对当初生在世上感到后悔，更不用说为求生避死而付出的代价了。《至乐》篇中借一个骷髅之口说："死，无君于上，无臣于下；亦无四时之事，从然以天地为春秋，虽南面王乐，不能过也。"面对还阳复生的可能，骷髅更是深矉蹙頞，"吾安能弃南面王乐而复为人间之劳乎！"视人生为劳碌苦难，以死亡为苦难的解脱，是极度恶生乐死态度。但这种恶生乐死的态度只是个人意见的表述，并无说服人的论证。如果承认死亡的状态是未经体验因而不能判定评价的，就没有理由认为死是比生更好的状态了。当然，与常人乐生恶死的观念相比，表达一种以死为乐的观点，这种态度本身就是对大众立场的挑战。无须为这一观点提供任何论证，因为常人基于本能对死的畏惧和厌恶同样是经不起论证的。

另一方面，庄子并不以死亡为一种特别的生活状态，而将其视为转入新生命状态的契机。《齐物论》中著名的"庄周梦蝶"寓言提到了两个非常重要的概念："分"与"化"。"周与胡蝶，则必有分矣"，庄周与蝴蝶是有分别的两种生活状态。在梦与醒、觉与眠之际，发生了"物化"：庄周化为了蝴蝶，蝴蝶又化为庄周，不同的生活状态之间发生了转化。庄周梦为蝴蝶只是一个特例，转化的契机不限于梦，转化的可能性也是无穷尽的。死亡正是一个生活状态转化的契机。《大宗师》中子来病重将死，子犁看望他时赞叹："伟哉造化！又将奚以汝为，将奚以汝适？以汝为鼠肝乎？以汝为虫臂乎？"随着死亡的到来，生命迎来了转化的契机，面临着无限新的可能。对于这样一种契机是没有必要厌恶、恐惧和回避的。死亡不是生命的终结，而是无数可能性的开端。这样一种思路对于消解人们对死亡的负面意见具有更强大的说服力。

从上文的论证出发，我们可以得出三个结论：知识是不可靠的；认为入世就可以安顿生命的见解是错误的，认为出世就可以安顿生命的见解也是错误的；死亡并不值得厌恶、恐惧和回避。只有超越对死亡的厌惧，才能真正安顿生命。

生命的安顿包括两个方面：一方面，要保持生命的存在；另一方面，要让生命在存在过程中依据自己的本性自由生长。只有这两方面都实现，生命才算得到了安顿。《达生》篇中的单豹和张毅都只照料到了生命中的一部分，因此严格地说二人的生命都未能得到安顿。《达生》篇的作者在编写这一寓言时给出了明显的意向："豹养其内而虎食其外，毅养其外而病攻其内。"其意向是单豹注重内在本性的自由而忽视外在生命形态的保存，张毅是为了外在生命形态的保存而牺牲了内在精神的需要。而且张毅不但"病攻其内"，而且一直生活在入世的烦扰所致的内热疾患之中，最后外在的生命最终也不得保全。单豹不仅在有生之年保证了精神的恬适，而且获得了高寿，明显胜于"养外不养内"者。对于《达生》中的这一案例，我们进而可以从两方面分析。第一，吸收单豹与张毅二者的教训，实现内外皆养，有可能吗？上文已经指出，这是不确定的。假若单豹考虑到了隐居山林遭遇虎患的危险，那么回到市井生活之中与众人同居就一定能免除虎患吗？入世生活中威胁生命存在的祸患一定少过隐居生活吗？更不用说入世生活中那种"与接为构，日以心斗"（《庄子·齐物论》）的生活了。因此，没有理由认为入世比出世能给外在的生命存在提供更多的安全。如果为了逃避虎患而排除隐居选择入世，后果很可能是"内外皆不养"。第二，如果把死亡看成向未知的生活方式、新的生活可能转化的契机，那么死亡就根本不成为问题了，保存生命对于安顿生命来说也就毫无意义了。死亡只是转向一种新的生命存在形态，劳神明保留原有的生命形态又有何意义呢？若死亡不成问题，那么《达生》篇中这一寓言的问题也被消解了。虎患根本就不是对隐居者生命的摧残，因此出世是比入世更好的选择。

在《庄子》关于出世和入世两难困境的讲述中可以发现，出世所导向的问题只有死亡，而入世可能面临的问题除了死亡之外，更恶劣的问题是生命本性遭遇扭曲。例如《山木》中材与不材的困境，我们不妨稍做改写：夫子出于山，舍子故人之家。故人喜，命竖子杀马而烹之。竖子请曰："其一能骑，其一不能骑，请奚杀？"主人曰："杀不能骑者。"依据上文所揭示的逻辑，被杀掉的马得以从"烧之，剔之，刻之，雒之，连之以羁絷，编之以皁栈"，"饥之、渴之，驰之，骤之，整之，齐之，前有橛饰之患，而后有鞭策之威"（《庄子·马蹄》）的悲惨处境中解脱出来，迎来新的生命、新的生活可能。如果按照《至乐》的说法，被杀掉的马更是摆脱了劳碌悲苦而在死亡中迎来了"南面王乐"。无论我们怎样理解，都没有理由认为活下来的马比被宰杀的马更幸运。

仔细思考"不材之木"的例子，可以发现这一系列例证中指涉的都是生命本性的存养问题，而非"生与死"的问题。不材之木不一定能得生终其天年，它们同样可能因无用遭到砍伐而死亡，然而死亡只是生命形式的转化，因而也不成问题了。对于"成材"的树木而言，它们的遭遇也不在于死亡，而是它们要转化为栋梁的形态，永远地荷担着楼宇的重压。很明显，这才是庄子最担忧的问题。人在入世的生活中难以按照自己的本性自由地生活成长，难以避免沦为工具而丧失自我（不同于精神修炼中的"吾丧我"）。对于庄子来说，死亡的恐惧是可以克服的，这种异化才是真正的不幸。"不材"的立场、出世的态度才是庄子的最终选择。

四

在许多庄学阐释者那里，庄子往往是持一种超越了入世与出世之间非此即彼二元关系的态度，超越了现实世界的种种矛盾困境而在精神领域实现了生命的安顿，达到了"虚己以游世""乘物以游心"的境界。笔者承认《庄子》一书的很多篇章都展现了这样的精神境界。然而当我们把目光投向超越性的精神境界时，现实生活领域中的问题不是解决了，而是被遮蔽了。即使是"游世"的态度，也只是面对不可避免或者说已经降临的命运时对心灵的一种安慰，面对的是已然的事态。然而处在现实抉择的关头，人们不得不做出非此即彼的决断；面对未知的未来，人们必然要有事先置身其中的筹划。因此在研究庄子的思想时，我们不应忽视他对现实生活方式的选择。可能有人会指责这种考察方式降低了庄子的思想品质，但是这种批评是站不住脚的：首先，关注现实生活选择的视角并不低俗，如道德哲学的一大关怀就是追问在一定情形下应该做出何种选择是道德的；其次，庄子的人生哲学探讨一开始就是基于现实层面的选择困境，而只是后来的阐释者认为庄子超越了现实层面而在精神境界解决了问题，这些阐释并不算令人满意的解答。比如这一类阐释往往以"安命"之类的话语将现实生活问题一笔带过，但究竟如何是"安命"呢？家徒四壁、贫贱至极的庄子，坚守不才的立场安然在冻馁中迎接死亡是安命，矫正自己孤僻的态度入世谋生也是安命，到底哪一种选择才算是"安命"呢？即使说"安命"只是一种态度而与现实生活的选择无关，那也只是对选择之后承担的结果的安顺态度。在承担选择的结果之前我们又该如何选择呢？

在传统的阐释中我们可以发现一种文本解读的"辩证法"模式，如般若中观派析是非有无二端而归于中道，黑格尔以否定之否定扬弃正题反题而入合题。

用这种模式来阐释《庄子》的人，往往会认为出世和入世两种态度都无法解决问题，所以要解决人生的问题必须扬弃这两种极端，而达到一种圆融通达的超越性境界。然而，现实生活中的选择往往是非此即彼的，圆融的立场只能存在于精神领域。阐释者在精神领域中寻找到他们的满意答案之后，现实生活领域中的矛盾困境就被漠视、遮蔽、遗忘了。沿着这条阐释模式走下去不免背离庄子的问题意识。对于《庄子》中出世和入世之间的两难，我们不妨将其看作庄子本人或庄子学派对这一问题的往复辩难：庄子以不材之木终其天年为由否定了入世，肯定了出世，又以不鸣之雁因其不材而死为由对出世提出了质疑。对于"精神境界论"的阐释者来说，这样我们就应该扬弃两端而求超越性的中道圆融了。但是在这之前，不妨让我们看看庄子有没有对不鸣之雁的问题做出答辩。

　　基于方法论上的怀疑主义，庄子明确答复了这一质疑，肯定了出世的立场。"有用""入世"就能使能鸣之雁免遭屠戮，这是值得怀疑的。而且既然死亡是一个未知的世界或者拥有通向未知的可能性，那么以死亡为恶事就是一种应该破除的成见。在这一答复中，庄子对生命安顿的对象有了更加精确的界定。出世主义之所以受到诘难，是因为这种立场不能保证生命的存续。然而与生命的存续相比，捍卫遵循天性的自由生活是更重要的。因而要安顿生命，就需要淡化生命存续的价值。《齐物论》中"齐生死"的论辩破除了对生命存续的执着，出世主义也就成了破解"材与不材"困境的当然选择。

"庄子蔽于天而不知人"辨疑

上海社会科学院哲学研究所 张 朋[*]

摘 要：在庄学日益繁荣进步的时代背景下，荀子"庄子蔽于天而不知人"这句著名评论实有进一步讨论的必要。荀子的这句评论涉及庄子思想和荀子思想的核心内容，非常集中地反映了二者天人观的差异。在说明荀子做出"庄子蔽于天而不知人"这句评论的思想背景之后，本文从天人概念辨析、天人观对比、荀子解蔽方法是否适用等方面对这句至今仍然经常被当作定论来引述的思想评论进行详尽讨论。最后的结论是：荀子"庄子蔽于人而不知天"这句批评是非常不准确的。而荀子之所以对庄子做出如此评价，在很大程度上是因为其对庄子思想的误解。

关键词：荀子 庄子 天人观

对于荀子著名的学术批评"庄子蔽于天而不知人"（《荀子·解蔽》），现代学者多持肯定看法并经常当作定论来引述，少数学者曾经提出异议，但总体而言双方的论述都不充分。[①] 显然，不经辨析的简单肯定或否定并不是学术研究，更

---

[*] 张朋，北京大学哲学博士，上海社会科学院哲学研究所助理研究员。

① 对荀子的这句评论提出肯定意见的学者有很多，比如崔大华先生认为，"荀子的理论眼光在先秦学者中是最高、最开阔的，他对庄子的批评虽然就这样一句，很简略，但却十分准确、客观，完全可以涵盖庄子思想的主体内容"（崔大华：《庄学研究》，人民出版社，1992，第468页），但只是强调荀子的地位和学识，没有对具体内容展开论说；再比如张松辉先生认为"荀子十分了解庄子"，"荀子对《庄子》十分熟习，他说的'庄子蔽于天而不知人'的确是一语中的"（张松辉：《庄子研究》，人民出版社，2009，第5页），主要是根据二者的生卒年代比较接近而直接做出判断，也没有详细进行论述；周晓东博士认为"荀子很准确地把握了庄子哲学的特征"（周晓东：《先秦道家名思想研究》，博士学位论文，山东大学，2012），也没有进行论述；张兰仙先生则非常难得地进行了一定程度的论述分析，最后的结论是："荀况对庄子的评论，从大的方面来看是正确的，但也确实存在着一定的片面性和局限性。"张兰仙：《"庄子蔽于天而不知人"小议》，《漳州师范学院学报》（哲学社会科学版）2000年第1期。比较而言，对荀子的这句评论提出反对意见的学者则很少，笔者仅见到一例：陈水德、胡颖认为"荀子之言含混而不妥"（陈水德、胡颖：《析"庄子蔽于天而不知人"》，《六安师专学报》1996年第2期），但具体论述也很不充分。

不能给荀子的这句评论以完满的解释，所以对于荀子这句评论的评价，只有在充分的讨论和辨析之后才具有意义。实际上，荀子的这句评论涉及庄子思想和荀子思想的核心内容，非常集中地反映了二者之间的总体差异。在说明荀子做出"庄子蔽于天而不知人"这句评论的思想背景之后，笔者拟从天人概念辨析、天人观对比等方面对荀子和庄子二者的思想差异进行详细讨论，以期厘清基本事实，进而对荀子的这句经典评论给出全面的说明和更加准确的评价。

一　荀子评论庄子的思想背景

对于《荀子》一书的写作缘由，《史记·孟子荀卿列传》有明确记载："荀卿嫉浊世之政，亡国乱君相属，不遂大道而营于巫祝，信機祥，鄙儒小拘，如庄周等又猾稽乱俗，于是推儒、墨、道德之行事兴坏，序列著数万言而卒。"可见荀子创作《荀子》一书的目的主要是针砭时弊，特别是针对当时迷信横行的"浊世之政"展开批评。比如《荀子》中的《非相》《非命》《天论》等篇章就是针对当时的政治风尚所展开的观念辨析和思想批判。从太史公的记载来看，对儒家内部的学术批评而言，荀子的主要论敌是"小拘"之"鄙儒"，而对其他学派的学术批评而言，荀子的主要论敌是"猾稽乱俗"的庄子。但从《荀子》文本来看，荀子的主要论敌是子思等各家各派学者共计"十二子"，特别值得注意的是，其中并不包括庄子。此外，荀子对作为庄子思想重要渊源的老子思想的评论也很不恰当。

1. 荀子的主要论敌是子思等"十二子"

《非十二子》是荀子学术评论的集中表达，其中对荀子所"敌视"的十二位学者的学术思想逐一进行了学理分析和严厉批判：它嚣、魏牟、陈仲、史鳍、墨翟、宋钘、慎到、田骈、惠施、邓析、子思、孟轲。依次点名，一个也不放过。荀子指责这十二个学者虽然"持之有故""言之成理"，但实际上是"饰邪说，交奸言，以枭乱天下，矞宇嵬琐，使天下混然不知是非治乱之所存者"。"十二子"中的子思、孟轲是儒家人物，也就是荀子学术批评所主要针对的"小拘"之"鄙儒"。荀子把他最重要的两个论敌放在最后进行重点批驳："略法先王而不知其统，犹然而材剧志大，闻见杂博。案往旧造说，谓之五行，甚僻违而无类，幽隐而无说，闭约而无解。案饰其辞而祇敬之曰：'此真先君子之言也。'"此前由于历史文献的缺乏人们对荀子的这些批评话语总是心存疑虑，现在看来，荀子"案往旧造说，谓之五行"的批判是确有所指，新出土的郭店竹简已经为荀子的这番批评做了最好的说明。因为"世俗之沟犹瞀儒，嚾嚾然不知其所非也"，遂受而传之，以为仲尼、子游为兹厚于后世"，所以荀子认为子思、孟轲实际上是打着"仲尼、子游"的旗号在儒家内部淆乱是非，所以其罪责尤为深重。

总之，荀子在《非十二子》中进行思想批评的着眼点是政治以及社会思想风尚，特别是对儒家内部的不同流派大加挞伐，所以虽然其思想批判的"火力全开"，却丝毫没有触及庄子。可见，《史记》中的相关记载并不准确，庄子并不是荀子的主要论敌和学术对手。

2. 荀子对老子思想的评论很不恰当

老子是先秦道家的代表人物，其思想核心是"道"和"德"。《史记·老子韩非列传》中，司马迁明确指认"老子修道德"，《老子》"言道德之意"。《老子》一书被创作完成时共计"五千余言"，分为"上下篇"，是老子的唯一著作。因为老子是修道者，所以《老子》可以说是老子一生修道思想和修道实践的总结。对于以上史实特别是《道德经》的具体内容，荀子很可能缺乏深入的了解，所以其对老子思想的评论很不恰当。在"道"涵盖万物的前提预设之下，荀子间接地批评老子"愚者为一物一偏，自以为知道，无知也"，而其对老子思想的直接批评是"老子有见于诎，无见于信"，"有诎而无信，则贵贱不分"（《荀子·天论》）。

"道"是老子首先提出的具有中国哲学特征的重要概念，其内涵丰富，影响深远。一般来说，"道"首先是指万物存在的终极依据，其次是指总原则、总规律。荀子所提出的"万物为道一偏，一物为万物一偏"这一命题无疑也吸收和借鉴了老子道生万物、道规范万物的思想，而以"道"作为总体性、均衡性、全面性的存在，进而认为某种思想如果只着重于某一事物、某一方向的阐发，就会失去对"道"的认识，即必然地失去根本性或整体性。所以荀子批评"慎子有见于后，无见于先"，批评"墨子有见于齐，无见于畸"，批评"宋子有见于少，无见于多"（《荀子·天论》），这都没有问题。但是，按照这样一个思路来批评老子思想就很成问题。虽然从学术自由的角度来说，荀子有批评任何人的权利，但是仅仅从"万物为道一偏，一物为万物一偏"这个前提出发大批老子这个"道"概念的提出者不知"道"为何物，恶评老子这个道家学派创始人"愚者为一物一偏，自以为知道，无知也"，终归是非常草率的，也很不合适。

有见于屈而无见于伸，[1] 以至于不分贵贱，荀子对老子思想具体内容的这一

---

[1] 此即对荀子"有见于诎，无见于信"的解说，见于王先谦撰《荀子集解》，中华书局，1988，第319页。

评论也很不恰当。伸、屈这一对反义词并不是《老子》的中心概念，"伸"字在《老子》中甚至没有出现。①实际上老子是以直、屈这一对反义词作为论说内容，并且仅仅出现了一次，即第四十五章的"大直若屈，大巧若拙，大辩若讷"。与之类似的还有第二十三章的"曲则全，枉则直"，第五十八章的"是以圣人方而不割，廉而不刿，直而不肆，光而不耀"。这些论述都充满了辩证法的思辨和饱经世故的智慧，绝不是一物一偏的拘囿之见。即使针对"大直若屈"，荀子所说的"有见于屈而无见于伸"也不是一个恰当的评论。进一步就贵贱而言，老子以道德为贵，"万物莫不尊道而贵德"（《第九章》），这确定无疑，而其隐约是以常俗之富贵、傲慢为贱："富贵而骄，自遗其咎。"（《第五十一章》）同样的，老子也没有把贵和贱绝对化，即如荀子所批评的那种思路"有见于贵，无见于贱"，而是看到了贵与贱的依存关系："贵以贱为本，高以下为基。"（《第三十九章》）

一般认为，庄子在很大程度上继承了老子思想，老子思想是庄子思想的重要渊源，而由荀子对老子思想不准确的理解可以引出这样一个重要疑问：荀子真的了解庄子和庄子思想吗？

二 《荀子》与《庄子》天人概念的巨大差别

《庄子》之中，"天"字共计出现 655 次，有三种含义。其一，作为自然物的天，约略与我们通常所说的"天空"等同。比如《庄子》的篇名有"天地"和"天下"；《逍遥游》中的"绝云气，负青天"，"天之苍苍，其正色邪？"在这个意义上的天可以单独出现，但更加常见的是其与"地"字结合在一起组成"天地"一词。天运转不休，地凝固不动，"天地"一词常常被用作指称人类所居处的时空。

其二，自然，或者说是万物的本性。《庄子》一书中有两次对"天"进行明确界定：

> 无为为之之谓天。（《庄子·天地》）
> "何谓天？何谓人？"北海若曰："牛马四足，是谓天；落马首，穿牛

---

① 本文所据为王弼本《老子》。

鼻，是谓人。……"（《庄子·秋水》）

　　所谓"无为为之之谓天"，是说以自然无为的原则去作为，即顺应万物的本性自然而然，就可以称为"天"。在这个意义上的"天"基本等同于"道"。《庄子》把"天"和"道"等同起来并加以大力阐发，这是其独有的理论创造。

　　所谓"牛马四足，是谓天"是说牛和马长着四条腿，这是它们的天性或本性；"落马首，穿牛鼻，是谓人"是说把马头笼络起来，把牛鼻子穿环，这是人为造作。简言之，天是天性，人是人为。在这个意义上的"天"与"人"往往对举。《庄子》中大量、反复出现天人互相对比而论说的情况，比如"天之小人，人之君子；人之君子，天之小人也"（《大宗师》）。

　　其三，命运之天，即所谓"天命"，指不可抗拒、不可预料的神秘决定力量。"若是而万恶至者，皆天也，而非人也。"（《庚桑楚》）命运之天在《庄子》中出现的次数很少。

　　在上述"天"字的三种含义中，第二种含义的"天"在《庄子》之中出现得最为频繁，占绝大多数；"天"与"人"即天性与人为的对比又是《庄子》进行思想表达的重要方式，而把"天"和"道"等同起来并加以大力阐发是《庄子》的主要思想创造，所以"自然本性"是《庄子》中"天"这一概念的首要含义。

　　《庄子》之中，"人"字出现678次，比"天"字稍多。"人"的首要含义就是人为，很多时候特指那些违背自然之性的人为造作，在这个意义上的"人"主要是与"天"相对比而出现。《庄子》中"人"当然也有自然人的含义，而且可以在总体上进一步分为两类。一类是普通民众，比如舟人、庖人、畸人、门人、丈人、轮人、陈人、楚人、鲁人等，另一类则是得道之人，比如真人、至人、神人以及圣人。值得注意的是，因为道等同于天，所以在《庄子》中得道之人有时也被称作"天人"（《天下》）。得道之人就是回归自然、返回天然之人，或者说，只有得道才能够体验或实现"天地与我并生，万物与我为一"（《齐物论》）这种极致境界，也正是在这个意义上，自然人才能够最终与"天"合而为一。

　　荀子所说的"天"主要是指各种自然物的总合，约略等同于现代汉语中的自然界。《天论》中有荀子对"天"比较明确的界定：

　　　　列星随旋，日月递炤，四时代御，阴阳大化，风雨博施，万物各得其和以生，各得其养以成。……皆知其所以成，莫知其无形，夫是之谓天。唯圣人为不求知天。①

荀子认为星宿的运转，日月的交替，四时的轮换，阴阳的变化，风雨的普降，万物得到天地的和气而产生，得到天地的滋养而成长，人们都知道这是自然界的成就，却不知道这无形的成就者其实是"天"。而且，荀子所说的"天"是可以与"人"互相隔绝的，即"唯圣人为不求知天"。

相对应的，荀子所说的"人"主要是指自然人，约略等同于现代汉语中的人以及人类。如《性恶》中的"人之性恶，其善者伪也"，《劝学》中的"为之人也，舍之禽兽也"。

综上所述，《荀子》与《庄子》在天人概念上具有巨大差别。荀子所说的"天"主要是指自然界，其所说的"人"主要是指自然人；而庄子所说的"天"主要是指自然天性，其所说的"人"主要是指人为造作。荀子与庄子在天人概念上所具有的巨大差别直接导致了二者在天人思想上的不可通约性，即荀子所说的关于天与人的命题在庄子思想中不可能得到准确的理解或解释，反之也是如此。进一步来说，荀子所说的"蔽于天而不知人"只有在荀子思想中才能得到恰如其分的解释，但是如果荀子用这个命题来评价庄子思想，那肯定是不准确的或者是不恰当的，因为其与庄子思想中的基本概念首先就不相契合。

三 荀子与庄子天人观的巨大差异

就天人观而言，荀子的天人相分思想与庄子的天人本一思想具有巨大差别，而且这种差别属于本质上的差异，不可调和，也不能根据一方来评价另外一方。

基于当时政治昏暗和迷信横行，荀子倾向于否定人与天之间的任何关联，因为"天行有常，不为尧存，不为桀亡，应之以治则吉，应之以乱则凶"（《荀子·天论》，下同），所以当政者应当专心治理事务，没有必要去祭祀祷告，去揣摩各种天象。荀子还专门针对"星队（坠）木鸣"以及"日月之有蚀，风雨之不时，怪星之党见"等奇异自然现象进行解说："无何也！是天地之变，阴阳之化，物之罕至者也。怪之，可也；而畏之，非也。"荀子再三强调，政治的清明才是社

---

① 后人多引此段文字作为荀子的"天"的概念，但是王念孙等认为此处应为"夫是之谓天成"，原文脱一"成"字（王先谦撰《荀子集解》，中华书局，1988，第 309 页）。从上下文来看，确有这种可能。但是即使如此，仍然可以从这段话中看出荀子对"天"的基本认知。

会安定富足的关键，而"天"并非决定性因素："强本而节用，则天不能贫；养备而动时，则天不能病。"同样的，对于普通人而言，"天不为人之恶寒也辍冬，地不为人之恶辽远也辍广"，自然界不会为人的好恶以及喜怒哀乐而做丝毫改变，但是"天有常道矣，地有常数"，自然界的变化又有其规律性，所以君子只要领会和把握自然界的基本规律就可以了，即"道其常"。正是在这个意义上，荀子提出了"制天命而用之"这一著名主张，这无疑是对孔子"畏天命"（《论语·宪问》）的彻底悖逆，意味着荀子完全舍弃了孔子所主张的天命思想：

> 显然，荀子将人与天彻底二分，否定了天的任何形上意义，目的在于充分发挥人的作用，表面看来，荀子将儒家的人文主义发展到了最高峰。但是，这种以解构天命、天道的本原意义为特征的人文主义，已经完全溢出了儒家创始人孔子所开辟的思想轨道，因此，原始儒家的人文主义是有信仰的人文主义，它既保留着对于天命和天道的终极信仰，以其作为道德的依据；又充分肯定人性本身具有证知和践行天命的潜质，从而确立了人作为道德本体的地位。……但是在荀子思想中，儒家的思想结构发生了严重倾斜，原先的两个支点变成了一个支点，为孔子所开辟的中和的人文主义也变成了寡头人文主义。……荀子曾经批评庄子"蔽于天而不知人"（《荀子·解蔽》），而他本人的天人观则是"蔽于人而不知天"。[1]

所以荀子所主张的天人相分就儒家内部而言也绝对是个"异端"。以天人相分、天人不相涉为基本思路，荀子对圣人和至人两个儒道共同的理想人格都做出了重新定义："唯圣人为不求知天"，"故明于天人之分，则可谓至人矣"。所谓"唯圣人为不求知天"无疑在人与天之间划下了一条不可逾越的鸿沟，而"明于天人之分"则道破了其天人观的核心。

因为在《庄子》中大量、反复出现天人互相对比而论说的情况，所以从表面上看，庄子是把人与天分隔开来做对比论述，这似乎和荀子的天人相分观念相同，而荀子"庄子蔽于天而不知人"的批评很可能就是建立在此一误解之上的。实际上，庄子只是使用天人对比的方法来说明自然与人为之间的差异。就天人观而言，庄子绝不是主张天人相分而是"人与天一"（《庄子·山木》），[2] 或者说

---

① 赵法生：《荀子天论与先秦天人观的转折》，《清华大学学报》（哲学社会科学版）2015 年第 2 期。
② 郭象对"人与天一"的解释是"皆自然"（郭庆藩：《庄子集释》，中华书局，1961，第 691 页）。

是天人本一，即天人都本于自然，本于道。如前文所述，在《庄子》中天往往被等同于道，所以在这个意义上来说，人又本于天，人以天为本根，只是由于后天的人为造作，人与天被暂时分隔开来。所谓修道或修道德，就是消除人为而返回自然，即回归于"人与天一"的理想状态。

首先，庄子认为人与天在自然或道的意义上可以实现"一"这种存在状态，即"人与天一"。庄子用反问语句表述了人与天的这种同一性："庸讵知吾所谓天之非人乎？所谓人之非天乎？"（《大宗师》）并对"人与天一"这一理想状态再三进行论说："人与天一"也就是"安排而去化，乃入于寥天一"（《大宗师》），也可以说成"夫形全精复，与天为一"（《达生》）。《山木》中对"人与天一"的进一步解释是"有人，天也；有天，亦天也。人之不能有天，性也"。这里还是在强调人与天自然一体的状态："言自然则自然矣，人安能故有自然哉？自然耳，故曰性。"[1] 庄子匠心独运地在《德充符》里描述了很多"德"合于"天"的残疾人，正所谓"畸人者，畸于人而侔于天"（《大宗师》），庄子认为这些残疾人不齐于人却齐于天。通过这种形体上"畸"而精神上"侔（齐）"的强烈对比，"人与天一"作为一种贯彻始终的精神追求被鲜明地凸显出来：畸人尚且如此，形体正常的人不更应该以"德"合"天"吗？

值得注意的是，在庄子所说的古代，即对现代人而言的上古时代，这种"人与天一"的状态普遍存在："古之人，在混芒之中，与一世而得淡漠焉。当是时也，阴阳和静，鬼神不扰，四时得节，万物不伤，群生不夭，人虽有知，无所用之，此之谓至一。当是时也，莫之为而常自然。"（《缮性》）"古之人"的"至一"状态，也就是"人与天一"。所谓的"当是时也，莫之为而常自然"，也就是"古之人贵夫无为也"。平心而论，庄子在这里应该不是借古言事，更不是伪造故事，而是指明这种"人与天一"的人生追求与人生境界自古有之，这就是《天下》所言的"古之道术"，也就是老子一生所致力的"修道德"。或者说，实现这种"人与天一"的状态就是《庄子》所说的"得道"或"闻道"。

其次，人之所以会失去"人与天一"的这种状态而进入另一种天人分隔的状态，其原因在于以人为造作悖乱自然天性："性之动谓之为，为之伪谓之失。"（《庚桑楚》）虽然"无以人灭天，无以故灭命，无以得殉名。谨守而勿失，是谓反其真"（《秋水》）是庄子对于如何保持"人与天一"状态的建议，但从中不难

---

[1]　郭庆藩：《庄子集释》，中华书局，1961，第 694 页。

发现人们"失其真"的原因：用人为排除天性，用世事排除天命，为了利益而牺牲名声，这些行为都不能谨慎小心地避免。

基于"人与天一"和"人与天分"这两种状态，庄子揭示出衡量一个人存在价值的截然相反的两种标准。"天之小人，人之君子；人之君子，天之小人也。"（《大宗师》）就非常鲜明地展现了这两种标准的对立和分歧：如果按照"人与天分"来行事，那么就是悖逆天性努力造作而成为俗世中的君子；如果按照"人与天一"来行事，就是保全了本性自然而然处世却成为俗人眼中的小人。很明显，庄子的选择是后者，他"独与天地精神往来，而不敖倪于万物"（《天下》），但是这样一来免不了后人拿"人与天分"的标准来评价庄子思想，甚至视其为"小人"之哲学。比如 20 世纪 60 年代关锋把庄子哲学定性为"虚无主义、阿 Q 精神、滑头主义、悲观主义"，[①] 而冯友兰也随后跟进，认为其是"哲学中的渣滓。我们应该象清除渣滓那样，把它批判掉，以免它妨碍卫生，并且成为人向前走路的绊脚石"。[②] 当我们怀着一种宽容的心态仔细倾听这些批判庄子哲学的声音，就会发现其理论依据和论证过程中所隐含着的对庄子思想的深深误解，难怪牟复礼先生将之称为"想象力平庸的读者将道家思想庸俗化"。[③] 老子论道，有人大笑之，而庄子论道，后人斥之为渣滓，这似乎也是一种必然。

"人与天一"和"人与天分"还可以进一步引申出两种求学路径或两种思考方法。一种求学路径或思考方法是以"人与天分"为原则的"俗学"和"俗思"，其注定与"人与天一"背道而驰："缮性于俗学，以求复其初；滑欲于俗思，以求致其明：谓之蔽蒙之民。"（《缮性》）改善心性、调理情感都不能借助世俗之学，不能有追求名利地位的世俗观念，否则就是"蔽蒙之民"。另一种求学路径或思考方法是以"人与天一"为原则的求道之学："古之治道者，以恬养知。生而无以知为也，谓之以知养恬。知与恬交相养，而和理出其性。夫德，和也；道，理也。"古代修道的人都是以恬淡的性情来保养智慧，他们做事自然而然，并不依靠智慧来计较分辨，这就是以智慧来保养恬淡的性情；恬淡的性情和深邃的智慧互相保养，这样能够使道德修养深厚。换一个角度来看，这两种路径也可以说是"古之人外化而内不化，今之人内化而外不化"（《知北游》）。因为"天在内，人在外"（《秋水》），天性蕴藏在内心，人事表现在外在行为，古代修

---

① 关锋：《庄子哲学批判》，《庄子哲学讨论集》，中华书局，1962，第 5 页。
② 冯友兰：《论庄子》，《庄子哲学讨论集》，中华书局，1962，第 128 页。
③ 〔美〕牟复礼：《中国思想之渊源》，王重阳译，北京大学出版社，2016，第 149 页。

道之人的外在行为可以变化而内在的天性却一直保持不变，现在的俗世之人内在的天性被消弭转化而外在行为却始终没有变化。可以说，对这两种求学路径或思考方法的对比说明几乎贯穿了《庄子》全书："其一与天为徒，其不一与人为徒。"但是庄子并非绝对反对人为造作，而是试图在天与人之间划出一条界限："天与人不相胜也，是之谓真人。"（《大宗师》）那么对这个"不相胜"的界限的精准把握，应该只有在"真人"也就是"人与天一"的状态下才能完成。

经过以上对比分析可以发现，荀子与庄子的天人思想具有本质上的不同，二者对立分歧，不可通约，更不能根据一方来评价另外一方，因为这样完全没有意义。荀子的天人相分思想与庄子的天人本一思想是各自进行思想建构的根本点和立足点，或者说是庄之所以为庄、荀之所以为荀的根本所在，如果要对某一个进行准确的评价，则必须回归到其所属的思想流派中。

四 关于荀子批评庄子时所使用的"解蔽"的认知方法

首先，荀子对庄子的批评"蔽于天而不知人"是在其"解蔽"这一认知方法下提出来的，而从总体上来看，荀子的解蔽方法是不适用于评析庄子思想的。与对老子的批评方法类似，荀子解蔽方法的前提也是以"道"总括万物并认为一隅一曲的见解都是对"道"局部的、片面的了解，即"夫道者体常而尽变，一隅不足以举之。曲知之人，观于道之一隅，而未之能识也"（《荀子·解蔽》，下同）。荀子使用解蔽的方法批评"墨子蔽于用而不知文，宋子蔽于欲而不知得，慎子蔽于法而不知贤，申子蔽于势而不知知，惠子蔽于辞而不知实"都没有问题，因为"实用"与"文饰"、"少欲"与"贪得"、"法治"与"尚贤"、"权势"与"智慧"、"说辞"与"实物"都是互相对立的概念，彼此之间确有一种直接的反对关系，得之于此就必然失之于彼。但是荀子按照这种思路批评"庄子蔽于天而不知人"就是不合适的，因为庄子思想中的天和人从根本上来说不是这种直接的反对关系。荀子实际上是按照自己的天人相分观念来理解和评论庄子思想，这就对庄子思想产生了误解。正如前文所讨论的那样，荀子一是对庄子思想中的天人概念产生了误解，二是对庄子的天人观产生了误解。总之，庄子思想中没有荀子那样的天人相分或天人对立，所以荀子的解蔽方法对其不适用。

其次，荀子的解蔽方法本身也有一些问题。正如荀子所说："凡万物异则莫不相为蔽，此心术之公患也。"虽然事物彼此之间会产生遮蔽，但对于某一事物而言，其必然以否定的方式通向其对立面，而且这样一个事物单独或者与其对立面结合在一起使"道"在局部的意义上显现出来。由此可见，虽然彼此对立的事物可以互相遮蔽并对人的认知产生阻碍，即"欲为蔽，恶为蔽，始为蔽，终为蔽，远为蔽，近为蔽，博为蔽，浅为蔽，古为蔽，今为蔽"，但是因为对立的双方是可以互通的，可以由此及彼或由彼及此，所以每一个事物都具有不可抹杀的意义，其各自对局部的"道"进行了展现。如果彻底否定单一或对立事物的认知意义，那么"兼陈万物而中县（悬）衡焉"的无蔽之知又从何谈起呢？所以我们可以批评荀子的解蔽方法隐含着"有见于蔽而无见于通"的根本性疏失。

再次，荀子思想中"天"是不是解蔽这一认知方法的盲区呢？"唯圣人为不求知天"（《荀子·天论》），既然荀子倾向于把人与天彼此隔绝开来，人不必或不能去追问"天"的存在方式，那么人又如何能够认识和把握天的运行规律呢？如果说荀子所谓的"虚壹而静"只能够被看作人的一种认知功能的话，那么与人隔绝的天究竟能否被人所认知呢？如果人能够认知天的话，那么面对一个与自己隔绝的天，人又如何实现"道其常"，即如何保证通过人的认知所得到的规律与天同一和使用有效并最终实现"制天命而用之"呢？

最后，荀子在很大程度上接受了先秦道家的认识理论，他实际上是以"道"作为解蔽的最高目标，这进一步消解了其批评庄子思想以及老子思想的有效性和正当性。

荀子以"道"而不是以"仁"或"义"作为解蔽的最高目标。比如他虽然将孔子作为"不蔽"的典型，但认为孔子"得周道"，即得到了周全的大道，所以"举而用之，不蔽于成积也"。荀子进一步认定只有"未得道而求道者"才能够达到"虚壹而静"这种理想的以"心"而"知道"的境界。具体来说，就是"将须道者，之虚则人（入）；将事道者，之壹则尽，将思道者，（之）静则察"。① 就是说，想要求得道的人，达到虚心的地步就能够进入道的境界；想要奉行道的人，达到专心的地步就能够穷尽道的全部；想要探索道的人，达到静心的地步就能够明察道。对于这种知道了道就能够明察、知道了道就能够实行的人，荀子赞许为"体道者也"。对于解蔽之后所达到的"大清明"的认知境界，荀子极尽铺陈渲染之能："万物莫形而不见，莫见而不论，莫论而失位。坐于室而见四海，处于今而论久远。疏观万物而知其情，参稽治乱而通其度，经纬天地而材官万物，制

---

① 此句有脱误（王先谦撰《荀子集解》，中华书局，1988，第396页），笔者参照各种译注对此句进行了修订。

割大理而宇宙里矣。恢恢广广，孰知其极？罩罩广广，孰知其德？浩浩纷纷，孰知其形？明参日月，大满八极。"当然，按照道家思想来看，这种"无蔽"的境界几乎就等同于得道的境界，用《庄子》的话来说就是"古之真人……若然者，其心志，其容寂，其颡頯；凄然似秋，煖然似春，喜怒通四时，与物有宜而莫知其极"（《大宗师》）。当然从总体上来看，荀子应该只是根据道家思想材料对"大清明"这种理想境界进行想象性描述，其本人实际上很可能并没有达到这种认识境界。

五 结语

《庄子》的天人相分思想和《荀子》的天人本一思想是扞格不入的两个系统，而在不可对接的这两个系统之间，荀子所谓的"庄子蔽于天而不知人"实在是难以找到落脚之处。如果说荀子是在自己的概念系统下讲述"蔽于天而不知人"，那么由于其对天人关系的独特理解和理论预设就不适合对庄子思想进行评论；如果说荀子是在庄子的概念系统下叙说"蔽于天而不知人"，那么其明显违背了庄子思想的基本内涵。不得已之下，只有在极宽泛的意义下将"庄子蔽于天而不知人"理解为庄子"不相信组织和社会运动"[1] 才比较妥帖，那么在很大程度上这也就是庄子与荀子社会治理观念的区别。[2] 尤其需要注意的是，荀子之所以对庄子做出如此评价，很可能是因为对庄子思想的误解——当然这也与荀子比较偏激的学术个性有关：与《庄子·天下》纵论天下学术而优劣兼得的胸襟气度相比，《荀子·非十二子》的一味鄙薄排斥、个个只抑不扬就显得偏激和狭隘。当然，误解的前提是不了解，荀子没有全面准确地理解老子思想和庄子思想，可以说他只是基于自己的儒家立场和拯救乱世的使命简单直接地对老子和庄子加以批驳和排斥。总之，荀子"庄子蔽于天而不知人"这句批评即使不是完全错误的，也是非常不准确的。郭沫若赞誉"荀子是先秦诸子中最后一位大师，他不仅集了儒家的大成，而且可以说是集了百家的大成的"，[3] 这只是囿时之言、过誉之词，完全不足以信据。

---

① 〔美〕牟复礼：《中国思想之渊源》，王重阳译，北京大学出版社，2016，第 152 页。
② 荀子认为"由天谓之，道尽因矣"。杨倞的注解"因任其自然，无复治化也"无疑就是沿着这个思路的展开。
③ 郭沫若：《十批判书》，东方出版社，1996，第 218 页。

庄子对老子思想的继承与发展

安徽省社会科学院哲学研究所　李季林[*]

摘　要：庄子对老子思想的继承和发展是多方面的，主要体现在本体论、方法论、人生观、政治思想、伦理思想、美学思想、养生思想、生态思想等方面。庄子从自然主义、自由主义、相对主义的视角，以道家的"道德"即"自然"为标准，延续了老子对异化的周王朝仁义礼乐文化的批判，进而对以孔子为代表的儒家文化予以嘲讽，把老子的"道"本论发展为道体气用论、把老子的"道德"发展为"道理"、把老子的君"无为而治"发展为"君无为而臣有为"、把老子的救世发展为救人、把老子朴素的辩证法发展为绝对的相对主义、把老子的"没身"发展为"无己"、把老子的"不争"发展为"不取"等。

关键词：庄子　老子　继承　发展

如果按年限计算，庄子比老子晚了两百多年，但是在中国思想发展史上跟老子思想最接近的，则非庄子莫属。

庄子对老子思想的继承和发展是多方面的，主要体现在本体论、方法论、人生观、政治思想、伦理思想、美学思想、养生思想、生态思想等方面。

据现有史料，最早把老子、庄子并提的是《淮南子·要略》："《道应》者，揽掇遂事之踪，追观往古之迹，察祸福利害之反，考验乎老庄之术，而以合得失之势者也。"

比淮南王刘安稍晚的司马迁虽然没有在《史记》中专列"老子庄子列传"一章，但是在其中的《老子韩非列传》中，把老子与庄子并列，并做了比较："其学无所不窥，然其要本归于老子之言。……老子所贵道，虚无，因应变化于

---

* 李季林，安徽省社会科学院哲学研究所副研究员。

无为，故著书辞称微妙难识；庄子散道德，放论，要亦归之自然。"说明了庄子与老子的渊源。

庄子从自然主义、自由主义、相对主义的视角，以道家的"道德"即"自然"为标准，延续了老子对异化的周王朝仁义礼乐文化的批判，进而对以孔子为代表的儒家文化予以嘲讽，对老子的道法自然、自然无为、无为而治、少私寡欲、有生于无、福祸相倚、美丑相生、上善若水、柔弱胜刚强、反者道之动等思想，均有所继承、发展或超越。

本文拟从以下几个主要方面加以阐述。

庄子把老子最高的抽象哲学范畴"道"本论发展为道气体用论，赋予了道物质的属性，论述了道的本体性、必然性和普遍性：老子认为道生万物，"道生一，一生二，二生三，三生万物""道生之，德畜之""道者，万物之奥"。庄子承认老子所说的道生天地万物、无为无形的特征，"道者，万物之所出也"，同时认为道"有情有信""无所不在"。在回答东郭子关于道在哪里的问题时，庄子说"无所不在"，甚至在蝼蚁里、在稊稗里、在瓦甓里、在屎溺里，有把老子崇高而神圣的道"污名"化的嫌疑。"人之生，气之聚也，聚则为生，散则为死。……通天下一气耳。""夫春气发而百草生，正得秋而万宝成。""杂乎芒芴之间，变而有气，气变而有形，形变而有生，今又变而之死，是相与为春秋冬夏四时行也。""是故天地者，形之大者也；阴阳者，气之大者也；道者为之公。"庄子的道为体、气为用、道气一体、共生万物的思想，丰富、完善了老子的道本论。

庄子把老子的"道—德"发展为"道—理"。老子曰："道生之，德畜之，物形之，势成之。""失道而后德，失德而后仁，失仁而后义，失义而后礼。"德者，得也，得到了道的属性，体现了道；道为体，德为用。庄子没有沿着老子"道—德"这个方向发展，而是沿着"道—理"的方向展开，认为"夫德，和也；道，理也"；"知道者必达于理，达于理者必明于权，明于权者不以物害己"。庄子从"道"发展出"理"和"权"，丰富了老子"道"的内容。这从思想上启迪了宋代理学。

庄子把老子的以"无"为本的贵无论发展为有无一齐的齐物论。老子虽然也说过"有无相生"，但归根是"无，名天地之始；有，名万物之母"；"天下万物生于有，有生于无"。老子说："三十辐，共一毂，当其无，有车之用。埏埴以为器，当其无，有器之用。凿户牖以为室，当其无，有室之用。故有之以为利，无之以为用。"老子主张以无为本，以有为用，魏晋时期王弼在《老子注》中发挥了这种思想。庄子延续、丰富了老子重"无"的思想，在《庄子》中，"无"出现了863次，其中有意义的范畴有：无为、无用、无穷、无极、无涯、无形、无厚、无我、无物、无己、无名、无功、无事、无情、无言、无知、无常、无私、无欲、无始、无方、无道、无亲、无累、无内、无外、无求、无失、无有、无无、无能者、无所求、无何有等。庄子同样注重"有"的思想，《庄子》中"有"字出现了809次，其中有意义的范畴有：有有、有无、有始、有封、有常、有待、有分、有涯、有间、有道、有为、有命、有时、有人、有天、有伦、有形、有穷、有所然、有所可等。在万物的生成问题上，庄子坚持了老子"天下万物生于有，有生于无"的观点，认为"天门者，无有也，万物出乎无有；有不能以有为有，必出乎无有"。但是，庄子又以相对主义为尺度，泯灭了有无、生死、是非、物我、美丑的界限，主张有无、生死、是非、物我、美丑一齐而归于大道，"孰知有无死生之一守者，吾与之为友"。

庄子把老子朴素的辩证法发展为绝对的相对主义。老子《道德经》中蕴含着丰富而朴素的辩证法思想，认为"有无相生，难易相成，长短相较，高下相倾，音声相和，前后相随"；"曲则全，枉则直，洼则盈，弊则新，少则得，多则惑"；"夫唯不争，故天下莫能与之争"；"反者道之动"；"物壮则老"；"坚强者死之徒，柔弱者生之徒"；"柔弱胜刚强"；"信言不美，美言不信；善者不辩，辩者不善"；"祸兮福之所倚，福兮祸之所伏"；等等。老子是站在客观事物的内生动力、发展的必然趋势和逻辑内在的必然性的高度，认识对立统一规律和矛盾双方的转化；老子并没有说，曲就是全、祸就是福、生就是死，但是指出其中蕴含着一种必然的趋势。这为人们认识事物、改造世界提供了智慧和方法，增强了人们的自信。庄子则从相对主义的视角，夸大了矛盾双方的统一性，泯灭了双方的对立性和事物之间质的区别，使老子朴素的辩证法滑向了齐万物、齐物我、齐是非、齐贵贱、齐生死、齐大小、齐美丑的"万物一齐"的绝对的相对主义、怀疑主义、不可知论和诡辩论，否定了认识的标准、判断的标准、真理的标准，企图以"天均"和"两行"从根本上消解矛盾，超然物外。"天下莫大于秋毫之末，而泰山为小；莫寿于殇子，而彭祖为夭"；"以道观之，物无贵贱；以物观之，自贵而相贱"；"变化齐一，不主故常"。当然，庄子"物无贵贱""万物一齐""万物皆化""而物自化""与时俱化"的思想，开启了古代可贵的平等思想、自主意识、自由精神和发展观念。

庄子把老子的君"无为而治"发展为"君无为而臣有为"。天道自然、无为而治是老子的政治思想，因而老子对作为统治阶级的君主和理想人格的圣人提出了一系列要求："我无为，而民自化。""圣人无为故无败。""上德无为而无以为。""无为而无不为。"庄子把老子的君主和圣人"无为而治"的思想向前发展了一步，主张"君无为而臣有为"。说："何谓道？有天道，有人道。无为而尊者，天道也；有为而累者，人道也。主者，天道也；臣者，人道也。天道之与人道也，相去远矣，不可不察也。""上必无为而用天下，下必有为为天下用，此不易之道也。"在"天道自然无为"的问题上，老子偏向"无为"，主张无为自化、无为而治；庄子则偏向"自然"，主张"法天贵真"。此后的《吕氏春秋》和《淮南子》继承了庄子特别是庄子后学的这种"君无为而臣有为"的思想，化解了君与臣、无为与有为逻辑上的矛盾。

庄子把老子的"没身"发展为"无己"。春秋战国时期，由于频繁的战争和繁重的劳役，人们朝不保夕；作为生命的载体，人身成了一个负担和危险品。因此老子感慨道："圣人后其身而身先；外其身而身存。""何谓贵大患若身？吾所以有大患者，为吾有身，及吾无身，吾有何患？""没身不殆。"出于全生、养生、乐生的人生目的，庄子更进了一步，把老子的"没身"发展为"无己"，曰："至人无己。""至德不得，大人无己。""大同而无己。"无己，不仅"没身"，还要"没心"。可见，庄子的无己，比我们现代所提倡的推己及人、先人后己、舍己为人，还要绝对、纯粹。

庄子把老子的"不争"发展为"不取"。老子是凡事不争，不争而无不争；庄子是凡事不取，不取也不与。老子以水、天道和圣人的不争之德，说明了不争而无不争的道理："上善若水。水善利万物而不争，处众人之所恶，故几于道。居善地，心善渊，与善仁，言善信，正善治，事善能，动善时。夫唯不争，故无忧。""天之道，不争而善胜。""圣人之道，为而不争。""夫唯不争，故天下莫能与之争。"可见，老子所谓的"不争"，只是一种策略和方法，其目的还是"争"。庄子则不然，不但不争，还不取，当然也不与。庄子辞相的故事很具有代表性：庄子钓于濮水，楚王使大夫二人往先焉，曰："愿以境内累矣！"庄子持竿不顾，曰："吾闻楚有神龟，死已三千岁矣，王巾笥而藏之庙堂之上。此龟者，宁其死为留骨而贵乎，宁其生而曳尾于涂中乎？"二大夫曰："宁生而曳尾涂中。"庄子曰："往矣！吾将曳尾于涂中。"（《庄子·秋水》）这件事，司马迁在《史记·老子韩非列传》中记述得更传神。楚威王闻庄周贤，使使厚币迎之，许以为相。庄周笑谓楚使者曰：

"千金，重利；卿相，尊位也。子独不见郊祭之牺牛乎？养食之数岁，衣以文绣，以入大庙。当是之时，虽欲为孤豚，岂可得乎？子亟去，无污我。我宁游戏污渎之中自快，无为有国者所羁，终身不仕，以快吾志焉。"可见，庄子的"不取"，是以保身和快志为前提的。庄子以政治上积极的不合作主义"不取"、思想上批判的自由主义"不与"，换取了人格的独立和精神的自由。

庄子把老子"小国寡民"的政治理想发展为"至德之世""无何有之乡"的理想王国。老子"小国寡民"的实质，是"甘其食，美其服，安其居，乐其俗"，以小农经济自然村落为单位的诸侯小国。诚如孟子"小康社会"的饱食、暖衣、宜居而乐教。在庄子的理想王国"至德之世"，人民"织而衣，耕而食"，"一而不党，命曰天放"，"其行填填，其视颠颠"，"禽兽成群，草木遂长"，"同与禽兽居，族与万物并"；进而在"无何有之乡"，"彷徨乎无为"，"逍遥乎寝卧"，"不夭斤斧，物无害者，无所可用，安所困苦哉！"这种近乎原始自然主义的和乐世界，超然充满名、利、财、货、权、势、食、色、寿、禄的俗世，当然只是庄子精神家园里的自由王国。

庄子把老子"道法自然""少私寡欲""长生久视"的养生观发展为"法天贵真""缘督为经""形全精复，与天为一"，从而"长生、安体、乐意"的养生思想理论。在养生观上，老子以"道法自然"为原则，主张虚心、实腹、弱志、强骨，通过"少私寡欲""致虚极，守静笃""归根""复命"，最终实现"长生久视"的目的。庄子继承了老子以"道法自然"为原则的养生思想，进而提出"法天贵真"的主旨，以尊生为前提、以卫生为方法、以乐生为目的，从养形、养气、养精、养心、养德、养神等几个方面展开，形成了丰富而独特的养生思想理论。庄子在《庄子·养生主》中说："为善无近名，为恶无近刑。缘督以为经，可以保身，可以全生，可以养亲，可以尽年。"庄子在这里总结出一个人可以保命、全生、尽孝、长寿的方法，就是"缘督为经"，即该篇后面庖丁解牛故事所阐述的道理"顺应自然"。那么，如何才能做到顺应自然？庄子说，要"法天贵真""洒心去欲"，做到清净、无为、守性、节欲，内有所养、外有所防，达到形全、德全、神全、乐全，且总结道："善养生者，若牧羊然，视其后者而鞭之"；"必静必清，无劳女形，无摇女精，乃可以长生"；"夫见下贵者，所以长生、安体、乐意之道也"。

庄子把老子以"自然"和"无"为美的辩证主义美学思想发展为以"逍遥"和"真"为美的相对主义美学思想。老子在《道德经》中分别提出了气、象、有、无、虚、实、玄、妙、美、恶（丑）、韵、味、希、和、素朴、自然等美学范畴，提出了美丑相生相依的辩证美学思想，"天下皆知美之为美，斯恶已"，以及大道的生生之美、虚静之美、空无之美、朴素之美等。庄子继承了老子首创的自然之美、虚静之美等美学思想，进而提出了天、真、和、乐、大、飞、放、适、天放、天籁、忘适、自得、心游、心斋、坐忘、无己、至人、真人、真性、纯素、纯粹、静一、天行、物化、无待、无欲、逍遥、自然、朴素、恬淡、美好、美恶、大美、共美、众美、自美、至美、至乐、人乐、天乐、心乐、乐意、至乐无乐、大巧若拙、道通为一、性命之情、恬淡无为、法天贵真等一系列美学范畴，并以"法天贵真"为原则，是天非人、崇真斥伪，描述了天籁之音、君子之美、游鱼之乐等，阐述了其独特的至乐无乐、自由之美的相对主义美学思想，得出了"天地有大美而不言""朴素而天下莫能与之争美""阴阳和静""情莫若率""以乐为和"等美学论断。

庄子把老子道生万物、自然无为、天人合一的自然生态观发展为"万物一齐""与天为徒""与物为春"的人文生态思想。老子曰："道生一，一生二，二生三，三生万物。"即道生万物，而人是万物中的一份子，因此人与万物同生同源同格，也可以说人与自然互为部分，自然是人的自然，人是自然的人。"人法地，地法天，天法道，道法自然。"因而从逻辑上可以得出，人法天、人法自然，即人的一切行为应当以天为准则、以自然为准则。"道大，天大，地大，人亦大。域中有四大，而人居其一焉。"人虽然为天地之间万物之中的灵长，但人只是宇宙中的一物，并不最为尊贵，更不能以人类为中心，以物为贱、以人胜天。又说"治人事天莫若啬"，啬，就是要节俭、节制，克制欲望，"少私寡欲"。老子天道自然、天人合一的生态哲学思想，赋有反思"人类中心主义"、唯智主义、唯科学主义的现代生态文明意义。庄子继承了老子的这种自然生态哲学思想，并有所发展，提出"天地与我并生，而万物与我为一""万物一齐""与天为徒""与物为春""无以人灭天""天与人不相胜"等富有人文思想的生态理念，对于现代生态文明建设具有启迪意义。

在拯人救世上，老子救世，庄子救人。老子从国家的角度，出于救世的目的，对君主、圣人提出了"少私寡欲""无为而治"，主张"以正治国，以奇用兵，以无事取天下。……故圣人云：我无为，而民自化；我好静，而民自正；我无事，而民自富；我无欲，而民自朴"。庄子从个人的角度，出于救人的目的，提出了无知、无欲、无功、无名、无己等救人先"自救"、救人先"救心"的要求，"同乎无知，其德不离；同乎无欲，是谓素朴。素朴而民性得矣"。老子是先圣而后民，即少数先知先觉的圣人通过自我修为而成为圣贤明君，而后他们通过教化而化民成俗；庄子是人我一齐、圣民同修。如果说老子的主张是分步文明，庄子的主张则是同步文明。

庄 学 论 坛

《史记·庄子传》读论

天津社会科学院哲学所　王伟凯[*]

摘　要：庄子作为我国古代著名的思想家和哲学家，在中国思想史上的地位不容忽视。庄子"独与天地精神往来"的风范显示了他的出世精神。司马迁在为庄子做传时，没有过多解读他的思想，而是列出了他的几篇代表作，之所以选择这些篇目，当是表达了司马氏对庄子的认知。因此，我们研究庄子，不能忽视距离庄子最早时期的社会有关评价。

关键词：《史记·庄子传》　真　顺　弃

《史记》作为我国第一部纪传体史书，对我的历史文化发展影响甚大。关于庄子的记载，主要集中于《老子韩非列传》中。春秋战国时期，百家争鸣，不同学派、持不同主张的思想家层出，但能在史书上留下痕迹者可谓寥寥，就《史记》记载而言，仅有孔子及其弟子、管仲、晏子、老子、韩非、庄子、申不害、孙子、吴起、商鞅、苏秦、张仪等数人。司马迁著《史记》时在汉武帝年间，距春秋战国不到四百年，而在四百年后，在当时的文书环境下，仍能为后人所传承记忆，足见留名之思想家的见识及影响。

一　《庄子传》中的有关信息

在《史记·庄子传》中，如此记载：

> 庄子者，蒙人也，名周。周尝为蒙漆园吏，与梁惠王、齐宣王同时。其学无所不窥，然其要本归于老子之言。故其著书十余万言，大抵率寓言也。

---

* 王伟凯，天津社会科学院研究员，博士，研究领域为中国传统文化，方向为儒家和道家文化。

作《渔父》、《盗跖》、《胠箧》，以诋訾孔子之徒，以明老子之术。《畏累虚》、《亢桑子》之属，皆空语无事实。然善属书离辞，指事类情，用剽剥儒、墨，虽当世宿学不能自解免也。其言洸洋自恣以适己，故自王公大人不能器之。

楚威王闻庄周贤，使使厚币迎之，许以为相。庄周笑谓楚使者曰："千金，重利；卿相，尊位也。子独不见郊祭之牺牛乎？养食之数岁，衣以文绣，以入大庙。当是之时，虽欲为孤豚，岂可得乎？子亟去，无污我。我宁游戏污渎之中自快，无为有国者所羁，终身不仕，以快吾志焉。"

应该说这是所有文献中关于庄子信息的最全面记载，从中我们可以梳理出如下基本信息。

首先，庄子的基本生活信息。庄子的籍贯为"蒙"，名字为"周"，担任过蒙地漆园的官吏，与梁惠王、齐宣王是同时代的人，即公元前400～前300年，也就是说，庄子与孟子生活的时代基本吻合。如果这一记载确实的话，那么两位圣人的思想是否相互影响和吸收，当是值得我们探究的话题。

其次，庄子的基本学术信息。"其学无所不窥"表明庄子是个博采众长之人，也可以视为"杂家"，但其基本的学术立论是宗"老子"的。正是因为其宗老子的道家，所以司马迁认为他的著作多诋毁孔子门徒。实际上，庄子的一些作品尤其是司马迁列出的《渔父》《盗跖》《胠箧》篇，其对孔子的观点并非诋毁，而是借批评孔子阐释自己的生活态度。

最后，庄子的基本人格信息。"我宁游戏污渎之中自快，无为有国者所羁"展示了庄子追求自由自在的人性特征。"名"和"利"是人所诉求的，但在庄子这里，却不屑一顾，其期望的是无拘无束的"逍遥游"。"游"始终是庄子眼中的最高境界，过上"无所待，以游无穷"的生活，也就是说能够"完全掌握宇宙的自然规律，获得精神上和物质上的绝对自由"。[①] 正是庄子这种逍遥自在的人格风范，给后世人尤其是其处于失落时期时，一丝心灵和精神上的慰藉。我们可以发现，一些文人在现实中受了挫折后，往往是从庄子处获得安慰，幻想"逍遥游"，生云外之志。所以说几千年来，庄子可谓给人们提供了现世心灵安顿的场所。

---

① 孙通海译注《庄子》，中华书局，2007，第2页。

《史记》作为史书，重点在于对事件的记载、人物生活过程的记述，而并不过多进行思想和逻辑上的分析，但这些信息为我们研究庄子提供了指引，尤其是了解西汉"尊儒"后人们的"庄子观"有着重要的价值。

二 《庄子传》中涉及的庄子著作

《庄子》约成书于先秦时期，按《汉书·艺文志》载，共著录五十二篇，但有十九篇目前已不可见，现存本为三十三篇，包括内篇七、外篇十五、杂篇十一。《史记·庄子传》中提及的著作有五篇，其中《渔父》、《盗跖》和《胠箧》在司马迁看来，是诋儒尊道的著作，另外两篇《畏累虚》和《亢桑子》是寓言故事，下面对这五篇文章分别予以分析。

1. 以"真"为核心的《渔父》篇

该篇可以说是结构很完整的一篇小说，将渔父定位为一个得道的隐士，并通过他的口来阐明庄子"真"的哲学。其通过设计渔父与孔子的对话，认为孔子的行为是"危其真"的，而作为活生生的人，应该努力做到"守其真"才对，这实际上是阐述了道家法天贵真、崇尚自然的主张。

客观地说，"真"作为庄子哲学的一个重要核心，在《庄子》之前的古籍中，"真"字使用得很少。但在庄子这里，却频繁出现和使用，并使之成为一个具有哲学意义的概念，所以有学者就指出，"真作为哲学概念的提出，是庄子对中国哲学史的一大贡献"。[1] 庄子在《大宗师》篇中多次提到"真人"，如开篇即言："且有真人而后有真知"，"何谓真人？古之真人，不逆寡，不雄成，不谟士。若然者，过而弗悔，当而不自得也。若然者，登高不栗，入水不濡，入火不热。是知之能登假于道者也若此"。[2] 可见其所谓的"真人"就是遵循"真"的人，只有遵循了"真"，才能获得"真知"。

该篇以渔父与子贡、子路的对话展开，然后孔子与渔父对谈"真"。渔父认知中的"真"就是"精诚之至也"，也就是精诚达到极致境界，因为"不精不诚，不能动人"，要想动人，首先要"真"。有了"真"，才能使自己的任何情感得到充分的展示，在生活中也才能得到完美的结果，用庄子的话说就是"真在内者，神动于外，是所以贵真也"。孔子重礼仪，讲人伦，渔父以人伦来谈"真"的价值，指出

---

① 徐克谦：《论庄子哲学中的"真"》，《南京大学学报》2002 年第 2 期。
② 孙通海译注《庄子》，中华书局，2007，第 116 页。

只要是以"真"来践人伦，那么"事亲则慈孝，事君则忠贞，饮酒则欢乐，处丧则悲哀"。如果没有"真"在其间，不是发自内心的行为，只是为了表面的礼仪和人伦，那就是一种世俗的虚伪，没有任何价值。如果通过"真"成了"真人"，获得了"真知"，那他的行为就是自然的流露，就能够接近大道了。

最后渔父批评孔子"子之蚤湛于人伪，而晚闻大道也"，可见这是庄子的一种观点，是对儒家只拘泥于世俗化行为的一种否定。众所周知，孔子重礼，针对父母、君王等希望制定出系列的礼制，但庄子认为，如果没有"真"，不是用"真"来践行这些礼，而只是一些程式化的东西，是没有任何价值的，可见"真"是庄子人性论的基础所在。陈鼓应先生认为渔父"在心境上可能更为接近庄子本人"，① 是一种真情实性的描写。所以从这一角度来说，庄子的论说当是有一定意义的，这也是司马迁把本篇列出的缘由吧。

2. 以"顺"为核心的《盗跖》篇

该篇由三个寓言故事组成，强调顺应人的自然本性就是顺应天理、顺应大道，而儒家的礼教规范是对人性的束缚，所以应该摒弃。文中用语很是犀利，在一定程度上反映了庄子对儒家学说的态度。如盗跖在听说孔子到来后，其"闻之大怒，目如明星，发上指冠"，可见气愤到了极点，还未交谈即如此生气，开口说话更是毫不留情，称孔子为"此夫鲁国之巧伪人孔丘非耶？为我告之，尔作言造语，妄称文、武，冠枝木之冠，带死牛之胁，多辞缪说，不耕而食，不织而衣，摇唇鼓舌，擅生是非，以迷天下之主，使天下学士不反其本，妄作孝弟，而侥幸于封侯富贵者也。子之罪大极重，疾走归！"将孔子喻为一个社会混乱的制造者，用所谓的"名"和"利"来引诱他人，使人丧失了本性，丧失了"真"，从而违背了大道。

众所周知，追求自然之性是庄子哲学的出发点，老子虽然也强调"道法自然"，但庄子将这种自然性做了进一步的发挥，尤其是人性的自然性。庄子主张不要对之有任何外在的约束，要"率性而为"，要实现心灵的绝对开放。由此可见，庄子要求的是一种自由精神，而这种自由精神的实施就在于人心的畅通，正如其在《在宥》篇中所言："人心排下而进上，上下因杀，绰约柔乎刚强，廉刿雕琢。其热焦火，其寒凝冰，其疾俯仰之间而再抚四海之外。其居也渊而静，其动也县而天，偾骄而不可系者，其唯人心乎！"也就是说，心受到压抑就消沉，

---

① 陈鼓应：《庄子的开放心灵与价值重估》，中华书局，2015，第188页。

推举它就高进。既然人心是可动的，那么引起这种"动"的根源是什么？自然是儒家所提倡的名和利。所以要保持心的平静，就不要受那些名利的蛊惑，实现精神上的真正自由。

客观地说，人既有自然性，也有社会性。从个体来说，自然性决定了人的动物性本能，但社会性决定了人与人之间社会差异的存在。如果失去了社会性，那社会的运行可能就会出现问题，因为个体的人组成了社会，产生了社会活动。在社会中活动需要有约束，这种约束或是自我约束，或是社会约束，其中自我约束当是起主要作用，尤其是道德自我约束，因为"道德的每一个判断都与社会的安宁利害相关"。① 强调自然性固然重要，但如果这种自然性超过了一定的界限，肯定也会走向它的反面，这也是老子辩证思想的重要观点。如果一味地按照自己的本意，听任自然，可能会实现庄子所说精神上的"和道同游"，但现实生活很难如意。因此我们可以说，庄子的这一哲学观实际上是一种单纯的精神追求，也是对战国时期社会状态的不满和愤恨的反思，但若回到现实社会中，可操作空间还是有限的。

3. 以"弃"为中心的《胠箧》篇

该篇以"绝圣弃智"为中心，抨击了当时社会存在的"窃钩者诛，窃国者为诸侯，诸侯之门而仁义存焉"的黑暗现实。老子有言："不尚贤，使民不争。不贵难得之货，使民不为盗。"在此基础上，庄子进一步提出了"圣人不死，大盗不止"的观点，是对当时社会的极大讽刺，也可谓一种极端的惊世之论。

庄子生活的时期正值战国纷乱，儒家希冀以礼、法实现社会控制，保证国家的相对安宁，但现实的状况给了儒家重重一击，所以千年后的大儒王夫之在评价此段时亦言："察于理之为圣，通于事之谓知。理无定在，事有迁流，故圣知之所知，含之于心，而不可暴之为法者也，以是为法而蕲以止盗，则即操我之戈，以入我之室。嗣守吾法者，不能如我之圣知，而法固可窃，强有力者胜矣。"② 也就是说，圣人之理、圣人之智，只能含于心，不能变成法。如果把圣人之智变成了法，那可能就会给社会带来灾难。这倒不是说圣智不好，而是因为在权势的舞台上，圣智被"大盗"所窃，进而也就成了盗民的利器，圣智反而成为一种美化自我的外表。

实际上，这应该是庄子的一种消极处事观，其不是从积极的角度去思考和处

---

① 休谟：《人性论》，商务印书馆，2006，第455页。
② 王夫之：《庄子解》，中华书局，1964，第86页。

理问题，而是过多地悲观面对，这一点比老子过犹不及。如果真是按庄子这样的理论去操作，那么整个社会可能会更加混乱。正如王蒙先生所言："如果掌权者、老板们、名人们、有影响者们全然撒手撇劲，嘛事不干，其结果呢，好人出不来了，坏人照出不误，也并非不可能。一个花园，如果取消一切园丁的劳动与管理，当年的赫胥黎在《天演论》中就讲过这种情况，其结果不但是花园的荒芜，更可能是恶草的蔓延与名贵好花的灭绝。"① 所以从这一角度来说，庄子的观点还是有些片面的。

以上三篇基本上是庄子为反驳儒家理论而通过寓言表述自己观点的文章。司马迁之所以选择这三篇作为庄子的传记代表作，当是为了体现庄子思想的独特风格以及庄子的人格特征。庄子之所以是庄子，不是老子、列子，就在于庄子毫不掩饰地对儒家思想中的一些观点进行了深刻的批判，具有明显的批判精神。庄子的学说虽然怪诞，但同时又让人们感到很奇妙，所以有学者说："庄子在观察事物和分析问题时所取的视角与常人不同，人们都是站在地上，而他却是站在天上。说他站在天上也还不够准确，应该说他是站在天外，站在天地之外，站在方外。"②

《畏累虚》和《亢桑子》在今传本《庄子》中并无所见，有学者认为《亢桑子》即是"杂篇"中的"庚桑楚"篇，该篇由十二段文字杂纂而成，且每段文字表现的主题、文字风格也略有差异，王夫之曾言："此篇之旨，笼罩极大。"文中以庚桑楚为老聃之徒，所谓"老聃之役有庚桑楚者，偏得老聃之道，以北居畏垒之山。其臣之画然知者去之，其妾之挈然仁者远之。拥肿者与居，鞅掌之为使"。也就是说，只有这个庚桑楚得到了老子的"道论"真谛，所以凡是要小聪明和标举仁义的都让他们远离，与他居住在一起的都是朴拙的人，留下使用的是不修饰外表的人。通过这段描述可以看出，其还是针对儒家的"仁义"而为。所以从这里是否可以说，如果该文真是庄子所著的话，那就进一步表明了庄子对儒家"仁义"思想的反感和不齿。

为什么反对"仁义"？该篇的目的与其他篇有所不同，因为在该篇中，其始终贯穿着"卫生之经"的意义，也就是要保存自己的身体和本性，通常地说即含有"养生"之意。陈鼓应先生曾言："卫生之经就是讲养生的道理，养生要在护养形体怡养心性。在养生的主题思想下，本篇提出了全其形生、全形抱生、将

---

① 王蒙：《庄子的快活》，中华书局，2010，第45页。
② 王德有：《以道观之——庄子哲学的视角》，人民出版社，2012，第2页。

形生心等命题。"① 而如果讲仁义，将会对养生、心智的自由形成制约，肯定不利于养生的进行，所谓"人与己相持于仁义，两相构而思虑日营，虽闻道固不能以化其心"。②

三　小结

庄子作为战国时期承继道家思想的重要人物，其对道家思想发展的贡献不容忽视，后人多以"老庄"思想并称。庄子对道家的一大贡献就是对"道"做了进一步的论述和分析，如果说老子提出了"天地万物"产生于"道"，庄子则指出了"道"是一种独立性的存在，尤其是天地万物产生后，"道"处于何处。"道"运行于天地万物之中，无所不在，所谓"行于万物者，道也"，这就实现了"道"和万物的一体化。

庄子主张超凡脱俗，崇尚人与自然的和谐，这不但对人的道德境界提升有所裨益，而且可以对儒家所倡导的敬业精神进行有益的补充。众所周知，"精神"一词首创于庄子，其阐述了心神与心思的作用，"心神活动创造人的精神生命，心思作用建立人的思想生命"，③ 人正是通过一种精神完成对目标的追求。尤其在《养生主》中，庄子更是论述了精神在生命中的主导作用，所谓"为善无近名，为恶无近刑，缘督以为经，可以保身，可以全生，可以养亲，可以尽年"。④

总之，庄子的思想博大精深，庄子哲学更是对后世思维方式和逻辑发展意义重大，如庄子对无限精神自由的向往，就成了人类的理想之一。这种贡献不是任何一个哲学家所能做出的，所以就这一点来说，我们应该记住和感谢庄子的付出！

---

① 陈鼓应：《庄子的开放心灵与价值重估》，中华书局，2015，第 165 页。
② 王夫之：《庄子解》，中华书局，1964，第 197 页。
③ 陈鼓应：《庄子的开放心灵与价值重估》，中华书局，2015，第 1 页。
④ 孙通海译注《庄子》，中华书局，2007，第 55 页。

文 化 哲 学

庄子与《尚书》学关系探微

钟云瑞　王春惠*

曲阜师范大学孔子文化研究院　曲阜师范大学教育学院

摘　要：《尚书》作为上古三代的政教之书，儒家学派将之作为立言治世的依据。庄子是战国时期道家学派的代表人物，其学术渊源于王官之学，其精通儒者之学，乃是卜子夏之绪余。庄子之学以老子思想为宗，然而对老子学说有所扬弃。《庄子》引《尚书》、论《尚书》，汲取《尚书》学要义而驳难儒学，关于"六经"之论述，开后世解经之先河。于《庄子》引论《尚书》可窥探战国《尚书》学流布情况，亦可助《尚书》教传统研究。

关键词：庄子　《尚书》　引论

《尚书》作为上古三代的原始文献资料，蕴含着丰富的教化思想，是礼乐教化的重要载体。孔子开科授徒，以《尚书》为教本，之后《尚书》学思想成为儒家学者立言治世的文本依据。庄子学派作为道家的显学，在战国时期的文化争鸣中与儒家交锋最甚，《庄子》一书多次引《尚书》、论《尚书》，对《尚书》学思想进行吸收后加以阐释发挥，使之符合己说，以与儒学相论难辩驳。关于庄子征引《尚书》的研究，近代学者只有刘起釪做过相关统计。本文通过梳理《庄子》书中关于《尚书》篇文献的记载，试图对庄子《尚书》学思想进行探究，以期考察《庄子》文本在推动《尚书》教传统发展方面所起的作用。

一　庄周事略及学术渊源

关于庄周的生平事迹，《史记·老子韩非列传》载于老子之后，全文为：

---

* 钟云瑞，曲阜师范大学孔子文化研究院讲师，山东大学儒学高等研究院博士生，主要研究方向为经学文献；王春惠，曲阜师范大学教育学院硕士研究生，主要研究方向为儒家教育思想。

庄子者，蒙人也，名周。周尝为蒙漆园吏，与梁惠王、齐宣王同时。其学无所不窥，然其要本归于老子之言。故其著书十余万言，大抵率寓言也。作《渔父》、《盗跖》、《胠箧》，以诋訾孔子之徒，以明老子之术。《畏累虚》、《亢桑子》之属，皆空语无事实。然善属书离辞，指事类情，用剽剥儒、墨，虽当世宿学不能自解免也。其言洸洋自恣以适己，故自王公大人不能器之。

楚威王闻庄周贤，使使厚币迎之，许以为相。庄周笑谓楚使者曰："千金，重利；卿相，尊位也。子独不见郊祭之牺牛乎？养食之数岁，衣以文绣，以入大庙。当是之时，虽欲为孤豚，岂可得乎？子亟去，无污我。我宁游戏污渎之中自快，无为有国者所羁，终身不仕，以快吾志焉。"①

庄子的著作，《汉书·艺文志·诸子略》道家类载："《庄子》五十二篇。"班固自注："名周，宋人。"② 今《庄子》残存三十三篇，其中内篇七、外篇十五、杂篇十一。晋司马彪注本是《庄子》最早的注本，此后，有郭象《庄子注》三十卷、唐代成玄英《庄子疏》，清代郭庆藩依据郭注成疏作《庄子集释》，是较为流行的版本。

根据《史记》所载梁惠王、齐宣王、楚威王之事，庄子似与孟子处于同时代，但二人在《庄子》与《孟子》之中均未提及对方。对于此事，章太炎认为："道家的庄子以时代论，比荀子早些，和孟子同时，终没曾见过一面。庄子是宋人，宋和梁接近。惠子又为梁相，孟子在梁颇久，本有会面的机会，但孟子本性不欢喜和人家往来，彼此学问又不同，就不会见了。"③ 冯友兰对此也有自己的观点："据《史记》所说，庄子与梁惠王、齐宣王同时，似亦与孟子同时。……孟子与庄子同时，然二人似均未相辩驳，似甚可疑。然庄子之学为杨朱之学之更进步者，则自孟子之观点言之，庄子亦杨朱之徒耳。庄子视孟子，亦一孔子之徒。孟子之'距杨、墨'，乃笼统'距'之；庄子之'剽剥儒墨'，亦笼统'剽剥'之。故孟子但举杨朱，庄子但举孔子。孟子、庄子二人，必各不相知也。"④ 章太炎与冯友兰从不同的视角阐述了庄子与孟子未曾相见的原因，限于资料的缺

---

① （汉）司马迁：《史记》，中华书局，1982，第 2143—2145 页。
② （汉）班固著，（唐）颜师古注《汉书》，中华书局，1962，第 1730 页。
③ 章太炎讲演，曹聚仁整理《国学概论》，上海古籍出版社，2008，第 30 页。
④ 冯友兰：《中国哲学史》，重庆出版社，2009，第 186 页。

失，二人只是做了理论上的推测，并未深究其根本。关于这一问题，有待学术界进一步讨论研究。

庄子的学术，当是源于春秋时代的王官之学。王官之学的核心要旨是六艺之学，而诸子之学皆是六艺之学的分支流派，此即班固所云："皆起于王道既微，诸侯力政，时君世主，好恶殊方，是以九家之术蜂出并作，各引一端，崇其所善，以此驰说，取合诸侯。其言虽殊，辟犹水火，相灭亦相生也。"① 至于庄子所属的道家，班固谓："道家者流，盖出于史官，历记成败存亡祸福古今之道，然后知秉要执本，清虚以自守，卑弱以自持，此君人南面之术也。"② 道家是先秦时代的显学，而庄子一派又是道家的显学，故庄子之学渊源于六艺之术。庄子对于儒家学说常讥讽诋毁，由此可反证庄子于儒家理论必然相当熟悉，得儒学之精髓要义而知其弊端所在，这一点恰与墨子有相似之处。

庄子精通儒者之学，盖所闻于卜子夏之儒学。韩愈《送王秀才序》云："盖子夏之学，其后有田子方；子方之后，流而为庄周，故周之书，喜称子方之为人。"③ 近人刘异《孟子春秋说微》采用韩愈之说，云："庄生学本子夏。《史记·儒林传》'田子方受业于子夏'，韩愈《送王秀才序》'子夏之后有田子方，子方之后流而为庄周'。阎若璩《困学纪闻注》'子方侍坐魏文侯，自称其师东郭顺子为真人为天人，正庄周所宗尚者。'由此类推，则庄子《春秋》之说，亦必有所本。"④《史记·魏世家》载："文侯受子夏经艺，客段干木……是以东得卜子夏、田子方、段干木。此三人者，君皆师之。"⑤ 又《史记·儒林列传》载："如田子方、段干木、吴起、禽滑釐之属，皆受业于子夏之伦，为王者师。"⑥ 据此，田子方为庄周之师，而田子方、魏文侯等人皆是出于子夏之后学。章学诚《文史通义·经解上》对此曾有论断："庄子曰：'孔子言治《诗》《书》《礼》《乐》《易》《春秋》六经。'又曰：'翻十二经，以见老子。'荀庄皆出子夏门人，而所言如是。"⑦《庄子》一书多次称道六经，解读儒家经义能够得其要旨，故章氏断定庄子之学源出于子夏。

---

① （汉）班固著，（唐）颜师古注《汉书》，中华书局，1962，第1746页。
② （汉）班固著，（唐）颜师古注《汉书》，中华书局，1962，第1732页。
③ （唐）韩愈撰，马其昶校注，马茂元整理《韩昌黎文集校注》，上海古籍出版社，1986，第261页。
④ 刘异：《孟子春秋说微》，《国立武汉大学文哲季刊》第3期，1935，第509页。
⑤ （汉）司马迁：《史记》，中华书局，1982，第1839—1840页。
⑥ （汉）司马迁：《史记》，中华书局，1982，第3116页。
⑦ （清）章学诚著，叶瑛校注《文史通义校注》，中华书局，1985，第93页。

庄子之学作为战国中期道家学派的显学，其学以老子思想为宗。《史记》载庄子事迹在老子之后，说庄子"其学无所不窥，然其要本归于老子之言"。对于儒学之态度，二者一致。"老子传"谓"世之学老子者则绌儒学"，"庄子传"曰"作《渔父》、《盗跖》、《胠箧》，以诋訾孔子之徒，以明老子之术"，对儒学均持讥讽批评的态度。《庄子·天下》篇叙述关尹老聃之学，对老子之学极为赞叹，"关尹老聃乎！古之博大真人哉！"成玄英《庄子疏》云："关尹老子，古之大圣，穷微极妙，冥真合道；教则浩荡而弘博，理则广大而深玄，庄子庶几，故有斯叹也。"① 庄子的虚静无为思想皆是出自老子思想，胡适谓："庄子的学说，只是一个'出世主义'。他虽与世俗处，却'独与天地精神往来……上与造物者游，而下与外生死无终结者为友'。中国古代的出世派哲学至庄子始完全成立。"② 对于老子的思想，庄子并没有完全接受，郭沫若在《十批判书》中认为"在庄子或其后学自然是以关尹、老聃为合乎他们所理想的人格了。然而从庄子的思想上看来，他只采取了关尹、老聃清静无为的一面，而把他们的关于权变的主张扬弃了"。③ 冯友兰也有相同的见解："吾人可见《老》学犹注意于先后，雌雄、荣辱、虚实等分别。知'坚则毁'、'锐则挫'，而注意于求不毁不挫之术。庄学则'外死生，无终始'。《老》学所注意之事，实庄学所认为不值注意者也。"④ 庄周之学是对老子之学的扬弃，近代学者已然辩驳明白，兹不再赘述。

二 庄子《尚书》学考述

关于《庄子》征引《尚书》的研究，近代学者只有刘起釪做过相关统计，认为《庄子》引用《尚书》只有三次，分别见于《天运》《天道》《盗跖》三篇。⑤ 马士远教授《周秦〈尚书〉学研究》有引《尚书》、论《尚书》、释《尚书》统计表，认为《庄子》涉及《尚书》的有关内容共七处。⑥ 下文通过对《庄子》引《尚书》、论《尚书》文本的考究，考察庄子对《尚书》的态度以及庄子的《尚书》学观点。

---

① （清）郭庆藩著，王孝鱼点校《庄子集释》，中华书局，2012，第 1091 页。
② 胡适：《中国哲学史大纲》，上海古籍出版社，1997，第 184 页。
③ 郭沫若：《十批判书》，东方出版社，1996，第 205 页。
④ 冯友兰：《中国哲学史》，重庆出版社，2009，第 143 页。
⑤ 刘起釪：《尚书学史》，中华书局，1989，第 49 页。
⑥ 马士远：《周秦〈尚书〉学研究》，中华书局，2008，第 322 页。

（一）《庄子》引《尚书》考述

稽考《庄子》全书，其征引文本与《尚书》有关者共四篇，分别是《天道》《天运》《盗跖》《在宥》，兹分别将其内容与《尚书》进行比较研究，以讨论二者之间是否存在联系。

1. 《天道》

　　故《书》曰："有形有名。"形名者，古人有之，而非所以先也。①

刘起釪认为此句乃是逸《尚书》内容，而唐代成玄英《庄子疏》云："书者，道家之书，既遭秦世焚烧，今检亦无的据。"② 成玄英认为此"书"乃是道家的典籍。唐代之时，成玄英已经对"有形有名"出自何篇无所稽考，而将其原因归结为秦朝的焚书。王先谦《庄子集解》却释"书"为"古书也"。③ 笔者以为，将"有形有名"放在《天道》篇进行考察，联系上下文义，旨在强调帝王无为、臣下有为，阐明一切政治活动都应遵循固有的规律，为帝王统治寻求合乎自然的治世哲理。《天道》篇所阐述的"形名"思想在《尚书》之中并未体现，故笔者以为此"《书》曰"内容并非《尚书》逸篇文本。

2. 《天运》

　　巫咸招曰："来！吾语女。天有六极五常，帝王顺之则治，逆之则凶。九洛之事，治成德备，监照下土，天下戴之，此谓上皇。"④

刘起釪认为此乃概括称引《洪范》内容。⑤ 成玄英《庄子疏》云："六极，谓六合，四方上下也。五常，谓五行，金木水火土，人伦之常性也。言自然之理，有此六极五常，至于日月风云，例皆如此，但当任之，自然具足，何为措意于其间哉！"又言："夫帝王者，上符天道，下顺苍生，垂拱无为，因循任物，则天下治矣。"俞樾《诸子平议》释"六极五常"为《尚书·洪范》第九畴之"五福六

---

① （清）郭庆藩著，王孝鱼点校《庄子集释》，中华书局，2012，第477页。
② （清）郭庆藩著，王孝鱼点校《庄子集释》，中华书局，2012，第478页。
③ （清）王先谦编著《庄子集解》，成都古籍书店，1988，第76页。
④ （清）郭庆藩著，王孝鱼点校《庄子集释》，中华书局，2012，第499页。
⑤ 刘起釪：《尚书学史》，中华书局，1989，第18页。

极"，云："常与祥，古字通。《仪礼·士虞礼》'荐此常事'，郑注曰：'古文常为祥'，是其证也。《说文·示部》：'祥，福也。'然则五常即五福也。下文曰'九洛之事，治成德备'，其即谓禹所受之《洛书》九类乎！"① "九洛"，王先谦《庄子集解》引明代杨慎曰："九洛，九畴《洛书》。"② 郭庆藩《庄子集释》云："家世父曰：九洛之事，即禹所受之九畴也。庄子言道有不诡于圣人者，此类是也。"③

关于"九洛之事"，陈鼓应认为主要有两种解释：一为成玄英《庄子疏》中所谓"九州聚落之事也"；一为杨慎的"《洛书》九畴之事"。"九畴"，见于《尚书·洪范》，指九类大法：五行、五事、八政、五纪、皇极、三德、稽疑、庶征、五福六极。④

"巫咸"，见于《尚书·君奭》篇，"在太戊，时则有若伊陟、臣扈，格于上帝，巫咸乂王家"，孔《传》曰："巫咸治王家，言不及二臣。"⑤ 则巫咸是商王朝的贤臣。成玄英谓"巫咸，神巫也"，笔者以为成《庄子疏》所言不确。《庄子·天运》篇所载巫咸祒即是《君奭》中的贤臣巫咸，而《天运》"六极五常""九洛之事"，未必就一定是《洪范》的内容。笔者以为，战国中期，社会上可能流传着此一类的谚语或文辞，庄子或庄子后学在编纂《天运》篇时，采撷这些文句以入其书，《天运》所言虽非必然出自《洪范》，但二者之间应该有一定的联系。

3. 《盗跖》

> 满苟得曰："小盗者拘，大盗者为诸侯。诸侯之门，义士存焉。昔者桓公小白杀兄入嫂而管仲为臣，田成子常杀君窃国而孔子受币。论则贱之，行则下之，则是言行之情悖战于胸中也，不亦拂乎！故《书》曰：'孰恶孰美？成者为首，不成者为尾。'"⑥

刘起釪认为"《书》曰"内容是没有篇名的逸《尚书》，⑦ 但成玄英《庄子

① （清）郭庆藩著，王孝鱼点校《庄子集释》，中华书局，2012，第 499 页。
② （清）王先谦编著《庄子集解》，成都古籍书店，1988，第 80 页。
③ （清）郭庆藩著，王孝鱼点校《庄子集释》，中华书局，2012，第 500 页。
④ （唐）孔颖达正义，黄怀信整理《尚书正义》，上海古籍出版社，2007，第 449 页。
⑤ （唐）孔颖达正义，黄怀信整理《尚书正义》，上海古籍出版社，2007，第 647 页。
⑥ （清）郭庆藩著，王孝鱼点校《庄子集释》，中华书局，2012，第 977 页。
⑦ 刘起釪：《尚书学史》，中华书局，1989，第 42 页。

疏》云："所引之《书》，并遭烧灭，今并无本也。"① 考诸《盗跖》篇的大意，似乎《尚书》之中没有与之思想相合者。此处涉及子张和满苟得的对话，子张主张仁义礼信，倡导贵贱伦理秩序，以求显荣利达；满苟得则主张士人的行为应顺着自然的本性，批评"田成子常杀君窃国而孔子受币。论则贱之，行则下之"，指出儒者言行常相违背，同时，用"尧杀长子，舜流母弟，疏戚有伦乎？"对儒家的等级伦理思想进行批判。故笔者以为，《盗跖》篇所引内容大概与《尚书》无关。

4. 《在宥》

> 昔者黄帝始以仁义撄人之心，尧舜于是乎股无胈，胫无毛，以养天下之形，愁其五藏以为仁义，矜其血气以规法度。然犹有不胜也，尧于是放驩兜于崇山，投三苗于三峗，流共工于幽都，此不胜天下也。夫施及三王而天下大骇矣。下有桀跖，上有曾史，而儒墨毕起。②

成玄英《庄子疏》云："《尚书》有殛鲧，此文不备也。四人皆包藏凶恶，不遵尧化，故投诸四裔，是尧不胜天下之事。放四凶由舜，今称尧者，其时舜摄尧位故耳。"③ 成玄英认为此处与《尚书·舜典》存在联系，今本《舜典》"流共工于幽州，放驩兜于崇山，窜三苗于三危，殛鲧于羽山，四罪而天下咸服"，④ 可见《在宥》文句确实化用了《舜典》之文而成。成《庄子疏》谓："夫黄帝非为仁义也，直与物冥，则仁义之迹自见。迹自见，则后世之心必自殉之，是亦黄帝之迹使物撄也。"⑤ 黄帝垂拱而王天下，而尧舜劳身苦形，有为而治，治理天下却不能胜任，延及驩兜、三苗、共工扰乱天下。儒家称道尧舜以仁义治理天下，庄子托名黄帝无为而治，一为颂扬尧舜，一为非议尧舜，二家之思想差异性于此可见一斑。

（二）《庄子》论《尚书》考述

本部分主要对《庄子》论《尚书》的内容予以考察，分别涉及《天道》《天

---

① （清）郭庆藩著，王孝鱼点校《庄子集释》，中华书局，2012，第 998 页。
② （清）郭庆藩著，王孝鱼点校《庄子集释》，中华书局，2012，第 382—383 页。
③ （清）郭庆藩著，王孝鱼点校《庄子集释》，中华书局，2012，第 384 页。
④ （唐）孔颖达正义，黄怀信整理《尚书正义》，上海古籍出版社，2007，第 88 页。
⑤ （清）郭庆藩著，王孝鱼点校《庄子集释》，中华书局，2012，第 383 页。

运》《徐无鬼》《天下》四篇。《庄子》论《尚书》的最大特点是"六经"并论，将《尚书》学思想包含在"六经"之中，兹对四篇文本进行讨论。

1. 《天道》

> 世之所贵道者书也，书不过语，语有贵也。语之所贵者意也，意有所随。意之所随者，不可以言传也，而世因贵言传书。世虽贵之，我犹不足贵也，为其贵非其贵也。故视而可见者，形与色也；听而可闻者，名与声也。悲夫，世人以形色名声为足以得彼之情！①

马士远教授认为此处是宏观论《尚书》的文辞，笔者以为马师此说不确。另成玄英《庄子疏》云："书者，文字。世俗之人，识见浮浅，或托语以通心，或因书以表意，持诵往来，以为贵重，不知无足可言也。"②《天道》篇在此处的大意为：世人所珍贵的道载见于书，书不过是语言，语言有它的可贵处。语言所可贵的是意义，意义有所指向。意义所指向的，却不能用语言来表达，而世人因为珍贵语言才传之于书。③主旨在于指出"意之所随者，不可以言传"的道理，因而世之所贵的书，并不可贵。文章围绕的中心点还是"形"与"名"的关系问题，而这些均未见于《尚书》思想，故此处所指的"书"并非专指《尚书》，而应当理解为书简、书籍。

2. 《天运》

> 孔子谓老聃曰："丘治《诗》《书》《礼》《乐》《易》《春秋》六经，自以为久矣，孰知其故矣；以奸者七十二君，论先王之道而明周召之迹，一君无所钩用。甚矣夫！人之难说也，道之难明邪？"老子曰："……夫六经，先王之陈迹也，岂其所以迹哉！"④

此处《诗》《书》《礼》《乐》《易》《春秋》六经并称，"六经"之名出现，以《天运》篇为最早。1993年湖北郭店楚墓竹简的发现，佐证了《天运》"六

---

① （清）郭庆藩著，王孝鱼点校《庄子集释》，中华书局，2012，第492页。
② （清）郭庆藩著，王孝鱼点校《庄子集释》，中华书局，2012，第492页。
③ 陈鼓应：《庄子今注今译》，商务印书馆，2007，第414页。
④ （清）郭庆藩著，王孝鱼点校《庄子集释》，中华书局，2012，第533页。

经"之名的准确性。李学勤等人认为楚墓主人"东宫之师"曾任楚太子的老师，"参考墓的年代，这位太子当即怀王太子横，后来的顷襄王，墓主的死在顷襄王即位以前"。① 据《史记》，庄子与梁惠王、齐宣王同时，而楚顷襄王即位已经是战国末期，所以楚墓竹简埋葬之时，晚于庄子的年代，但距离庄子并不十分遥远。故两相比较，可以对"六经"之名进行确定。兹列举《郭店楚墓竹简》中涉及《诗》《书》《礼》《乐》《易》《春秋》的内容，以备参考。

> 《诗》《书》《礼》《乐》，其始出皆生于人。《诗》，有为为之也；《书》，有为言之也；《礼》《乐》，有为举之也。（《性自命出》）②

> 仁者，子德也。故夫夫、妇妇、父父、子子、君君、臣臣，六者各行其职，而馈诤无由作也。观诸《诗》《书》则亦在矣，观诸《礼》《乐》则亦在矣，观诸《易》《春秋》则亦在矣。（《六德》）③

> 《易》所以会天道人道也。《诗》所以会古今之恃也者。《春秋》所以会古今之事也。《礼》，交之行述也。《乐》，或生或教者也。（《语丛一》）④

3. 《徐无鬼》

> 徐无鬼出，女商曰："先生独何以说吾君乎？吾所以说吾君者，横说之则以《诗》《书》《礼》《乐》，从说之以《金板》《六弢》，奉事而大有功者不可为数，而吾君未尝启齿。"⑤

成玄英《庄子疏》云："《诗》《书》《礼》《乐》，六经。《金板》《六弢》，《周书》篇名也，或言秘谶也。本有作韬字者，随字读之，云是太公兵法，谓文武虎豹龙犬《六弢》也。……武侯好武而恶文，故以兵法为从，以六经为横也。"⑥

此处《诗》《书》并论，说明了"四经"的致用功能。然而联系上下文意，女商平时和武侯谈《诗》《书》《礼》《乐》，却未尝见武侯启齿，而徐无鬼拜见

---

① 李学勤：《先秦儒家著作的重大发现》，辽宁教育出版社，1999，第14页。
② 荆门市博物馆编《郭店楚墓竹简》，文物出版社，1998，第179页。
③ 荆门市博物馆编《郭店楚墓竹简》，文物出版社，1998，第188页。
④ 荆门市博物馆编《郭店楚墓竹简》，文物出版社，1998，第194—195页。
⑤ （清）郭庆藩著，王孝鱼点校《庄子集释》，中华书局，2012，第815页。
⑥ （清）郭庆藩著，王孝鱼点校《庄子集释》，中华书局，2012，第815页。

魏武侯，用相马之术引发了武侯的喜悦，借以讥讽《诗》《书》《礼》《乐》的无用，讽刺意味极强。其实，这正符合庄子嘲讽儒家的思想。《诗》《书》乃是儒家立言处世的根本，是儒学的归旨所在，庄子一派抓住儒家学说的要义加以批判，是熟稔于儒学内涵而知其弊端所在的反映。

4. 《天下》

　　古之人其备乎！配神明，醇天地，育万物，和天下，泽及百姓，明于本数，系于末度，六通四辟，小大精粗，其运无乎不在。其明而在数度者，旧法世传之史尚多有之。其在于《诗》《书》《礼》《乐》者，邹鲁之士、搢绅先生多能明之。《诗》以道志，《书》以道事，《礼》以道行，《乐》以道和，《易》以道阴阳，《春秋》以道名分。其数散于天下而设于中国者，百家之学时或称而道之。①

成《庄子疏》谓："史者，《春秋》《尚书》，皆古史也。数度者，仁义名法等也。古旧相传，显明在世者，史传书籍，尚多有之。言仁义名法布在《六经》者，邹鲁之地儒服之人能明之也。夫《诗》道情志，《书》道世事，《礼》道心行，《乐》道和适，《易》明卦兆，通达阴阳，《春秋》褒贬，定其名分。《六经》之迹，散在区中，风教所覃，不过华壤。百家诸子，依稀五德，时复称说，不能大同也。"②《天下》篇极其精要地评述了先秦各家的学说，从庄子学派的观点出发，对各家学派做出褒贬，同时对庄子思想也做了高度的概括，是最早的一篇中国学术史。此处总述古代学术思想的演变，对六经的功能和价值予以深刻的分析，这一观点对后世儒家学者产生了深远的影响。解读六经，皆以《天下》篇所言为根柢。

《礼记·经解》篇论述六经要义，文旨同《天下》一致，云：

　　孔子曰：入其国，其教可知也。其为人也，温柔敦厚，《诗》教也；疏通知远，《书》教也；广博易良，《乐》教也；絜静精微，《易》教也；恭俭庄敬，《礼》教也；属辞比事，《春秋》教也。③

---

① （清）郭庆藩著，王孝鱼点校《庄子集释》，中华书局，2012，第1062页。
② （清）郭庆藩著，王孝鱼点校《庄子集释》，中华书局，2012，第1063页。
③ （唐）孔颖达正义，吕友仁整理《礼记正义》，上海古籍出版社，2008，第1903页。

《荀子·儒效》篇于战国末期论六经要义，沿用《天下》说法，云：

> 《诗》言是，其志也；《书》言是，其事也；《礼》言是，其行也；《乐》言是，其和也；《春秋》言是，其微也。①

汉代学者继《荀子》之后讨论六经价值，依然袭用《庄子》旨意，司马迁于《史记·太史公自序》云：

> 《易》著天地阴阳四时五行，故长于变；《礼》经纪人伦，故长于行；《书》记先王之事，故长于政；《诗》记山川谿谷禽兽草木牝牡雌雄，故长于风；《乐》乐所以立，故长于和；《春秋》辩是非，故长于治人。是故《礼》以节人，《乐》以发和，《书》以道事，《诗》以达意，《易》以道化，《春秋》以道义。②

《史记》所言是对《礼记·经解》篇的详细论证，以阐明六经的功用乃是道志、事、行、和、阴阳、名分。这一论点被后世广泛采用，如上引唐代成玄英的疏解，至清代皮锡瑞作《经学历史》，还对《庄子》此说加以评判，曰："蒙吏荒唐，解道《诗》《书》《礼》《乐》。"③ 于此可见，《天下》所论六经要义之影响至深至远。

三　庄子《尚书》学价值意义

春秋战国时期，周室式微，诸侯强大，周初以来的宗法制政治、经济、文化体系逐渐崩溃，为寻求治国治世的良策，诸子百家纷然并起。诸子从各自的思想立场出发，互相争鸣非难，形成百家争鸣的局面，各学派之间由此形成了互相评论和阐释的关系。经过不同学术观点的激烈交锋，到庄子之时，各学派按照自身的发展逻辑，吸收其他学派的思想成果来充实自己。《尚书》作为上古三代政教之书，记载了大量先王政治活动和施政言论，是儒家开科授徒的政治教科书。庄

---

① （清）王先谦撰，沈啸寰、王星贤点校《荀子集解》，中华书局，1988，第133页。
② （汉）司马迁：《史记》，中华书局，1982，第3297页。
③ （清）皮锡瑞，周予同注释《经学历史》，中华书局，2011，第31页。

子学派对儒家之《尚书》学思想进行积极阐释，吸纳其中的精髓，加以改造利用，以引《尚书》、释《尚书》的形式充实自己的理论体系，同时借《尚书》学内容对儒家本身的思想进行驳难，衍化出儒道不同的《尚书》学脉络体系。

　　《庄子》论《尚书》包含于讨论"六经"的范畴之内，《天运》《徐无鬼》《天下》三篇论述"四经"或"六经"的大义主旨，对《尚书》教传统的发生、演变、流传具有奠基性的作用。《天下》篇所言"《书》以道事"，后代学者沿用其说，《荀子·劝学》"《书》者，政事之纪也"，《荀子·儒效》"《书》言是其事也"，汉代《史记·滑稽列传》："《书》以道事"，董仲舒《春秋繁露·玉杯》"《书》著功，故长于事"，以上诸家在《尚书》乃古史之书、记述先王政事的态度上，意见一致。庄子及其庄学一派，在自身学说发展的过程中引《尚书》、论《尚书》，无疑推动了《尚书》在战国时代的流传，以此窥见儒家以外的诸子学派对《尚书》的态度，同时对研究《尚书》学思想对于不同学派的影响也有积极的意义。

论《庄子》中工匠形象的自由精神
与美学意义

河北美术学院　张建敏[*]

摘　要：《庄子》书中有诸如"庖丁""抱瓮丈人""承蜩偻者"等诸多有关工匠形象的寓言故事。从工匠精神的角度来看，这些故事所塑造人物的共同之处在于他们以技入道、持之以恒、静心专注的劳动态度与生命情怀。其中，匠人们在磨炼技法的过程中获得了超越功利的主体意识，并使自己在自由劳动中获得了真正的解放。与此同时，工匠精神又表现为"技合于道"的价值超越，而这种能够带来审美体验的价值超越也是工匠精神能够传承不息的动力所在。

关键词：《庄子》　工匠精神　主体意识　审美愉悦

《庄子》一书描述了许多各具特色的人物形象，这些形象又多以寓言的形式得以表现，从而使后人能够从不同的角度加以诠释。如果从工匠精神的视角出发，我们不难发现《庄子》对今天通常意义上的"工匠精神"情有独钟，而《庄子》中的诸多工匠形象不但有出神入化的技艺，而且有着自觉自由的主体精神，这正与时下国家大力弘扬的工匠精神不谋而合。故而，无论是从哲学上分析《庄子》工匠精神的自由意味，还是从美学的角度阐述其超越所在，都有着十分明显的现实意义。

一　《庄子》中的工匠形象

提到《庄子》书中的工匠形象，《养生主》中的"庖丁"当是人们最为耳熟能详的形象之一。其娴熟的技法犹如乐舞般酣畅淋漓，所谓"手之所触，肩之所

---

　　*　张建敏，河北美术学院常务副校长。

倚，足之所履，膝之所踦，砉然向然，奏刀騞然，莫不中音，合于《桑林》之舞，乃中《经首》之会"（《养生主》）。这份娴熟的背后是庖丁十几年如一日的专心致志与"所好者道也，进乎技矣"的技艺升华。虽然《庄子》的本意是借庖丁来叙述无厚入有间的养生长久之道，但它与工匠精神的相通之处正是专注于其所应该专注的地方。就如庖丁专注于牛的关节脉络，真正的工匠亦应对技艺有深入的钻研。这种钻研不是书本所能提供的，而是要在长期的工作实践中将技艺转化为自身独到的认知。这就需要匠人专注于己，不随波逐流，亦不以机心从事。

《庄子》对机心亦有过阐述，所谓"机心存于胸中，则纯白不备；纯白不备，则神生不定；神生不定者，道之所不载也。吾非不知，羞而不为也"（《天地》）。这里的"羞而不为"乃是工匠精神的良心体现，它意味着工匠在专注于技艺的同时更要专注于内心的自觉与执着，不以投机取巧为手段求取成功，不以唯利是图为导向而简化工艺。《庄子》的匠人形象乃是全德之人，"非其志不之，非其心不为。虽以天下誉之，得其所谓，謷然不顾；以天下非之，失其所谓，傥然不受。天下之非誉，无益损焉"（《天地》）。这份坚定与守候乃是工匠精神的题中之义，而"功利机巧必忘夫人之心"的教诲则是告诫人们莫忘初心。

就工匠精神而言，所谓初心即是专注于事业、执着于技艺，如此方能自然而然地成就一番事业。这就是说，成就的实现需要经历百般磨炼，抑或认为经历了不忘初心的百般磨炼之后，自然不会取得太差的成就。《庄子》中那个在"县水三十仞，流沫四十里"中逍遥游之的吕梁子弟仿佛正是此种精神的写照。所谓"始乎故，长乎性，成乎命。与齐俱入，与汩偕出，从水之道而不为私焉"（《达生》），正是说工匠精神需要一以贯之的恒心与坚持，同时又要以开放的心态去虚心学习。也唯有这样，才能够"生于陵而安于陵，长于水而安于水"，在不怨天尤人的心态中，自然而然地将命运掌握在自己手里。

工匠的天命乃是打造出惊犹鬼神般的作品，而《庄子》书中削木为锯的梓庆便是这样一位人物。然而对道家学派来说，梓庆的成功之处在于"以天合天"。所谓"臣将为锯，未尝敢以耗气也，必齐以静心。齐三日，而不敢怀庆赏爵禄；齐五日，不敢怀非誉巧拙；齐七日，辄然忘吾有四枝形体也。当是时也，无公朝，其巧专而外骨消；然后入山林，观天性；形躯至矣，然后成见锯，然后加手焉；不然则已"（《达生》）。这样的一番叙述，既是《庄子》不以人灭天思想的阐释，同时也描述了一位对所从事工作严肃谨慎的工匠形象。他排除了外物、欲望对创作产生的不利影响，同时师法自然、淡泊名利，方才有了令世人惊叹的成就。这里的"以天合天"既是一种工艺技法，也是《庄子》乃至道家哲学对匠人所应具备品德的期许。

无独有偶，《达生》篇中的承蜩偻者亦有着"用志不分，乃凝于神"的匠人精神。其专心致志、一以贯之，"虽天地之大，万物之多，而唯蜩翼之知"（《达生》），这种专注乃是古往今来工匠形象的共同之处，也是匠人精神的核心范畴之一。与此同时，《庄子》书中那位操舟若神的摆渡人则看到了排除外物对心灵的干扰，亦是成就工匠精神的不二法门。所谓"善游者数能，忘水也。若乃夫没人之未尝见舟而便操之也，彼视渊若陵，视舟之覆犹其车却也"（《达生》），这就是说，工匠精神因超凡脱俗而成就自信和勇气，自信和勇气又使工匠的形象成为光辉的榜样。只是对《庄子》来说，偌大的成就意味着工匠必然多以孤独者的形态出现，就如《徐无鬼》篇中运斤成风的匠人那样，遇到知音是万分珍贵的事情。若将问题反过来看，则意味着世人应当更多地去关注工匠精神在现实中的存在，这样才能让工匠精神发扬光大，而不至成为曲高和寡的"无与言之"。

在《天道》篇中，《庄子》借轮扁之口说出了工匠精神的难处所在。所谓"斫轮，徐则甘而不固，疾则苦而不入。不徐不疾，得之于手而应于心，口不能言，有数存焉于其间。臣不能以喻臣之子，臣之子亦不能受之于臣，是以行年七十而老斫轮"（《天道》）。无论是对古人还是今人而言，工匠精神的传承都是一个十分棘手的问题。技艺可以被讲述，经验却只能在实践中慢慢积累。同时，科学的进步与文化的变迁都会对工匠精神产生巨大的冲击。因此，工匠精神之所以可能、《庄子》书中的工匠形象之所以有现实意义，都是因为工匠精神本身有着内在理性的一脉相承，而不同时代的工匠形象则能够突破技艺和时代的局限，达成一种美学上的超越意义。

二　自觉和自由：《庄子》中工匠形象的主体意识

《庄子》所提及工匠形象普遍有着由术入道，进而术道合一的特点。在他们那里，技术已经不再是单纯的谋生手段，而是实现道术合一、物我无二的必然途径。在这个道术一体的境界中，生命获得了自然而然的成就，心灵更是在自然之中体验到了超越诸种局限的自由。从抽象的意义上解读此种自由，便是《逍遥游》中的无己无功，也就是《齐物论》中的万物与我为一。在如此境界的熏陶之下，《庄子》中的工匠形象便普遍有着一种自觉意识，该意识使安身立命的手艺成为工匠毕生的追求。这个对精益求精的追求过程，既是工匠精神的要求，也是工匠主体意识的实际表现。这里笔者用庖丁作为例子加以说明。

庖丁以道解牛，实现了道技合一，其踌躇满志之态将用刀的技法与生命的自然合二为一。从劳动的角度来看，这种提刀而立的高度自信得益于对劳动结果的满意，而这个劳动过程也正隐喻着掌握万物内在规律是对道加以体察的必然途径。对工匠而言，其所创造的作品不单是实物性质的存在，更是一种使自我意识得到极大满足的存在。主体意识在其中处于自觉的状态，这种状态既包括工匠人格的自知，也包含着工匠精神得以升华的自觉。简而言之，物质成果的精神价值是主体感到自由与充实的原因所在。

《庄子》书中的工匠形象大多有着精湛绝伦的手艺，但这并不是他们获得庄子肯定的根本原因。在庄子看来，匠人是生命的象征，匠人的手艺乃是生命获得真实自我的途径。匠人使用手艺完成巧夺天工的作品，一方面是物质性的创造，另一方面则是体察道体、拥抱自然、完善自我的过程。在这个过程中，工匠需要将功利性的目的排除在外，而将其视作主体意识得以实现的活动。工匠的劳动应该超越谋生性质的不得已为之，在主体意识得以自觉的过程中达到自然自得的境界。唯有如此，人的潜能才可以得到最大限度的发扬，人的创造能力才能够为人的幸福发挥作用，所谓工匠形象的主体意识也正是由此而来。这既是技术的无意识状态向工匠的自觉精神的升华，也是由依附技术而生存向自由王国前行的真正解放。简而言之，《庄子》中的工匠形象正是由于有着此种自觉的主体意识，方有了其超越时代局限的思想价值。

当我们用现代哲学的眼光回省《庄子》中的工匠形象时，不难发现其不仅有着主体意识自觉方面的启发，更有着关于自由问题的探讨空间。在很多时候，《庄子》中的自由有着太多抽象层面的意义，但若是从工匠精神的角度来看，《庄子》中的诸位工匠恰恰是通过自身的创造实现了现实的自由。

自由，是人最为本质的要求，工匠则是通过劳动来实现自由的可能。就如庖丁那样，他在长期劳动的实践中掌握了解牛的规律，这便获得了解牛这一劳动过程的自由，进而在这种自由中达到具有超越性自由的境界。这种自由不是抽象的，因为它的关键之处便是劳动不是谋生的手段，而是生命的意义或目的。就如同庖丁在解牛之后的踌躇满志，那种精神上的愉悦与满足便是将劳动视作目的的自由状态。当庖丁不再将解牛视为谋生的不得已行为时，便会在这种自由劳动中一边成就自己高超的技艺，一边收获生活的乐趣以及生命的意义。而从整个人类的历史来看，但凡是杰出的工匠，无论其物质生活条件如何，都往往将创作视为一种无关物质条件的乐趣所在，而这也是工匠精神的重要组成部分。

对人类而言，自由劳动所创造的成果即是自身力量的体现，工匠精神便是要将此种力量得以最大化地发挥展现。从某种意义上说，发扬工匠精神便是创造自由劳动所需要的条件。在尽可能消除异化劳动的前提下，使劳动成为人们的本能需要，成为一种自觉的行为，进而实现人类真正的自由。虽然历史进程需要循序渐进，劳动异化在现有的生产力水平下很难完全消除，但工匠精神实际上是人类向着自由王国前进的助推动力。人在自由劳动中需要获得认可与尊严，不再单纯地将劳动视作获得报酬的手段，这样的主体意识方能最大限度地发挥潜能，达到庖丁解牛那般的艺术境界。人类向往的劳动应该蕴含美学的意义，而这既需要社会对劳动者提供发挥其工匠精神的空间，也需要劳动者本人去克服外物、欲望的干扰。如此才能达到《庄子》中"技合于道"的超越境界。

三 技合于道：《庄子》中工匠形象的美学意义

一般说来，道家哲学对工艺技术总是保持着不太乐观的态度。老子主张小国寡民与复归于朴，更喜爱那种未经工匠雕凿的质朴状态。庄子则延续了老子关于道技关系的一贯原则，并将其置于日常生活之中加以考量。在庄子看来，真正的匠人并非以巧伪为傲，更不应受欲望与功利的诱惑。他的工匠精神反对世俗贪恋的享乐与机巧，而追求一种道法自然式的天真与大美。就像汉阴丈人认为的"有机事者必有机心"那样，《庄子》书中的工匠形象总是将机心排除在外，而去直接拥抱道体本身。他甚至用寓言式的教诲提醒人们要摆脱感官和物质的束缚，如"灭文章，散五采，胶离朱之目，而天下始人含其明矣。毁绝钩绳而弃规矩，攦工倕之指，而天下始人有其巧矣"（《胠箧》）。也就是说，工匠精神的发扬绝不只是一门手艺的精益求进，而是在此种技巧的基础之上获得更为超越的价值。若不如此，技术只会将人心束缚，而不是更好地为人类服务。我们所追求的工匠精神亦是如此，它的本质应该是重视人的价值，而不是将人异化为机械性的存在。因此，《庄子》所描绘的工匠形象绝不是对技术的称赞，而是掌握技术之人达成"技合于道"的超越境界，此种超越有着十分强烈的美学意义。

就如庖丁解牛的过程宛若诗歌乐舞，其将本是君子远之的庖厨之事化为充满浪漫神采的描绘。在这一描绘中，工匠形象既直接展现了人类的力量与智慧，更使得一种超越技艺的大道跃然纸上。如果说，读者可以通过《庄子》的文字体会到庖丁解牛的酣畅画面，那么此种大道则需要通过心灵的回想与生命的体验加以获得。文字所能描绘的匠人犹如带着节奏的音乐，而心灵接触的大道则是要用心去透过实物的表象，达成心物不二、道技合一的境界。

从技合于道的角度来看，庖丁高超的技巧正在于"依乎天理"。依天理行之，无厚入有间，方能在熟识事物规律之后体察到物性自然的玄妙。《庄子》中的工匠形象也多有这般特点，他们依道而行，将技术上升为道的境界，方才有了不同凡响的成就。庖丁解牛的酣畅淋漓便是如此，技术与施展技术的人合二为一。在这个技合于道的过程中，解牛这一劳动成为庖丁实现心灵自由的途径，而心灵之自由也意味着美的实现。

从现实的角度来说，庖丁的技艺必然经过了长期的实践，而劳动实践带来的则是主体与对象之间的合二为一。纯熟的刀法看似不需要意识便可挥就而成，但恰恰是这种无意识而合规律的技能铸就了《庄子》书中诸多工匠形象的神乎其神，同时也饱含着人们追求工匠精神的价值理想。庖丁解牛不仅是刀法技巧的展现，更是庄子之道的流转。技巧合于道中，道将技巧转化为得心应手的游刃有余，技合于道的一般规律即是如此。对《庄子》而言，技巧需要通过工艺之道的洗礼才能具备真正的价值。道是匠人精神的理想形式，技则是匠人精神的实现方式。这就意味着技的发挥需要符合道的规律，更要服从于自然法则与人性需求。

《庄子》书中诸多技合于道的工匠都有着使自身与自然合二为一的特点，这意味着对技法、技艺的自由运用，也意味着自我与世界的融会贯通。从庄子哲学的角度来看，真正的工匠所掌握的不仅是一门技艺，更是天人合一的自然大道。人的主体意识在这个过程中得以彰显，同时又可以做到与外物不产生根本性的冲突。由此可见，《庄子》中的工匠形象其实就是那个自觉而自由的体道者，他遵循清静无为的主旨，在劳作中亦可以达到物我不二的逍遥之境。这里的技合于道便是将我与物通过自然这一状态贯通起来，进而获得与天并生的逍遥境界。

在《庄子》看来，工匠之技巧只有与"道"相同方可有所成就。所谓"技兼于事，事兼于义，义兼于德，德兼于道，道兼于天"（《天地》），这里的天便是自然，便是道之流行，工匠精神就是通过掌握自然规律，加之以清净本心的修养，从而获得神鬼莫测的匠人技法。然而，匠人技法的神鬼莫测远远不及技法传承的不可言说。尤其对庄子这般对语言思维充满批判的哲人来说，把握道需要的是直觉与体悟，工匠精神的实现则需要由技入道，技合于道的自然而然。这也就是

《庄子》中诸多工匠形象的美学意义所在，它将工匠精神视作一种独立超然的存在，并与人类在自然中的本真状态相呼应。于是，庖丁的劳动虽然来源于最为世俗的生活，但只要在生活中有着拥抱大道的思考和洞察审美的眼光，便可以将劳作化为超脱功利的存在。这就是庄子眼中匠人精神的美学意义所在，也是主体意识真正获得自由的不二法门。简而言之，日常生活可以使其得到真实的快乐，而此种基础上的审美愉悦又正是工匠精神得以传承下去的动力之一。

综上所述，《庄子》中的工匠形象有着如下特点：他们都有着娴熟的技艺，而这份技艺的获得既是长期实践的结果，也是持之以恒专注于斯的产物。《庄子》中的工匠精神则首推不为外物欲望所动的质朴纯一，也只有如此才能让自我从技法工艺中获得心灵上的真正自由。同时，《庄子》中的工匠形象有着十分强烈的美学意味，它既可以被看作人们幸福愉悦生活的实现方式，也能够承载起千百年来人们对工匠精神的追求向往。时下，如何发扬工匠精神，如何使工匠精神为现代社会服务，都是十分热点的话题，而《庄子》的思想正好可以从如何实现人类自由和获得审美愉悦两方面对此提供有益的启迪。

用与无用：庄子与惠施关于大瓠
与大樗对话的分析

安徽大学哲学系　张锦波*

摘　要："用"既涉及个体生命自身选择，也涉及个体生命对"他者"的选择。本文以庄子与惠施关于大瓠和大樗对话为个案，论证庄子通过对"用"与"无用"的反思，着力探究现实方案层面上的逍遥策略，进而于"用"与"无用"间觅寻逍遥之现实路径，也彰显了庄子逍遥思想的"有用性"。

关键词：逍遥　用　无用　大瓠　大樗

庄子逍遥思想关注个体生命，关注个体生命在现实世界的遭遇，也努力为在现实世界中饱受蹂躏的人们提供某种现实方案。以往研究过于关注庄子逍遥思想在哲学玄思层面上的理论性，而忽略了其在现实方案层面上的"有用性"，这不利于对庄子逍遥思想的深入解读和庄子当代价值的深入研究。本文拟以《庄子·逍遥游》中庄子与惠施关于大瓠和大樗的两段对话为基本文本，着力分析这种现实方案层面上的逍遥主张。

一　"用"的反思：庄子与惠施关于大瓠对话的分析

庄子与惠施关于大瓠的对话出现在《庄子·逍遥游》即将结尾的部分，其文如下：

> 惠子谓庄子曰："魏王贻我大瓠之种，我树之成而实五石，以盛水浆，其坚不能自举也。剖之以为瓢，则瓠落无所容。非不呺然大也，吾为其无用

---

*　张锦波，安徽大学哲学系。

而掊之。"

　　庄子曰："夫子固拙于用大矣。宋人有善为不龟手之药者，世世以洴澼絖为事。客闻之，请买其方百金。聚族而谋曰：'我世世为洴澼絖，不过数金；今一朝而鬻技百金，请与之。'客得之，以说吴王。越有难，吴王使之将，冬与越人水战，大败越人，裂地而封之。能不龟手，一也；或以封，或不免于洴澼絖，则所用之异也。今子有五石之瓠，何不虑以为大樽而浮乎江湖，而忧其瓠落无所容？则夫子犹有蓬之心也夫！"

　　在这段对话中，"用"是关键词。"用"使"物"（大瓠、不龟手之药）与"我"（惠子、宋人、客）现实地关联起来，且赋予他们在"用"规范的具体情境下的存在根据；但是，"用"也遮蔽起对"物"与"我"本身独立性的认知，导致"我"对"物"实践活动的局限或偏离，也会导致"我"在对"物"的实践活动中无法充分彰显自身存在的意义，也无法让"物"在"我"的生命实践活动中充分地展现其存在，受制于"用"，个体生命始终以"有蓬之心"来对待"物"，个体生命在此意义上是无法通达逍遥的。因此，个体生命逍遥的现实通达，必须正确地对待"用"及其局限性。

　　1. "用"沟通起"物"与"我"

　　"物"与"我"，就其自身而言，都是独立个体。大瓠之所以为大瓠，乃是因为其符合大瓠的本质规定，而不是因为它是"以盛水浆""剖之以为瓢"的某一对象或客体；惠施之所以是惠施，也不是因为他与大瓠之间的主客关系。

　　而由于"用"的介入，"物"与"我"现实地关联起来，且被置于特定情境之下，成为"用"规定下的主客体双方。因为"用"的介入，大瓠可以作为"以盛水浆""剖之以为瓢"的行为对象而被对待（至于大瓠是否能够最终"以盛水浆""剖之以为瓢"，那是另外一回事）；也因为"用"的介入，惠施成为对大瓠发起"以盛水浆""剖之以为瓢"的认识主体或行为主体。进而，惠施与大瓠成为"用"规定情境下的主客双方。同样的，庄子所列举的宋人（或客）与不龟手之药之间的关系也是如此。宋人（或客）与不龟手之药，有着各自的独立性。但是，由于"用"的介入，由于洴澼絖活动的使用需要，不龟手之药成为宋人洴澼絖活动中的一个组成部分；也由于客的使用需要（战斗的需要），不龟手之药成为客与越水战的战略资源。因此，由于"用"的介入，"我"不再是独立的个体，而成为那个因"用"或特定需要而对"物"特定使用或功能发动特定行动的主体；"物"不再是独立于"我"与"用"之外的独立个体，而是能够与"我"（主体）的特定需要或"用"相关联的对象或客体。

然而，因"用"的介入而成为主客双方的"我"与"物"，本身存在合法性的证明，其根据不再在于其自身本质规定，而在于"用"。"用"赋予"我"与"物"存在根据。大瓠之所以在惠施看来"无用"，不是大瓠真的一无是处，而是因为它不符合"用"提供给惠施的关于瓠的使用要求或使用标准。大瓠用来盛水浆，"其坚不能自举"；剖之为瓢，瓠落无所容。大瓠是因为瓠之"用"而"无用"，而不是因为大瓠本身无用。但是，因为"用"为那些已经沦为客体的"物"提供着合法性证明，所以，在惠施那里，大瓠的结果只能是"无用而剖之"，因其"无用"而丧失其存在本身的合法性。同样的，宋人以"世世以洴澼絖为事"这一使用前提来认识和对待不龟手之药，不龟手之药只是更好地进行洴澼絖活动的辅助性物资，所以，不龟手之药的"有用性"只限于有助于漂染丝絮，而无其他；而宋人也只会以"有助漂染丝絮"来界定不龟手之药的"有用性"，而它能否用于战场，成为战略物资，以至于有助自己封侯拜相，等等，这些是无法在"世世以洴澼絖为事"这一使用前提下被思考的。因此，宋人出售不龟手药方也就具有合理性，而客人买方做官，与宋人的使用前提也有必然联系。"或以封，或不免于洴澼絖，则所用之异也。"这两种不同结果的出现，未必是客人比宋人更聪明，更多地因为"所用之异"，来自"使用"上不同，或者说，是由不同的"用"引发的。

而"所用之异"，会导致"我"对"物"的实践方式不同，也会导致不同实践结果的出现，"或以封，或不免于洴澼絖"。因此，我们必须进一步审视"用"在"物""我"互动关系中的作用，尤其是其对"物""我"之间良性互动的不利作用。

2. "用"遮蔽起"物"与"我"存在本身

"物"与"我"在"用"中得以关联，展露自身，但也因"用"将其存在本身遮蔽，也正因为这种遮蔽，个体在"物""我"之间的逍遥诉求无法开拓出更多的意义空间和活动空间，个体的逍遥诉求也因此处于始终不盈满、有所待的境地，而无法通达逍遥。

在庄子与惠施的对话中，庄子对惠施的第一个批评是"夫子固拙于用大"，这一批评是直接针对惠施的大瓠无用这一结论而来的。而惠施之所以得出这一结论，固然有对大瓠认识不足等因素，但是，主要原因在于，大瓠在惠施那里始终是以对象或客体的身份而非大瓠本身的身份存在的。二者的区别在于：以对象或客体身份存在的大瓠，有赖于惠施这一主体的界定；而以大瓠本身身份存在的大瓠，则不必然待于惠施对其存在的界定。因此，在惠施那里，他只看到大瓠作为瓠的一般功能是否具备，而无法看到大瓠本身亦存在价值。罗安宪先生指出："当人们着眼于某物的实际用途时，当人们以实用功利的眼光来看待某物时，亦即当人们着眼于'有用之用'时，人们只看到某物的某种具体的用途，只看到某物的某种具体的使用价值。但是，任何物，作为一种独立自在的存在，其存在价值、具体的使用价值、功能与多途是多方面的。当人们着眼于某物的某种具体用途时，此物的其他用途、其他使用价值是被忽视以至于完全掩盖了；当某一物被当作某一具体物使用或利用时，此物的其他用途、其他使用价值则无法得到体现，甚至完全遭到了破坏。"① 因此，只是因大瓠在"以盛水浆""剖之以为瓢"方面上的不足，而得出大瓠无用，乃至"无用而剖之"，这本身受制于"用"的局限，也只是在主体自我理解范围内来理解"物"的存在及其价值，"拙于用大"，受制于"用"对"物"存在本身的遮蔽，而只是从客体角度来衡量大瓠的价值，无法看到"此物的其他用途、其他使用价值"，又无法超脱因"用"而带来的对个体本身认识范围的限制，从而无法通达逍遥。

在庄子与惠施的对话中，"夫子犹有蓬之心"是庄子对惠施的第二个批评。"有蓬之心"是针对惠施"有五石之瓠，何不虑以为大樽而浮乎江湖，而忧其瓠落无所容"而发的。惠施有大瓠，既不知从大瓠本身出发来思考大瓠的更多功能，也不知道从对瓠的日常认知中超越出来而去思考瓠、大瓠的更多使用，而只是一味地认定其无用，因此庄子批评惠施的做法是"有蓬之心"。陈引驰先生说："庄子是说惠施心思狭隘，如同茅塞，乃一曲之士。一曲之士，偏守一隅，鲜观衢路的人，执著于自我的视域以为能事而已。"② "有蓬之心"批评的乃是惠施本人，而不只是批评其用，也就是说，"有蓬之心"批评的乃是主体本身，主体受制于"用"，不能正确地对待自己、对待自己与客体之间的关系，既不能正确地评估客体的价值，又不能更多地开拓客体之于主体自身的更多存在意义和实用价值，"执著于自我的视域以为能事"，也无法引导个体更好地通达逍遥。

从"用"的角度，庄子在与惠施关于大瓠的对话中着力分析"用"对"物"与"我"以及"物""我"关系的影响，因此，个体自身既需要因顺着"用"

---

① 罗安宪：《"有用之用""无用之用"以及"无用"》，《哲学研究》2015 年第 7 期，第 33 页。
② 陈引驰：《庄子精读》，复旦大学出版社，2005，第 60 页。

的需要来构建起与他者的现实关联，也需要时刻提防着"用"对个体生命通达逍遥的消极作用。既"用"，又不拙于用，不以"有蓬之心"来应对物之用，让主体直面物本身。根据个体自身之需要，让物本身向个体自身开拓出更多的意义和实践空间来，进而可以让个体存在及其全部实践活动在物与我之间无障碍地通达。

二 "无用"的反思：庄子与惠施关于大樗对话的分析

庄子与惠施关于大樗的对话，出现在《逍遥游》文本的最后，其文曰：

> 惠子谓庄子曰："吾有大树，人谓之樗。其大本拥肿而不中绳墨，其小枝卷曲而不中规矩，立之途，匠者不顾。今子之言，大而无用，众所同去也。"
> 庄子曰："子独不见狸狌乎？卑身而伏，以候敖者；东西跳梁，不辟高下；中于机辟，死于罔罟。今夫斄牛，其大若垂天之云。此能为大矣，而不能执鼠。今子有大树，患其无用，何不树之于无何有之乡，广莫之野，彷徨乎无为其侧，逍遥乎寝卧其下。不夭斤斧，物无害者，无所可用，安所困苦哉！"

与庄子和惠施关于大瓠的对话从主体对客体的使用这一角度立论不同，这段对话则主要是从主体自身的有用性如何在客体那里得以理解这一角度来立论。也就是说，主体自身有用性问题，是这段对话的基本问题。而主体自身的有用性与否，直接涉及个体自身存在能否被他者理解这一问题，或言之，个体逍遥之现实通达，既有赖于个体自身的努力，如大瓠对话中对于客体之"用"的正确认知和合理实践；又待于他者的理解，待于他者对个体自身存在及其生命实践活动的理解。在此意义上，个体自身存在及其逍遥问题，也构成了这段对话的第二个话题。

1. 个体有用性问题的反思

在这段对话中，"用"仍然是庄子与惠施讨论的关键词，只不过这段对话更侧重于个体自身的有用性问题。惠施以大樗为譬，大樗有其自身存在的基本特征，"大本拥肿""小枝卷曲"，而当这一有其具体规定性的大樗，以社会性维度的一般标准来看，"不中绳墨""不中规矩""立之途，匠者不顾"，因此，大樗无用。而惠施得出大樗无用的结论，根据在于"绳墨"、"规矩"和"匠者"的评价标准。而这三者与大樗本身只存在某种理解意义上的关系，并不存在意义上的直接关系。因此，惠施大樗无用结论的得出，其根据在于外在的他者。但是，外在的他者对于主体自身有用性的评价，是否具有绝对有效性？对于惠施来说，这自然是毋庸置疑的。但是，惠施的问题在于：第一，在评价内容上，惠施看似在对个体整体做一有用性评价，但惠施的评价只是针对整体的若干部分及其特征，而不是整体性的个体或个体整体，惠施只是评价了大樗的"大本""小枝"和生长环境（"途"），而没有直接针对大樗整体做考察；第二，在评价逻辑上，惠施由对大樗的部分考察，不能得出整体"大樗无用"的结论，而只能得出大樗的"大本""小枝"无用、大樗的生长环境（"途"）有问题等。

因此，惠施对于个体有用性问题的思考，其错误不在于使用了外在的标准，或是引入他者来考察个体本身存在及其逍遥，更重要的在于，个体有效性评价的不全面性或不充分性。而庄子的批评也正是针对这一论证的不全面性和不充分性而来的。任何个体都有其自身规定性，而任何个体自身特定的规定性，也会因他者视角的观察而沦为对象性存在或客体，进而在他者视角下，任何个体都表现出在其存在及其逍遥上的相对有用性来。狸狌身体短小、擅长跳跃，"卑身而伏，以候敖者""东西跳梁，不辟高下"，但是，这一规定性也会在他者的理解或认知中随时具有"中于机辟，死于罔罟"的危险。"其大若垂天之云"的牦牛，虽大，但在他者的理解或认知中却"不能执鼠"。因此，个体自身存在及其逍遥的合理性、个体自身的有效性，虽然离不开他者视角的参照，但也不能完全依赖他者对个体自身的评判。这是因为，个体就其存在本身而言，总是属己的，而非"为他"的存在。

2. 个体自身存在的理解问题的反思

在庄子与惠施关于大樗的对话中，惠施持大樗无用、"今子之言，大而无用"的观点，其理由在于绳墨、规矩、匠者这些评判标准的有效性，而这些评判标准也不像我们以往批评的那样是肤浅的、无意义的，恰恰相反，这些评判标准来自现实世界，且是现实世界的秩序和秩序合理性的具体表征。相应的，大樗也需要进入由这些评判标准维系着的现实世界，且在其中获得其存在和身份上的认可，才可以在这一现实世界中具有其存在的合法性。但是，有赖于这些评判标准而获得自身在现实世界中的存在及其实践活动的合法性，并不意味着自身的存在必须无条件地符合这些绳墨、规矩和匠者的具体要求，才能够在现实世界中证成其自身存在的真实性和合法性。

这是因为，个体本身总是"自性"的存在，它以其自身规定性证成其自身存在的合法性。即使进入现实世界，它也应该是以其自身存在及其全部生命实践活动来证成其自身存在的真实性和合法性，而不是一味地外迁于物。一味地外迁于物的个体在某种意义上不再是个体本身，个体本身也无法更好地发挥其全体大用。因此，对个体自身存在的理解，也应该基于个体自身之存在及其生命实践活动来思考，而不应是让个体屈从于他者，或是他者屈从于个体本身。个体与他者应基于各自独立性而达成某种和解，个体在此语境下的理解，才得以通达逍遥。因此，针对惠施"不中绳墨""不中规矩""匠者不顾""大而无用"的诘难，庄子也有针对性地提出"树之于无何有之乡，广莫之野""不夭斤斧""无所可用"等，以使个体自身能够"物无害者""安所困苦"，且与他者达到和解，"彷徨乎无为其侧，逍遥乎寝卧其下"。

此外，个体存在及其生命实践活动在他者视角下的可理解性问题，在某种意义上也是在使用不同的他者视角来观察同一个对象，因他者视角的差异，个体生命也会在不同的观照之下呈现不同的面相来。因此，对个体存在及其生命实践活动在现实世界中的理解的寻求，未必需要某种统一的、绝对的、唯一的标准，而应该向现实世界开放其全部存在意义和使用价值，展现在不同理解维度下的多元意义。在此意义上，个体逍遥的现实通达，也并非只此一条途径，适应于"物"与"我"所处的具体情境，逍遥也应是多元的、多途径的。就像樗树虽然在绳墨、规矩和匠者那里未必有用，但不代表它在其他地方没有用处，它可以被栽在无何有之乡、广莫之野，人们可以自由地嬉戏于其下。郭象注曰："用得其所，则物皆逍遥也。"①

概言之，从"我"的角度，庄子与惠施关于大樗的对话，着力分析了"我"（主体）自身的有用性和可理解性如何现实地可能，如何现实地在"物"与"我"的和解中实现，也彰显出庄子逍遥思想的实践品格。

三　结语

庄子的逍遥，既是关于个体自身存在状态及其行为方式的深刻哲思，同时也

---

① 郭庆藩：《庄子集释》，中华书局，1961，第 42 页。

提供了个体自身如何通达逍遥的现实方案。在这一现实方案里，庄子对个体自身与他者之间的互动关系进行了深入思考，尝试在"物"与"我"之间达成和解，而非在二者中进行某种非此即彼的价值选择或行动抉择，进而可以在"物"与"我"之间无障碍地通达，从而个体逍遥得以现实地可能，彰显出庄子逍遥思想乃至庄子整个思想的实践品格。

庄子人生观在当下的可取之处*

武汉科技大学国学研究中心　孙君恒　王　阳**

摘　要：《庄子》智慧深邃，洞察秋毫，强调遵循自然之道，清静无为，超越世俗，淡泊名利，追求逍遥自在的境界，具有深刻的、现实的、积极的意义。我们要在新时代下审慎对待庄子，鉴别其思想的优缺点，传承其合理的内涵。

关键词：庄子　君子　人生观　智慧

庄子人生观有丰富的智慧，值得加以借鉴。庄子主张君子要淡泊名利，譬如："君子之交淡若水，小人之交甘若醴。"（《庄子·山木》）庄子的"真人""至人""神人""圣人"等，都表现出类似君子的特点，或者是变相的君子，有遵循自然，超越现实、物欲、自我的理想境界，从而衍生出逍遥型、隐逸型、达观型的人格。庄子的人生观、君子观矛盾百出，游离于现实和玄想之间，非常奇妙和神秘。国学家黄侃先生指出："大抵吾土玄学，多论人生，而少谈宇宙。"庄子的人生哲学智慧广博而深厚，值得加以反思、借鉴和利用。下面笔者将就庄子君子人格的现实价值，进行论述。

一　人生遵循自然之道

君子，在庄子看来是言天道、行无为的化身。非自然无为，而是社会无为，善于普施爱人利物的仁义思想，包容万物的千差万别，不标显怪异，以德行为纲纪，避免外物对心志的摧折，并包万物而归于万物，达到"百姓定""万事毕"

＊　基金项目：中国学位与研究生教育学会课题——中华传统文化在研究生教育中的作用研究，编号：2017Y0404；湖北省教育厅社会科学重大研究项目：儒墨道法的当代价值审视，编号：18ZD017。武汉科技大学研究生院科研项目。

＊＊　孙君恒，武汉科技大学国学研究中心主任，教授，研究方向为伦理与文化；王阳，武汉科技大学硕士研究生，研究方向为中国哲学。

"鬼神服"的最终效果。庄子提倡道法自然，崇尚善良，教导人们追求完美，循规蹈矩。

庄子指出："无为为之之谓天，无为言之之谓德，爱人利物之谓仁，不同同之之谓大，行不崖异之谓宽，有万不同之谓富。故执德之谓纪，德成之谓立，循于道之谓备，不以物挫志之谓完。君子明于此十者，则韬乎其事心之大也，沛乎其为万物逝也。"（《庄子·外篇·天地》）庄子认为发自内心的、自然而然的、非常纯真的信条或者善良意志，不应该被人为制造。仁、义、礼、智、信的内在实质是自然而然，发于本真、初心，率性而动，庄子的君子之道可以归结为自然之道。"五常"就是自然之道的体现，其中"智"这一德性，更为其所看重。钱穆认为："庄子之论人生修养，实有智过于勇之嫌。与孟子之智勇兼尽，显为于风格上大有异趣矣。"[1] 庄子强调君子之道、自然之道，能在精神境界上有所提升，是真正清醒、有意义的人生，而不是糊涂的人生。

庄子君子观的反社会性、反人文性的局限非常明显。庄子强调君子的自然性、无善恶性、本能性、先天性，忽视甚至否定君子的社会性、道德性、人文性、后天性，在某种程度上，这是一种历史倒退。道家崇尚炎帝、黄帝时代，希望人们返璞归真，学习婴儿，退回到简单的生活。但是历史不能重复，倒行逆施，开历史倒车不符合自然规律，也不符合社会发展规律。"大江东流处，毕竟遮不住。"庄子在自然性的理解上存在偏颇。其实，自然和人类社会不能割裂，人类社会中的很多创造发明、行为举动，一方面是社会产物、人为的结果，另一方面是尊重自然的结果。因为只有尊重自然规律才能进行创造发明。例如，汽车的发明，遵循了牛顿机械物体运动规律、能量守恒与转化规律，是人类认识自然、利用自然的结果。再如，庆典礼、诞生礼、丧葬礼等社会行为，是人的自然真情的体现；欢庆胜利、开工活动启动、生儿育女、养老送终，都是家庭、社会、国家中的大事。适当的礼仪仪式，"发乎情，止乎中"，完全是顺应自然之事，不举行才不符合人的自然的、内在的、自发的需要。有的人类社会活动，人为的因素多些，有的则自然性多些，例如，农业生产活动的自然性非常强，而文化活动的创作演绎、舞台灯光布局等绚丽多彩的形式再现，则表现出比较多的人为性、人文性、创造性。由此看来，庄子过多强调自然性，忽视甚至否定人文、道德方面的意义，是以偏概全，不符合事物本身发展规律，也和自然、社会的演

---

[1] 钱穆：《比论孟庄两家论人生修养》，《庄老通辨》，三联书店，2005，第89页。

化进程相违背。

当今社会，反自然、不自然、非自然的现象层出不穷，有的甚至已经造成严重危害，这就需要我们重温道法自然的经典。譬如，反季节蔬菜、医学美容整容、食品添加剂的流行，已经给人类的健康带来危机。人们由于竞争和快节奏的生活，不能按照自然节律进行休息，夜猫子很多、加班加点很普遍，造成了亚健康普遍、疾病发生提前等问题，这些实际上违背了庄子的教诲。

二 清心寡欲的简朴生活

社会中人的身份不同，小人、士、大夫、圣人各有特征，追求不同。庄子指出："天下莫不以物易其性矣！小人则以身殉利，士则以身殉名，大夫则以身殉家，圣人则以身殉天下。故此数子者，事业不同，名声异号，其于伤性以身为殉，一也。"（《庄子·骈拇》）庄子以相对主义的思想方法，泯灭了不同志业的差别，否定了人的差别，有虚无主义倾向。在他的心目中，圣人智者也好，普通的庶民百姓也好，大家的所作所为，都只是伤害自身的自然本性，使自身成了自身行为的牺牲品，人为的害处如此之烈之广，令人惊心动魄，而世人却茫然不知，照旧按积习沿死路奔逐而去，岂不可悲！庄子提出人生价值和终极意义的反思、审视问题，否定了人生过程，只是强调最终自然生命终结归宿的同一。他实质上是用自然本性和现象来说明人类的社会现象，否定了人类独特的社会意义和价值，忽视了人文情怀。庄子观念中的"君子"，是明白自然、顺应自然、漠视社会规范和模式的，敢于"反潮流"，大胆挑战社会中僵化了的条条框框、人伦道德制约。

清静无为，人生美妙。现实社会纷争不断，尔虞我诈，别人和繁杂事务带来无尽烦恼。修道成仙，逍遥自在，何乐不为！老子、庄子给予我们养生、养神、养心的高超智慧，这是中华文化遗产的重要组成部分，世界有识之士对此高度赞赏，顶礼膜拜。

《清静经》，全称《太上老君说常清静经》，成书前口口相传，不记文字，直至东汉年间，葛玄（164—244）笔录而成书，成为道教经典之一。经文大旨根据老子"清静无为"的理论推演而来，是纯正的理论学说，无神话色彩。经末附仙人葛翁、左玄真人、正一真人跋语，故事情节生动有趣，引人入胜。无为、无欲，才能清静。道家高瞻远瞩，洞察一切，认为统治者治国理政、施政需简单，不应多生事端，进行统治的前提就是尽量不要惊扰百姓。只要做到凡事自然，老百姓自然会安分守己，社会也会稳定。这很符合英国著名经济学家亚当·斯密提出的市场经济体制"看不见的手"所揭示的道理，指明了自然和社会规律，汉代初期的文景之治就是其成效见证。

不干预、不干涉，放任自流，任其自然发展，才会真正达到清静。清静，本来是道教的学说，根据道教经典《云笈七签》的解释："专精积神不与物杂，谓之清。反神服气安而不动，谓之静。"道家认为，"清静"是道的根本，万物清静，则道自来居；无为就是应该顺从自然发展，不加以人为的影响和干预，这来源于《老子》里的说法："道常无为，而无不为。"《庄子·天地》也载："玄古之君，天下无为也，天德而已矣。"就是说要以无为而无不为作为得天下、得道意、全身修仙的基础，宣扬治理天下要顺乎民意，与民休养生息。个体生活清静，才可以延年益寿，宁静致远，享受清福、幸福。而现在的社会交往和庆典仪式活动过多，不胜其烦，难得一静，会增加很多烦恼。国家和社会生活需要清静。人民安居乐业，不被打扰，才能国泰民安，符合亚当·斯密关于市场经济体制下"看不见的手"的运行机制。政府若干预社会生活过多，事必躬亲，则容易打破宁静的生活；若责任超出，低估了公民的智商，则容易侵犯人权，造成民不聊生，结果适得其反。古代帝王大兴土木，横征暴敛，造成官逼民反，教训深刻。西方学者认为道家的无为和市场经济的自发调节、"看不见的手"作用机制的意蕴异曲同工，是非常有道理的。笔者曾经到北欧芬兰、瑞典、丹麦、挪威四国考察，真切感受到老子"小国寡民"的境界。除瑞典有2000万人口外，其他三国都是800万左右人口，属于自由市场经济，小国家非常好管理，远离喧嚣世界，远离战争硝烟，社会福利也特别好，老百姓有滑雪、打猎、远足、度假等丰富多彩的生活选择，人们幸福指数很高。国家遵循道家的清静无为原则，人们才可能逍遥自在。

清静的生活与简朴生活休戚相关。纷繁复杂的生活充满矛盾，难以清静。返璞归真，自由自在，取法自然，简单易行。道家遵循水性，强调低调的生活，为人处事要海纳百川，兼收并蓄，开放、包容、胸怀宽广于人于己于社会，皆有好处，最终万邦和谐。自由自在的生活，为人类所向往。逍遥自在，无拘无束，才是真正的人间乐园。现代人的抑郁情绪很普遍，心理健康问题突出，精神十分紧张，有的是物质局限造成的，有的是因为欲望太多，诱惑太大，欲壑难填，缺乏道家哲学启蒙和智慧引导所致。为此，我们需要经常读经，从老庄那里汲取灵感，并积极应用到当下的生活中。

人际关系交往中，老子理想的状态是"老死不相往来"，保持宁静的生活，不被打扰。即使需要不得不、非常必要、特别有趣味的交往，也要如庄子所说的，应该遵守"君子之交淡若水，小人之交甘若醴"的原则。这样的君子之交很符合道家道法自然的精神，交往若水流一样自然，一切都会如过眼云烟。不要有什么奢望，不掺杂私心杂念，不能有名利追求，保持水一样的清纯，不要给对方任何不愉快和压力。这是纯粹的友谊，轻描淡写，如过往云烟，顺从自然，不夹杂功利色彩，洁白无瑕，非常理想化、纯洁化、单一化，不是同世俗的酒肉朋友、狐朋狗友、利害关系者狼狈为奸。这种人际关系情真意切，纯真无瑕，何等珍贵！但是，笔者认为庄子心目中的君子之交，仅仅适合简单的、原始的社会和家庭内部。即使在家庭内部，也需要柴米油盐等物质利益保障。社会越发展进步，越复杂，对利益的需要也越多，纯粹地远离人间烟火者，现实中很少；人们交往互惠互利，涉及利害关系的行为比较普遍，也应该尊重。只有以义导利，义利并行，才能使人际关系结缘，进而续缘，保持长久稳定发展。那些不计较成本地无私奉献爱心的行为，在家庭内部或社会慈善事业中才比较普遍，一般人的交往是按照市场经济的规则、社会道德的规范进行的，名利双收只要合法、合理，即使大红大紫、利润丰厚，也是无可厚非的。道家以清静简朴的生活方式，按照自然规律和自然节奏调适，生活得自由自在，非常惬意，特别超脱。其哲学思想体系，奇妙无穷。我们在烦躁不安的当代，静心汲取道家精华，获得人生智慧，乐利莫大焉。

三　自由自在的逍遥境界

追求个体身心自由，逍遥自在，成就完美人生，为庄子所向往。庄子反对人为物役，不为权贵礼法所拘，实开魏晋时期人的觉醒和个性解放的先河。在中国史上，他第一个揭露了人为物役的异化现象，认为世人追逐物质利益和权贵礼法是"危身弃生以殉物"，是人生的一大悲剧。庄子强烈反对物质欲耀、权贵礼法对人身心自由的束缚，要求"不以物害己""不以物挫志"。庄子这种对个体身心自由的向往和追求，是中国哲学中道家的精辟见解，深刻影响了中国人清高脱俗的人格追求模式，对哲学、思想的深邃抽象，对政治上的"黄老之治"、阴柔贵德，对艺术上的浪漫奇特风格等均产生了深远影响。庄子被著名文学家闻一多这样评价："不像寻常那一种矜严的，峻刻的，料峭的一味皱眉头绞脑子的东西；他的思想的本身就是一首绝妙的诗……他那婴儿哭着要捉月亮似的天真，那神秘的怅惘，圣睿的憧憬，无边际的企慕，无涯岸的艳羡，便使他成为最真实的诗人……庄子是开辟以来最古怪最伟大的一个情种；若讲庄子是一个诗人，还不仅是泛泛的一个诗人。"崔大华先生认为庄子对道家、儒家和整个中国文化的积极作用都是不可估量的，是中华文化智慧的重要来源之一："个人从自然、社会和自我造成的精神束缚中超脱出来的人生哲学、浪漫主义文学，立足于经验事实上的理性思辨，加入了、影响了以儒家伦理思想为主导的中国文化的形成和发展过程"；"庄子思想的思辨特质，在中国古代思想、文化的形成和发展中，也是一个非常活跃的因素，它使得以伦理道德思想为主要特色的中国文化也显示出理性的、思辨的光彩；同时在人类将来的精神和智慧的进步中，它也是一个有益的因素，因为它能把人引向高远，引向未知"。①

庄子经常用"真人"代替孔子的"君子"，企图摆脱现实烦恼，寄托自己对高人的理想和规范。"真人"即顺随并融入自然之人，返璞归真、逍遥自在、忘怀一切、抱一守真、泯合大道，能够超越人为性、社会性、文化性、有限性、知识性和后天性的局限，追求自然性、开放性、宽容性、多样性、自由性、先天性，以开放的胸怀与世间万物交流。庄子在《大宗师》中详说之："古之真人，不逆寡，不雄成，不谟士。若然者，过而弗悔，当而不自得也。登高不慄，入水不濡，入火不热，其觉无忧，其息深深"，"不知说生，不知恶死。其出不欣，其入不距。翛然往来，不忘其所始，不求其所终。受而喜之，忘而复之，是之谓不以心捐道，不以人助天，是之谓真人"，"庸讵知吾所谓天之非人乎？所谓人之非天乎？且有真人而后有真知。"（《庄子·大宗师》）成玄英疏解道："近取诸身，远托诸物，知能运用，无非自然。是知天之与人，理归无二。故谓天则人，谓人则天……此则泯合人天，混同物我者也。"庄子心目中的君子，就是他说的"真人"。蔡元培先生认为："理想之人格能达此反本复始之主义者，庄子谓之真人，亦曰神人、圣人。而称其才为全才。"②

追求逍遥自由、天人合一之"应然"境界，力求超脱纷乱、纷争的世俗"实然"世界，保持一份心灵的安宁、平静，同样为今人所需要。当下人们喜欢休闲自在、农家乐、乡村旅游、回归和拥抱大自然，就反映出随着生活质量的提

① 崔大华：《庄子的人生哲学及其在中国文化中的作用》，《哲学研究》1986年第1期，第30页。
② 蔡元培：《中国伦理学史》，吉林出版集团股份有限公司，2017，第31页。

升，人们迫切需要人和自然、人和人之间的潇洒自在。为了实现自己的人生意义，维护心灵深处的理想境界，庄子不与世俗妥协，不与专制君主合作（楚王委以重任而不从），不与争名夺利、夸夸其谈、道貌岸然、缺乏操守的士人和"士君子"为伍，这的确发人深省，不愧为人生的一种选择或者"活法"。他以一种旁观者清醒的理性态度审视和对待光怪陆离的世界和人生，是一位立场坚定、风骨凛然、与众不同的隐士，也是一位个性独特、自由自在的非凡隐士，还是一位高明而洋溢着人生智慧的隐士。在士大夫的现实和理想关系方面，庄子不主张与统治者合作，反对士人入仕、同流合污。但庄子亦深知他无法阻止士人进入仕途，因此，他独具匠心地设计了一种新型的士大夫境界——"顺人而不失己"或"内直而外曲"的"曲线救国"方式，加以兼顾，希望士人在顺应专制君主的外表下，一面引导国君，使之不做或少做伤天害理之事；一面保持旷达自由的心态，与天地精神相往来，两者相互关联，若即若离。庄子的真人、隐士、士大夫的三重人格境界中，真人境界是理想境界，隐士境界和士大夫境界是现实境界。在其人生哲学的宏大系统之中，天人合一，超旷逍遥，又各自独立，不可混淆。"隐士境界是庄子本人及游方外者的人格境界，士大夫境界是庄子为游方内者所设计的人格境界。"①

逍遥自在的人生，才是庄子喜欢的境界。为此他需要"齐物"，他抛弃了儒家的"齐家"思想，放眼宇宙，使天地一体、万物同一，没有差别，没有对立，一切都在虚无缥缈中漫游。

在庄子身边，有"人卒""百姓""横目之民"等现实中的普通人，也有主君、君子、"风波之民"、臣子、"谀人""不肖之臣"等社会中的统治阶层，庄子对芸芸众生的无奈纠缠充满同情和怜惜。其中，"风波之民"是对子贡与"全德之人"相比的称谓，哀叹像子贡这种为统治者积极效力的人受世间毁誉所左右，不能执守于"全德"，如同在风浪中随波逐流、毫无主见、身不由己一样。"谀人"和"不肖之臣"更是为人臣子的病态人格。庄子最向往的理想人格是超越现实的两种：一是"玄古之君"，二是圣人。"君原于德而成于天，故曰，玄古之君天下，无为也，天德而已矣。"（《庄子·天地》）远古时代明君和圣人治天下的救世、处世观念，是治国理政的最佳利器。"大圣之治天下也，摇荡民心，使之成教易俗，举灭其贼心而皆进其独志。"（《庄子·天地》）

---

① 图解经典编辑部编《图解庄子》，北京联合出版公司，2015，第 28 页。

庄子希望能够有超越现实的人格独立和自由，无拘无束，逍遥自在。庄子善于综合前人的思想，同时又沉思冥想超越前人，洞察秋毫，看透人生，吸收各家的思想资源对老子思想加以深化，通过批判和深刻反思，庄子思想以深刻性和新颖性为特点推进了道家思想，其贡献超出道家的其他人物。庄子"继续深化老子'道法自然'的命题，并将真挚的情感、审美的态度和出人意表的言说风格融入思想之中，把老子那充满诗意的思想发展到极致，创造了更为丰富的意义"。① 庄子的生活平淡但又丰富多彩，无奈而又自由浪漫，他活得随心所欲，是多重矛盾的集合体。他在向往的理想生活和残酷的现实之间纠葛，不能自拔但又时不时显露对山水的渴望，幻想美好的日子。他看破红尘，却又苦中求乐，一直抱有理想的种子，心中燃烧着希望的火光，始终向往之、追求之，韬光养晦，难能可贵。"庄子虽内心充实，但实际上非常不得志，非常孤独。然而这实际上又是以世俗观点来看庄子。正是这种不得志和大孤独，塑造了庄子的千古风流，而那些似乎很得志的人，早已烟消云散。他有天道可以体认，有山河可以观照，有人生可以思索，有思想可以交锋，他的一生是简单的，是丰富的，是平凡的，却又是崇高的。"②

四　生活的智慧启迪

庄子的智慧广博而深刻，他的"水之积也不厚，则其负大舟也无力"所阐发的教诲，就被习近平总书记所引用，用来针对社会现实，加以强调。2013 年 6 月 5 日，习近平主席在墨西哥参议院演讲时指出："庄子说过：'水之积也不厚，则其负大舟也无力。'我们要让中墨两国人民友情汇聚成浩瀚的大海，让中墨友好合作的大船不断乘风破浪前进。"③ 2014 年 9 月 9 日，习近平总书记在同北京师范大学师生代表座谈时再次引用庄子的这句话说："知识是根本基础。学生往往可以原谅老师严厉刻板，但不能原谅老师学识浅薄。'水之积也不厚，则其负大舟也无力。'知识储备不足、视野不够，教学中必然捉襟见肘，更谈不上游刃有余。"④ 再如，针对长、空、假的文风，习近平提倡文章应该短、实、新。在

---

① 张岂之主编《中华优秀传统文化经典要义》，太白文艺出版社，2015，第 90 页。
② 张耀中编著《执政论——中国古代执政思想研究》，河南人民出版社，1999，第 153 页。
③ 《习近平在墨参议院演讲：促进共同发展　共创美好未来》，中央政府门户网，2013 年 6 月 5 日，http://www.gov.cn/ldhd/2013-06/06/content_2420943.htm。
④ 《习近平：做党和人民满意的好老师——同北京师范大学师生代表座谈时的讲话》，中央政府门户网，2014 年 9 月 9 日，http://www.gov.cn/xinwen/2014-09/10/content_2747765.htm。

论述文章要短的问题时，习近平说："《庄子》上有这样几句话：'长者不为有余，短者不为不足。是故凫胫虽短，续之则忧；鹤胫虽长，断之则悲。'意思是说，野鸭子的腿虽然很短，给它接上一截它就要发愁；仙鹤的腿虽然很长，给它截去一段它就要悲伤。这个道理同样适用于写文章。就今天来说，把'野鸭子的腿加长'的文章太多了，提倡短文章、短讲话、短文件是当前改进文风的主要任务。"① 习近平讲话中时常引经据典，庄子思想成为当今治国理政、解决实际问题的重要参照和借鉴。从国际友好关系持久发展到知识积累再到文风短小精悍等方面，说明庄子赐予了我们不可忽视的精神财富。

总之，我们看到庄子的君子人生观深刻睿智。运用唯物辩证法审视庄子人生观，非常重要，对庄子的见解应该区别精华和糟粕。应辩证看待庄子人生哲学，结合当代社会的情况和需要，审慎地对待庄子思想。在市场经济盛行追名逐利、物欲横流的时代，能够静心思索人生，摆脱烦恼，拥有淡泊处世的情怀，寻觅心灵的"安乐窝"或者精神家园，具有特别的意蕴。庄子提倡的清心寡欲、清静无为、消极忍耐、随遇而安、祈求心灵解脱的人生模式，也许能给人以某种精神上的安慰、心灵上的慰藉和心理上的平衡。庄子的心灵哲学异彩纷呈，是非常宝贵的文化遗产。李泽厚认为"以庄子为代表的道家，实际上是对儒家的补充，补充了儒家当时还没有充分发挥的人格——心灵哲学……构成了中国传统文化——心理结构中的一个很重要的方面"。② 庄子拥有超脱的审美态度，对恶劣环境和政治采取不合作的态度，重直觉感受，超然物外，使哲学抽象思辨，文学艺术别出心裁、多姿多彩。庄子的人生哲学玄之又玄，扑朔迷离，充满浪漫主义、神秘主义，君子人格在"神人、至人、真人"的追求中兼收并蓄，追求逍遥自在、仙风道骨的人生理想境界。庄子人生哲学的智慧永远值得深入挖掘和鉴别。

---

① 《习近平批评部分干部讲话长空假 称文风不正危害大》，人民网，2010 年 5 月 15 日，http://news. cri. cn/gb/27824/2010/05/15/3245s2852185. htm。
② 李泽厚：《新版中国古代思想史论》，天津社会科学院出版社，2008，第 152 页。

学 术 争 鸣

从成玄英看庄学对皇权的疏离

华东师范大学　谢牧夫[*]

摘　要：庄子以不谈政治的方式来表达对政治的态度，历代解庄者通过重新解释《庄子》来传递对皇权的某种隐微态度。比如在由分裂转为统一、佛道论战、南学统合北学背景下的唐代道教学者成玄英的庄学想要表达的就是对皇权臣服的同时暗中瓦解其神圣性。历代庄学与皇权的关系可分为三种类型，批评、整合不成功、意识形态内卷化，成玄英属于第二种。三者的次序中，庄学的批判力度在依次减弱，但也预示着帝制在同步中逐渐衰亡。

关键词：国家意识形态　皇权　庄学　内卷化　相对主义

学界中关于唐代道教与唐代政治之间关系的研究已有一些成果，但研究代表唐代道教学术的重玄学与政治之间关系的，还几乎没有。原因在于：在道教或佛教成为国家意识形态时，它们与权力运作的关系同儒家与权力的关系完全不同，佛道无法像儒家那样作用于整个官僚系统。唐代在中国历史上的特殊性就在于，它是一个大一统的世界帝国，但它的意识形态与政治系统的整合是不完善的，关系也是不直接、不清晰的。重玄学作为一种道教式的经院哲学，就产生在这一特殊背景下。

一　道教作为李唐政权神学合法性的来源

魏晋南北朝时期在中国历史上非常特殊，这一时期中国经历了分裂和封建制对于大一统的偏离，但并未形成一个有效稳定的多国体系，中国仍然走回了大一统帝国的老路。唐代在政体上与魏晋南北朝时期很不相同，但在局部的制度以及

＊　谢牧夫，华东师范大学哲学系博士研究生。

文化上则更接近此前的魏晋南北朝而非此后的宋明。儒学经历了汉末的大衰落，虽然在门阀政治时期也是贵族必习的学问，但并不能彻底击败佛道成为占据统治地位的意识形态。唐代延续了这一现象，伴随着由分裂变为统一带来的巨大惯性，初唐政权相当稳定，直到唐玄宗之前都没有有意地去构建一套整合性的国家意识形态。这既是对魏晋以来思想状态的延续，也与唐作为世界帝国的文化多元性有关。分裂到统一的政体转换是重玄学产生的第一个大背景。①

国家统一之后，神权或者说宗教教权与皇权的关系发生变化：分裂时代教权可以是一种游离、弥散的力量，既可以有自己独立的组织，也可以与贵族联合；但在隋唐这种帝国中，教权必须被完整覆盖于皇权之下。李唐的立国受到道教里茅山宗和楼观道的支持，再加上需要追认老子作为其祖先，二者具有一种天然的契约关系。道教既因为皇室的扶持，使得唐代是道教历史上最繁荣的阶段，但同时，佛教、道教不再是自由的政治力量，必须受到皇权的全面管控。儒学尚未取回主导地位，儒道此时没有根本性冲突；道教既受李唐政权控制又受其扶持；那么道教唯一的博弈对象就是来自异域、尚未完成中国化的佛教。佛道的激烈对抗成为思想和政治领域的主要矛盾，这是重玄学产生的第二个大背景。②

南北朝时南北学风不同，南朝接近魏晋玄学，北朝接近汉代经学。《隋书·儒林传》中的经典概括"南人约简，得其英华；北学深芜，穷其枝叶"十分精准。唐时虽然政治中心在北方，但南方文化的优越性以及文化的惯性都使得不论是儒家经学还是佛教、道教都舍北从南或以南统北。③ 学风的不同确实在于某种出于对"精致"认同的心智，南学就认为义理高于训诂和名物知识，内在的心性修炼高于外部具体的宗教行为。唐代佛教各家的宗派哲学和道教的重玄学的主体都是在南朝佛教、道教上发展而来的。道教逐渐从汉末三国的民间宗教，变为魏晋贵族式、重外部修炼的特殊主义宗教，再变为南朝开始重视义理和内部心性修持的宗教，最后于唐帝国中在与佛教对抗的同时也向它学得了很多先进的知识，由特殊主义宗教不自觉地向世界主义普遍宗教转变。道教东传至朝鲜半岛、日本；印度有国王向唐太宗求取梵文版《老子》；景教传入中国后新造经典时对

---

① 重建一体化需要达成的条件，参见金观涛《兴盛与危机：论中国社会超稳定结构》，法律出版社，2011，第 244—247 页。

② 唐代的三教论战或佛道论战是中国宗教史上的一个大论题，研究成果很多。对于唐代宗教与政治之间的复杂关系，两个简要而全面的论述可参见巴瑞特《唐代道教》，齐鲁书社，2012；王永平《道教与唐代社会》中"政治篇"，首都师范大学出版社，2002。

③ 唐长孺：《魏晋南北朝隋唐史三论》，中华书局，2011，第 227、442—445 页。

佛教、道教话语的模仿，都是在这一时期发生的。以南学为主导统一南北两学并出现国际化的倾向，这是重玄学产生的第三个大背景。

综合上述三个背景，道教与李唐政权的关系是颇为特殊的。李唐派遣道士在东亚范围内传教；道教在唐代的国家祭祀中所占比例极大；① 唐代给三教的官方排序是道为首、儒为次、佛为末，这次序与现实影响力和官方对三者实际的尊重程度并不相符。从种种现象来看，李唐对道教抱有的是一种兼有利用、管控、扶持，既敝帚自珍又想借此对外炫耀的复杂心态。但纷繁的现象背后，有两个事实是最重要的。第一，道教对李唐最大的用处，在于老子作为一种神学符号是李唐政权合法性的重要来源。第二，由于李唐权力结构的特殊性、道教与儒家的差异性等种种原因，道教并不直接参与李唐的国家意识形态建构，更不参与对国家的管理。

初唐是唐代繁荣的阶段，也是道教兴盛的阶段。武周以后政权合法性的危机，唐玄宗以至尊身份亲自主编《道德经》《孝经》《金刚经》三教经典的注解，开元天宝后盛极而衰，贵族社会的逐渐解体，以及其后的安史之乱，这些连锁变化的直接结果是儒家兴起古文运动，佛教中禅宗流行，以及道教学术逐渐衰落。更长远且不可避免的后果则是唐代作为世界帝国的覆亡。这一连串历史事实都说明，唐帝国系统中存在一个重要缺环，没有一套整合上中下各阶层的意识形态。当时的儒家还没有足够的理论准备来承担这一任务，而道教由于其本身的性质，不适合也不可能被改造为有效的国家意识形态。②

二　成玄英与郭象解庄的不同

上文从思想外部政治史的角度，说明了重玄学从起源到衰落，虽然与皇权如此接近但始终未能承担构建国家意识形态的功能这一历史事实。从思想本身来看，情况是否也同样如此呢？

成玄英曾作为道教代表受唐太宗指派与玄奘法师合作将《老子》译为梵文，但因二人观点多处相左而译事作罢，由此事可见成玄英在唐代道教学术史和重玄

---

① 雷闻：《郊庙之外：隋唐国家祭祀与宗教》，三联书店，2009，第2章。
② 唐玄宗试图将重玄学官方意识形态化的努力，参见卢国龙《道教哲学》，华夏出版社，2007，第307—317页；葛兆光《最终的屈服——开元天宝时期的道教》，《屈服史及其他：六朝隋唐道教的思想史研究》，三联书店，2003。

学史上的尊崇地位。本文当然无法分析重玄学或成玄英的全部思想，不过重玄学的实质是借助佛教中观学的技术对老庄进行再解释，而成玄英对《庄子》的解释又是在郭象的基础上进一步加工的，那么不妨从成玄英、郭象两人对《庄子》解释的关键性不同这一角度，来考察庄学被试图当作一种意识形态时与政治制度互动中的一些深层问题。

仅作提要钩玄的列举，成、郭解庄的不同有以下五点。

第一，二人论"道"不同。郭象在道物关系上的观点很著名，他不但认为物是自生而非道生，而且从根本上否定存在实体性的道。① 成玄英论道生物则还是秦汉哲学中气论的模式，道先生气，由气生万物。唯一的不同在于他借助《老子》强调道是推功于物，不为主宰，这点就与黄老之学甚至法家将道物关系与君臣、君民关系类比不同。道既然不为主宰，那君主的权力也就没有董仲舒认为的那种超验层面的合法性了。这里所说的儒、道极为不同，帝制历史中儒家仍保留着周代"天命观"，认为皇帝是天子，不但皇帝是神圣的，君主制度和君主即位的程序也是神圣的。而在李唐，道教提供的神话仅是老子与作为其子孙的李氏一族订立的一次性契约，道本身无法给君主制提供普遍的合法性依据。这样的后果之一就是，不仅皇族的内斗不被外人视为与人伦道德有极端冲突，而且非李氏的武后如果能够证明自己的出身具有更高的神学效力，那对李氏的夺权也可被视为是合法的。

第二，二人论"自然"不同。成玄英论自然没什么特别，大体合于老庄原意。郭象所说自然与老庄不同，有自生、天然、不得不然、不知其所以然四层意思。内中复杂的含义与本文主旨无关暂且不论，但郭象借助"自然"一词表达的是对他所处时代中的命运无法看清、无法把握的无力感、恐惧感、宿命感，这也是对庄子的一种发挥。②

第三，二人论"性"不同。庄子不怎么谈性，但郭象发明的"性分"是他的解释的核心概念。成玄英用的词是"物性"，直接自性分改造而来。郭象认为一切事物包括人之所以是自己就是因为具有性分，性分在事实上绝对不可改变，因而正确的人生观就是各安其性，自足于性。③ 成玄英虽借用郭象的概念，但观

---

① 张远山：《庄子复原本注译》，江苏文艺出版社，2010，第 51 页。

② 对于郭象从"自然""自生"中解释出"无法把握"一义，参见杨立华《郭象〈庄子注〉研究》，北京大学出版社，2010，第 105—110 页。

③ 郭象对庄子的曲解部分源自《骈拇》《马蹄》等篇中思想，因而将《骈拇》列为《庄子》外篇之首。参见张远山《庄子复原本注译》，江苏文艺出版社，2010，第 755 页。

点完全不同。郭象所说的性仅有性分一种，成玄英认为性包含真性（也即道性）和物性两种，这种分法和含义与宋儒的天地之性、气质之性基本相同，理论都来自佛教的佛性论。"命者，真性慧命也。既屏息嚣尘，心神凝寂，故复于真性，返于慧命。返于性命，凝然湛然，不复生死，因之曰常。"① "六合之外，谓众生性分之表，重玄至道之乡也。……六合之内，谓苍生所禀之性分。夫云云取舍，皆起妄情，寻责根源，并同虚有。"② 成玄英认为，道性是真，物性是伪。对于真性应遵循、保持、归复；但对于物性的立场则很特别，提倡"任性""率性"，既不遵守它也不消除它，而是将其彻底悬置，任其如何不予理睬。这种态度介于佛教和郭象之间，从中反映出的事实是，唐代道教在很大程度上处于被李唐皇室豢养的地位，道教几乎不再有超出皇权操纵部分政治权力的能力，但道教也从此决心对现实世界采取绝对中立的立场。在此后，道教的去政治化比佛教彻底得多，更多时候对现实政权采取不反对、不支持、不参与、不负责的态度。

第四，二人论"逍遥"不同。性论既涉及现实政治态度，也关乎个人精神修养。郭象更改庄子的原意，认为大鹏、小鸟各自适性，都是逍遥。其实质是郭象用自己的"独化"取代了庄子的"逍遥"作为最终目标。成玄英则不同，他认为"夫圣人者，与两仪合其德，万物同其体，故能随变任化，与世相宜。虽复代历古今，时经夷险，参杂尘俗，千殊万异，而淡然自若，不以介怀，抱一精纯而常居妙极也"。③ 成玄英根据性分为两层推论出逍遥也分为两层，随顺物性是为了在现世得以全生，是初级目标；遵循道性是为了超脱得道，是终极目标。成玄英所代表的经典重玄学与佛教以及此前的道教都不同，既不求现世长生，也不认为真实蕴含于现象之中，而认为真、俗两界有绝对的区分界限。这也是他所代表的道教一方面拒绝对现实政治有所作为，另一方面依附君主却并不真的效忠君主的理论依据。

第五，郭象未论"心"，成玄英以佛教改造了庄子的心论。性论只涉及基本生活态度，心论则给出具体操作方法。成玄英从佛教出发，认为常人对于现实世界的一切认识都属于"分别见"，要以庄子"兼忘"之法来破除。"分别见"有很多，包括有无、物我、是非、善恶、虚实、本末、断常、形神、身心、妍媸、夭寿、祸福、安危、尊卑等。成玄英在他几部著作中总共列举超过六十对"分别

---

① 成玄英：《老子道德经开题序诀义疏》，《老子集成》第一卷，宗教文化出版社，2011，第299页中。
② 成玄英：《齐物论第二》，《南华真经注疏》，中华书局，1998，第45页。
③ 成玄英：《齐物论第二》，《南华真经注疏》，中华书局，1998，第52页。

见"，对此值得多做一些说明。中国哲学历史上，先秦重在发明制度和与之对应的意识形态，秦汉以后重在发明修辞和心智规训技术。心智包含两方面，认知的形式结构和意识的内部结构，对此的了解主要依靠佛教东传带来的知识。郭象解释《庄子》借助的是发明修辞，他所有的概念和主张如独化、自适、玄冥、自生等似乎非常玄妙，背后表达的现实诉求却异常简单，无非面对西晋这种介于大一统集权和贵族封建之间微弱平衡的政体，能不变就不变，对于各种社会矛盾最好视而不见，一切维持现状最好。① 唐代重玄学发明的则是心智规训技术，成玄英解庄时发明了认知结构部分，通过否定内置于认知结构中的有无、物我、是非、善恶的差异达到否定现实世界的目的。成玄英的重玄学是一个包括有、无、非有非无、重玄之道四层次的层层拔高但同时每一步都自我消解的体系。这个体系不但消解了皇权的神圣性，而且消解了道的内容，因此也瓦解了道教作为一种宗教本身的神圣性。一般认为，中国思想从宋代开始发生内在转向，这只是针对儒学，佛、道的内在转向在唐代已经完成了。道教中成玄英完成了一半，另一半是由赵志坚在唐代另一部庄学名著《坐忘论》② 中发明的对意识结构"执心住空""心起皆灭""任心所起"的否定。成玄英与赵志坚的思想相结合，就是道教精神修炼术的主要内容。重玄学的前身是兼具内炼与救世品质且致力于构筑经典体系"三洞"的贵族道教，但由于老庄思想中强大的否定性倾向，以庄子为核心精神的重玄学瓦解了道教自身的神圣性基础。唐末内丹学兴起，其品质接近原始道教中的方术，而其去神圣化与精、气、神、虚的论说结构都脱胎自重玄学。以重玄学为转折，道教经历了精神气质、组织形态、与权力合作关系、信徒层次的改变，内丹学更接近秘传宗教的类型，不需要大型组织，不需要皇权扶持，且更适合在民间中下层传播。道教再芜杂，其核心的老庄思想也始终没有丢失，道教经历了与皇权博弈、与皇权结盟、被皇权豢养，最终不需要皇权回到民间的阶段。

　　以上是郭、成的庄学中包含分歧的最重要五点。郭象通过解释《庄子》想要表达的是对处于集权与封建之间脆弱权力平衡时的无力、对变革的恐惧。成玄英与赵志坚通过解释《庄子》想要表达的是被皇权剥夺自由的同时，也视皇权的奉养为理所当然的宫观道士痴迷于构筑精神世界而对世俗世界不动心的态度。

---

① 唐长孺：《魏晋南北朝隋唐史三论》，中华书局，2011，第 76—77 页。

② 《坐忘论》是道教文献中极少在教外一般知识分子中产生巨大影响的论著，宋人已搞不清它的作者。朱越利考证《坐忘论》的作者是赵志坚而非司马承祯，见《〈坐忘〉作者考》，《道教考信集》，齐鲁书社，2014。

虽然时代不同，意识形态与修辞也千变万化，但是庄子、郭象、成玄英有一相同点，对于需要意识形态与制度严密耦合的大一统帝制，他们都不能成为维护性的力量。更准确地说，郭象的庄学与成玄英的庄学都存在与皇权一定程度的合作，但同属于与皇权整合不成功的形态。

三　帝制历史中庄学与皇权关系的三种类型

郭象与成玄英是庄学史上极重要的两个大家，郭注成疏为研究《庄子》者所必读。庄子其人其书在先秦诸子中的特殊之处就在于，他是以完全不讲政治的方式去批评政治。因而，庄子对后世中国思想史的影响方式，也与其他诸子完全不同。倘从郭、成稍稍扩展开来，可以尝试总结一下历代庄学与皇权关系的几种类型。

先做一个共时性的类型学概括，大体有以下三种类型。

第一类是批评者，这一类型的实质是与主流意识形态相对抗。魏晋南北朝时期，由于政权稳定性较为脆弱，出于对各种权力斗争感到不满，这一类型的思想家很多，阮籍、嵇康、陶潜以及葛洪在《诘鲍》篇中写到的鲍敬言都属此类。早在两晋，思想界就出现如阮、嵇、郭、支遁等以解庄为手段但传达不同乃至对立思想的现象。此后历代皇朝末年都会有批判性思想家出现，如唐末谭峭、宋末邓牧、元末刘基、明末傅山、晚清龚自珍等，这些人的思想与庄子都极为密切。中国帝制历史上所有"刺世"型思想家十有七八心中都住着一个庄子。作为对立面，主张维护主流意识形态的学者往往对庄子印象很坏，汉唐之间就出现了班固《难庄》、王坦之《废庄论》、李磎《广废庄论》这类论文。

第二类是意识形态整合不成功，其实质是自身参与权力运作，也提出过某种意识形态，但无法或不愿为最高权力提供有效的合法性，因而意识形态与政治系统的整合不成功。本文评述的郭象、成玄英都属这一类型，不再重复。再比如，刘安《淮南子》作为一种在西汉政治转折时期黄老道家集大成者，与此后兴起的今文经学完全不同的道法家意识形态，也属于此种类型。黄老道家以"无为"为口号，对政治系统的整合能力远不如儒学强大，在为大一统帝国服务时难免捉襟见肘。[①]

第三种类型是意识形态内卷化，这在帝国历史晚期尤为明显，此类全部可以

---

① 雷戈：《道术为天子合：后战国思想史论》，河北大学出版社，2008，第352—361页。

归入"三教合一"这种畸形意识形态。三教合一的构想产生极早，至迟在隋代王通时就有雏形了。直到北宋完全实现了儒学与皇权的结合，这种合作关系相当稳固。这一系统发生危机并不是一次性的政权危机，而是政体的老化问题。政体的维持需要多种成本，对于意识形态的信仰出于每个人对未来的稳定预期，而维持作为信仰的意识形态在人的普遍预期中的有效性，也是统治成本中必要的一部分。明代以后，虽然儒学作为主流意识形态的地位不可动摇，但这种信仰里"真诚"的成色减损了。宋儒是帝国的青年管理者，他们可以朝气蓬勃满怀信心地反对佛老，老于世故的明儒就做不到。这一现象的原理就是"内卷化"。当儒学潜在思想资源开发殆尽，提供不了足够让他们真诚信仰的材料时，他们不可能放弃儒学，那策略只能是扩张并吸纳原本他们的论敌，即佛、老，形成三教合一的混合型意识形态。这在北宋荆公、三苏两派都重视佛、老时已初现端倪，此后朱子后学林希逸、阳明后学朱得之、儒家异端李贽、佛教释德清等人都注解老庄就表明儒家思想危机的逐渐严重。功夫论是哲学内卷化的终点，即只讲体悟而彻底丧失说理的能力。宋儒的哲学排除功夫论后部分还能自圆其说，明儒的哲学排除功夫论后则无法维持。思想内卷化的实质就是观念仅维持其传播和存续，但其内部的意义是否为真已经无人关心，外部的社会功能也基本丧失，沦为"说说而已"。

以上三类中，第一类是皇权的直接批评者；第二类身处皇权的权力结构之中，但并未在意识形态上实现与皇权的有效耦合；第三类则连独立于儒学之外的身份都失去了，他们的庄学本身成为意识形态主动构建的一部分，但社会功能日渐丧失。完成了共时性的类型学分析，应该再给出一个历史性的机制分析，说明庄学与皇权的合作和冲突等种种变化是被哪些社会矛盾所主导着。这在帝制历史中，随着主要矛盾的不同，可以分为三个阶段。

第一个阶段是从先秦到魏晋，主要矛盾是封建与大一统两种政体类型的冲突，以及由此引申出的哪一家提供的意识形态能够有效与大一统帝制成功整合。庄子、淮南王、郭象各自身处这一阶段的不同节点上。

第二阶段是隋唐，主要矛盾是佛、道具有的教权、神权被皇权彻底驯化，宗教从一种强大的政治力量变为依附于皇权并发生内在转向。在以上这两个阶段里，黄老学、玄学、重玄学都与皇权有不同程度的接触，但或是不愿或是不能，都无法完成有效整合。

第三个阶段就是宋元明清。心性化的儒学不由自主地经历了从排斥佛、老到三教合一的过程。这一阶段的矛盾更为根本，意识形态与政治系统的耦合再严丝合缝，其修辞的精致程度也是有限的。随着人的理性程度提高，对游戏规则的熟悉而利用规则要求更高权力，或是基于人类本性中对于自由平等的渴求，各种因素会导致产生两种趋势，一切意识形态要么不断精细复杂化，要么消亡。

纵观两千年大一统的历史，皇权战胜了一个个对手，之后面临的却是自己走向凋亡。老庄思想的主题始终是既反对意识形态又反对意识形态与权力的联合，历代庄学从批判到整合不成功，再到内卷化，批判力度总体呈衰减趋势。这并不是坏事，帝制与其对手的衰弱消亡是同步的。

四　余论：从内卷化到相对主义

庄学在帝制历史中，面目离奇变幻，随时根据需要重新构造。帝制虽然覆亡，但古老意识形态的魔汤仍在持续发挥药效。进入近现代后，《庄子》也引起了新问题。严复、章太炎等人赋予《庄子》新的积极含义，比如进化、平等。但稍后胡适、鲁迅则给出相反的定位：他们将庄子视为混淆是非的相对主义者。[①] 鲁迅对庄子的态度极为奇特，声称"不妨中点庄周的毒"，他主张的超人式的"神思"和批评的末人的阿Q精神都能在庄子身上找到一些源头。从进入社会共同记忆来看，"相对主义"这个对于庄子的刻板印象显然比起进化、平等强大得多，长期以来，"认识和价值的相对主义"是中国哲学史教科书给出的对庄子的官方解释。秦晖认为新文化运动过于激进，他提出中国古代政治的症结不是"儒表法里"，而是"法道互补"，[②] 意思是主要责任在法家和道家而非儒家身上。但一来这个论断并非他的发现，而是对新文化运动主将胡适、鲁迅说法的翻版；二来胡适和鲁迅事实上根本不是在评价庄子本身和历史上的庄学，而是从时代与功能角度考虑，认为庄子语言的模糊性对中国人的思维进步是不利的。这就使庄子"被参与"的意识形态构建从帝制末期"说说而已"的功夫论进一步蜕变为"怎么说都行"的相对主义。相对主义是帝国终结之后才出现的一种现代式的末人意识形态，虽然在意识形态内卷化时帝制已临近终局，且内卷化和相对主义都是因为单一意识形态无法发挥效力而炮制混合的意识形态，但是后者毕竟仅存在于现代社会。只能说不幸的是，庄子哲学的批判性在帝制历史中几乎被使用耗尽，在后帝制时代只能时常沦为被相对主义者所借用的修辞。

---

① 胡适：《中国哲学史大纲》，上海古籍出版社，1997，第200—201页。
② 秦晖：《传统十论》，东方出版社，2014，第154—159页。

郭象《庄子注》之"天机"义发微

武汉理工大学　杨　杰[*]

摘　要："天机"是一个重要的道家与玄学词语。《庄子》书中，"天机"一词出现四次，主要指事物天然具备的特征与能力，强调天性的非人为性。汉代学者受天人感应、君权神授之影响，将"天机"运用到政治哲学中，其"天机"具有神秘性；人性论意义上的"天机"强调特性的内在性。郭象《庄子注》中，"天机"一词出现八次，其意义与"性分""独化"说紧密联系，强调"天机"的动态性、个体性与主客合一性。陆机将之引入文论，强调艺术创作中主客体会通的自然性才是艺术真谛。郭象继承并超越了庄子与汉代"天机"论，对陆机将这一范畴引入文论起到了重要作用。

关键词：天机　性分　独化　文论　美学

"天机"一词，是日常生活中的俗语，同时也是文论与美学中的一个重要概念。学者对其的研究，基本上也是在文艺学或美学范围内进行的。追根溯源，此词首出于道家，最早见于《庄子》，以往在道家哲学研究中是一个常被忽视的概念。在汉代，"天机"一词与当时的天人感应、谶纬神学等"君权神授"学说相连，转化为政治哲学术语。在魏晋，郭象结合其对人性论的深入探讨，对《庄子》及汉代的"天机"进行了深化与拓展，将"天机"更多地与个体意识相关联，使其使用由形而上的人性论转入文论成为可能。

一　《庄子》书中"天"、"机"与"天机"

张岱年先生曾经指出，"上古时代所谓天，本有两种意义，一指有人格的上

---

* 杨杰，武汉理工大学政治与行政学院副教授，主要从事道家哲学和魏晋玄学研究。

帝，一指与地相对应的天空"。① 《说文解字》说："天，颠也。"② 天是我们头顶上的苍茫之天，因古人对其的想象及其神秘性而被引申为具有主宰力量的人格神。至《庄子》成书的战国时代，天的多义性大都是由这两种义项扩充而来。由于《庄子》的成书过程复杂，由多人长时间撰写，全书中出现的600余次"天"，意义多元。如"天之苍苍其正色耶"(《庄子·逍遥游》)指"自然之天"，这是书中出现最多的、最基础的意义。自然之天如孔子所说的"天何言哉"(《论语·阳货》)，自己就呈现在那里，其存在和运行与人无关，且遵循一定法则，十分稳定，因此引申出条理、规则义；这种运行又是自然而然的，从而引申出自然义；这种运行也是神秘的、不可测的，因此引申出主宰义、命运义。在《庄子》中，除了明显与人、地对应的自然之天外，其他义项是勾连的，如《庄子·养生主》中的"天也，非人也"等多处出现的天人之辨，天可以理解为自然、命运等含义，非人为的都可以理解为天。《庄子》中出现了很多"天×"，如"天钧"、"天府"、"天籁"、"天道"、"天行"、"天理"、"天情"、"天倪"以及"天机"等合成词，其"天"的意义，均不可从单一意义上理解，而要在不同层面下理解，这种合成词的意义也会在不同情境下出现多种含义。

《说文解字》曰："机，木也。从木几声。"③ 这意味着"机"的初义与树木有关，而与"几"无关，"几"只是表音的。"机"是一种记载于《山海经》中的树木名称，④ 即桤木。《益部方物略记》载，桤树"民家莳之不三年，材可倍常，人多薪之，疾种亟取，里人以为利"。⑤ 桤木在高温蒸汽中容易被折弯曲，可以制成不同的造型，并且干燥后也不会变形，常在制作家具、器材、建筑等中使用。因此，在古代桤木往往被用于制作机关、枢纽。《周易·系辞上》云："子曰：'君子居其室，出其言善，则千里之外应之，况其迩者乎；居其室，出其言不善，则千里之外违之，况其迩者乎。言出乎身，加乎民；行发乎迩，见乎远。言行，君子之枢机。'"王弼注曰："枢机，制动之主。"⑥ 孔颖达疏说得更为明确："枢谓户枢，机谓弩牙。言户枢之转，或明或暗；弩牙之发，或中或否，犹言行之动，从身而发，

---

① 张岱年：《张岱年全集》第四卷，河北人民出版社，1996，第472页。
② 许慎撰，段玉裁注《说文解字注》，上海古籍出版社，1981，第1页。
③ 许慎撰，段玉裁注《说文解字注》，上海古籍出版社，1981，第248页。
④ 许慎撰，段玉裁注《说文解字注》，上海古籍出版社，1981，第248页。
⑤ 宋祁：《益部方物略记》，《文渊阁四库全书·史部·地理类》第589册，第2页。
⑥ 李学勤主编《周易正义》，北京大学出版社，1999，第276页。

以及于物，或是或非也。"①《庄子·齐物论》里有"其发若机栝"，《庄子·胠箧》里有"夫弓弩毕弋机变之知多"，成玄英疏曰："机，弩牙也。栝，箭栝也。"② 实物中的机关、枢纽，进一步引申为事务之关键、天地万物之枢机。《庄子·至乐》载："万物皆出于机，皆人于机。"成玄英疏曰："机者发动，所谓造化也。""机"进一步引申为自然造化义，成为一个宇宙生成论的概念。自然造化深奥莫测，人禀受之则为一种强大的、深不可测的"原始生命力"，③《庄子·应帝王》里"杜德机""机发于踵"中的"机"即是此义。

机栝、弩牙之制作，必然是人为的。如果制作者极尽思虑、追求巧夺天工之设计，甚至违背栝木之本性扭曲生造，则是负面的机巧、机心。《庄子·天地》中"有机事者必有机心"即是此义。

又，弩牙的发与不发是难以预料的，因此"机"就有了几微、征兆的含义，在这个意义上，"机"与"几"通。④ 如《易·屯·六三》"即鹿无虞，惟人于林中，君子几不如舍，往吝"中的"几"，张军夫认为"几就是机"。⑤ 实际上，二者意义相通应该是后起的。《说文解字》把"几"解释为："微也，殆也，从幺从戍，戍兵守也，幺幺而兵守也，危也。"⑥《周易·系辞下》解释为："几者，动之微，吉之先见也。""几"是吉凶最初的、隐微的征兆，在军事上是也是最危险、最需要重视的。因此，同"几"一样，"机"也指事物变化的最初征兆。这个开端、征兆、征象在事务发展中极为关键和重要，确实不可捉摸，带有一定神秘色彩。

"天机"作为一个联绵词，其意义需要通过对"天"与"机"的分疏得以理解。在《庄子》中，对"天机"的理解需要与"机心""机械"等词语相连，即《庄子》中的"天机"之"天"，主要的、首要的关键字是"天"，也即"自然"。庄子的基本精神是反对人为的，任何机栝、枢纽之制作，一定要因循外物自身之性质操作，人伦事理、天地万物之运作也是如此。

《庄子·大宗师》"其耆欲深者，其天机浅"，是"天机"一词在古籍中第一

---

① 李学勤主编《周易正义》，北京大学出版社，1999，第 276 页。
② 郭庆藩：《庄子集释》，中华书局，2004，第 53 页。本文郭象《庄子注》文皆引自此书，下不具引。
③ 李炳海：《天门、天机与天人合一理想——老庄两个概念的辨析梳理》，《古籍整理研究学刊》2000 年第 6 期。
④ "机"与"几"的互通，更详尽的论证参见李淑辉《宋代"画学"中的"天机"及其儒学渊源》，《山东艺术学院学报》2006 年第 3 期。
⑤ 参见张军夫《论〈周易〉的"几"》，《广西大学学报》（哲学社会科学版）1986 年第 2 期。
⑥ 许慎撰，段玉裁注《说文解字注》，上海古籍出版社，1981，第 715 页。

次出现。本篇开始庄子就区分了"天之所为"和"人之所为","天"在这里主要指天然、自然、不假人为。本句意指，与真人相比，那些欲望深重者自然所具有的枢机关键，即人的本性、天性也就浅薄了。所以陈鼓应引用陈启天说，将之释为"自然之生机。当指天然的根器"。① 此外，在《庄子·外篇》中，"天机"也有两次出现：

> 圣也者，达于情而遂于命也。天机不张而五官皆备，此之谓天乐，无言而心说。（《庄子·天运》）
> 夔谓蚿曰："吾以一足趻踔而行，予无如矣。今子之使万足，独奈何？"蚿曰："不然。子不见夫唾者乎？喷则大者如珠，小者如雾，杂而下者不可胜数也。今予动吾天机，而不知其所以然。"蚿谓蛇曰："吾以众足行，而不及子之无足，何也？"蛇曰："夫天机之所动，何可易邪？吾安用足哉！"（《庄子·秋水》）

"天机不张而五官皆备"，刘障曰"言天机者，言万物转动，各有天性，任之自然，不知所由然也"，② 是说圣人五官功能之发显不需要有意动用自己天然具备的性能，而是自然显现，如耳自能听、目自能视，不是强意为之，亦非仿效他物，而是天生就如此，是为"天乐"。如果"张天机"，即动用思虑运用五官，则会思虑动荡为欲望左右，即是人为之乐，是不长久的、虚幻的。下文蚿说"动吾天机，而不知其所以然"和蛇说"天机之所动，何可易邪？"《文选·文赋》注引司马彪曰"天机，自然也"，③ 则强调天性的发用是不可知的，并且是不可变易的。

二　汉代著作中"天机"之出现和意蕴

在先秦著作中，"天机"只在《庄子》中出现过四次，《老子》《吕氏春秋》《管子》等与道家有关的著作中，都不见"天机"一词。秦以后的典籍中，"天机"不仅出现于道家文献，同时成为一个关键词，为各学派学者所用。

---

① 陈鼓应：《庄子今注今译》，中华书局，2009，第189页。
② 何宁：《淮南子集释》，中华书局，1998，第79页。
③ 何宁：《淮南子集释》，中华书局，1998，第79页。

东汉袁康《越绝书·越绝德序外传记》云："范蠡内视若盲，反听若聋，度天关，涉天机，后祂天人，前带神光。"① 此处"天机"的含义是国家政事，指范蠡涉足国家事务。更进一步，"天机"指只有天子才享有的皇权。蔡邕《太傅胡广碑》评价胡广说"毕力天机，帝休其庸"，② 《光武济阳宫碑》说"黄孽作慝，篡握天机"，③ 都是在这个意义上讲的。与郭象（约 252—312）同时代的史学家陈寿（233—297）也在这个意义上使用"天机"概念。《三国志·吴书二》记载，孙权在对将士的训令中说："朕以不德，承运革命，君临万国，秉统天机，思齐先代，坐而待旦。"④ 又同书卷六十五《吴书二十》贺邵上疏孙皓中说："何定本趋走小人，仆隶之下，身无锱铢之行，能无鹰犬之用，而陛下爱其佞媚，假其威柄，使定恃宠放恣，自擅威福，口正国议，手弄天机，上亏日月之明，下塞君子之路。"⑤ 都是指皇权、政权。

"天机"的这个意义应该源于其星宿名的含义。管辂《管氏指蒙·降势住形第四十四》曰："看其精神，目其气度，寻仰掌之掌心，寻献掌之窠洿，故曰旋天机，妙天目，助天工，修天禄，安天造，假天福。"⑥ 晋陆云《九愍·考志》云："天机偏其挺盖，玉衡运而回襄。"⑦ "天机"和"玉衡"并言，"天机"是北方玄武七宿之"斗宿"，古人又称"天庙"，是属于天子的星，是最为重要和关键的星宿。因其属天子，处于关键之地位，因此后用来指皇权或政权。这一义项当与汉代"君权神授"的天人感应学说有关，即以"天机"作为天或上帝的代表，授权于人间天子，从而"天机"指代在人伦事务中最为关键的皇权政务。

西汉著作《淮南子·原道训》认为圣人虽"处穷僻之乡，侧溪谷之间"，然而"不为愁悴怨怼，而不失其所以自乐也"，这是因为圣人"内有以通于天机，而不以贵贱、贫富、劳逸失其志德者也"。这里的"通于天机"之"通"，即是《庄子》"道通为一"之"通"，是指圣人与道冥合，任自然、无嗜欲、无挂碍，

① 袁康、吴平辑录，俞纪东译注《越绝书全译》，贵州人民出版社，1996，第 267 页。
② 陈延嘉等主编《全上古三代秦汉三国六朝文》第二册《全后汉文》卷七十六，河北教育出版社，1997，第 714 页。
③ 陈延嘉等主编《全上古三代秦汉三国六朝文》第二册《全后汉文》卷七十五，河北教育出版社，1997，第 705 页。
④ 陈寿撰，裴松之注《三国志》，中华书局，1971，第 1122 页。
⑤ 陈寿撰，裴松之注《三国志》，中华书局，1971，第 1457 页。
⑥ 管辂：《管氏指蒙》，《续四库全书》第 1052 册，第 413 页。
⑦ 陈延嘉等主编《全上古三代秦汉三国六朝文》第五册《全晋文》卷一百〇一，河北教育出版社，1997，第 1030 页。

因而能不因外在环境的优劣而动心，天机即是道。又同书《道应训》记载"九方皋相马"一事，此故事在《列子·说符》亦全文录入。九方皋相马不辨雌雄而得千里马，这是因为"埋之所观者，天机也。得其精而忘其粗，在内而忘其外，见其所见而不见其所不见，视其所视而遗其所不视。若彼之所相者，乃有贵乎马者"。[①] 张湛注此段说"天机形骨之表所以使蹄足者，得之于心，不显其见"。[②] 九方皋所观的是马之所以为千里马的"所以迹"，不囿于其"迹"即其外显外形。"天机"或"道"不仅具有在万物之外决定万物本质的形而上的意义，也在万物本身之中，是某事物之所以是某事物的本质。

《淮南子》中的"天机"之"机"，他本亦写作"几"，[③] 也即在汉代，二字相通。道家哲学非常注重事物运行之细微处，"几微"处亦是枢纽处；道家哲学亦以自然为根本，认为事物转变以自然为原则。因此，政治领域中的皇权政务，人性领域中的性之发显，人伦事务中的应接外物，其枢纽、关键使用"天机"一词，强调事物运行的自然而然，也着重其神秘、不可强求、不可预测，从而与"道"的性质相类。

三　郭象《庄子注》中的"天机"

郭象对"天"做了多种层次的解读。《逍遥游》注云："天地者，万物之总名也。"《齐物论》注云："天者，万物之总名也。"可见郭象的"天"既不是位格意义上的主宰者或造物者，亦非人们头顶上实体的天，而是用以概括所有存在物的名称，即世界整体。世界就显现在那里，其运行也自然呈现而与人的意志无关。因此，郭象直接将天解释为自然、无为。如《在宥》注"天，无为也"，《天道》注"天者，自然也"，《大宗师》注"天也者，自然者也"。

郭象未单独使用"机"，而是用"天机"或"万机"。《庄子·养生主》中"吾生也有涯而知也无涯"，郭注"苟当其所能，则忽然不知重之在身；虽应万机，泯然不觉事之在己"。《庄子·大宗师》中"而人真以为勤行者也"，郭注"虽处万机之极，而常闲暇自适"；又注"彼，游方之外者也；而丘，游方之内

① 何宁：《淮南子集释》，中华书局，1998，第 862 页。
② 杨伯峻：《列子集释》，中华书局，2012，第 247 页。
③ 何宁按曰："或文本作'几'，故训为微，传写伪为'机'耳。"参见何宁《淮南子集释》，中华书局，1998，第 79 页。

者也"，曰"俯仰万机，而淡然自若"。此处的"机"，即是"日理万机"之
"机"，是俗务、事务之义。"万机"是从形而下的角度谈及皇权、政权的，与
"天机"从形而上的角度强调皇权的权威性、神秘性不同，但都注意到事务之
"几微"处的重要性。

郭象对"天机"的取义因循庄子、超越汉代学者，既强调自然与枢机，又
结合"性分"论与"独化"论而使意义更为显著。

（一）郭象《庄子注》"天机"之出现

郭象《庄子注》中"天机"出现七条八次，其意义是一致的：自然所赋予
的本性。其分疏如下：

> 故有待无待，吾所不能齐也；至于各安其性，天机自张，受而不知，则
> 吾所不能殊也。（《逍遥游》注）

此注是对"夫乘天地之正，而御六气之辩，以游无穷者，彼且恶乎待哉"的注
解。庄子的意思是能够顺乘天地之正气、驾驭六气之变化的人，其能游于无穷的
境地而没有依待。郭象注说，有待无待的境界是有差别的，但是不同的人或物，
各依其本性发挥其天赋之机能，则是一致的；并且这种机能是禀自天然，接受它
而不知道它是如何起作用的。这里"天机"和"性"具有同样的含义。

> 言天机自尔，坐起无待。无待而独得者，孰知其故，而责其所以哉？
> （《齐物论》注）

此注是说，影的行止是依照其本性自然而然就那样子的，它不是依赖什么才有了
变化，且其变化的原因是不可知的。

> 不识不知而天机自发，故恍然也。（《大宗师》注）

此注是说，圣人的"忘言"并不是圣人有意为之，而是顺其天性，自然而然地
就不说话了。所谓"不识不知"，不是说圣人没有知与识的能力，而是说其天然
本性就不欲求知与识，不需要知与识。

天壤之中，覆载之功见矣。比之地文，不犹外乎！此应感之容也。任自然而覆载，则天机玄应，而名利之饰皆为弃物也。（《应帝王》注）

壤，地也。天能覆物，地能载物，这是自然现象。因此壶子向季咸显露的天地之生气，是自然而然感应而生的，这里自然没有名利的位置。"天机玄应"之"玄"，意指随物而变的玄妙、深奥、不可捉摸，这是天性使然，并非刻意如此。

夫用天下者，亦有用之为耳。然自得此为，率性而动，故谓之无为也。今之为天下用者，亦自得耳。但居下者亲事，故虽舜禹为臣，犹称有为。故对上下，则君静而臣动；比古今，则尧舜无为而汤武有事。然各用其性而天机玄发，则古今上下无为，谁有为也！（《天道》注）

此注将"性"和"天机"对举，言尧舜汤武虽应世之迹不同，但各随其本性而应物，自然而然行事，因此皆可称作"无为"。

物之生也，非知生而生也，则生之行也，岂知行而行哉！故足不知所以行，目不知所以见，心不知所以知，傥然而自得矣。迟速之节，聪明之鉴，或能或否，皆非我也。而或者因欲有其身而矜其能，所以逆其天机而伤其神器也。至人知天机之不可易也，故捐聪明，弃智虑，块然忘其为而任其自动，故万物无动而不逍遥也。（《秋水》注）

恣其天机，无所与争，斯小不胜也。然乘万物御群才之所为，使群各自得，万物各自为，则天下莫不逍遥矣，此乃圣人为大胜也。（《秋水》注）

此处"天机"和"神器"对举，"神器"源于《老子》，云："将欲取天下而为之，吾见其不得已。天下神器，不可为也，为者败之。"王弼注："神，无形无方也，器，合成也，无形以合，故谓之神器也。"[1]"无形无方"强调"天下"的合成作用是自然而然不可有意裁割的。郭象在这里化用了王弼的意思，"神器"同于《庄子注》序中"神器独化于玄冥之境"的"神器"，指自然神妙的合成作用，于人而言，指造化生人的奥秘性。"天机"指自然所赋予圣人和万物的本性，即

---

① 楼宇烈：《王弼集校释》，中华书局，1980，第77页。

成疏所谓"天然机关",人如果违背自己和万物的本性而强力干预,就会伤害自己和万物的天性,因而也就伤害万物自然本有的合成作用。圣人和万物所具有的天性都是不可违逆的,更是不能改变的,顺任自己和他物的天然本性而动,那么无物不逍遥。

郭象往往将"天机"与"性"对举使用,其"天机"说与"性分"说有着直接的关联。

(二)"天机"与"性分""独化"

"性分"是郭象哲学的核心概念,《逍遥游》注"物各有性,性各有极","极"即"分"。"性分"有两层含义:一是某事物之所以是某事物者,也就是事物内在具有的性质,郭象又称之为"所以迹",这是事物所具有的本质;二是事物的本性、自性有其稳定性和边界性,即在一定范围内是不可改变的、不可超越的,事物的可能性即是其现实性。"独化"与"性分"相关。郭象反对造物者的存在,认为万物是"块然自生"的,即万物个体自然而然就呈现在那里,且个体之间并没有相互依存的关系,个体的本性在其分界内是自足的、完满的,不需要依待他者。但是,所有个体之间又是"相因"的,"彼我相因,形景俱生,虽复玄合,而非待也",世间万物个体之间相互联系但不依赖彼此,在其性分内自然发显功能,如此构成一个稳定的社会网。

《秋水》中北海若云"牛马四足,是谓天;落马首,穿牛鼻,是谓人",郭象注曰:"人之生也,可不服牛乘马乎?服牛乘马,可不穿落之乎?牛马不辞穿落者,天命之固当也。苟当乎天命,则虽寄之人事,而本在乎天也。"庄子认为四足是牛马天然具有的,"落马首,穿牛鼻"是人强加给牛马的;郭象则认为牛马生来就有被人使用的命运,因而"落马首,穿牛鼻"也是牛马的天性。《天运》所说"外内上下,尊卑贵贱,于其体中,各任其极,而未有亲爱于其间也,然至仁足矣",这种学说的结果就是将社会政治领域里的上下尊卑固定化,每个人各任其职、各司其事。所谓"名教即自然",即是将儒家仁义礼法内化为个人自然本性的自然流露,将外在的"名分"内化为人自性的"性分",而对本性的界限进行符合自然的限定,从而形成一个超稳定的社会结构。

儒家强调一种社会角色所应当承担的社会职能,这在庄子看来是"伪",是人为的、戕害自然之性的。而郭象则将现实中的等级名分(名教)固定化、合理化,认为这些名分同人的生理需要一样也是自然之性(自然)的一部分。因此郭象认为，对于真正的圣人（如孔子）来说，名教与自然合一，即所谓"圣人虽在庙堂之上，其心无异于山林之中"（《逍遥游》注）。因此其基于儒家立场对《庄子》的解读，使《庄子》的思想儒家化了。而"天机"一词所具有的自然而然与神秘性，加强了"性分"的合理性。在郭象那里，虽然"天"摆脱了神格意义，但保存了崇高性、神圣性，使"天机"仍然具有权威性；"天机"与"性分"关联，仁义礼智皆性分内事，也就强化了将名教施与民众的权威性。而郭象"性分"的发用，则从逻辑上深入了事物本身，"性分"强调事物行为所具有的必然性与可能性：在事物的可能性之内，事物的行为是必然的。① 因而郭象也就将超越性施及人内在自身，这也就达到了其"内圣外王"的统一。

与《庄子》相比，郭象结合"性分"论、"独化"说，赋予"天机"三个新的特点。

第一，"天机"的动态性。《庄子》内七篇无一"性"字，外、杂篇中则多次出现。从思想内容本身来看，《大宗师》中"其耆欲深者，其天机浅"中的"天机"，指的就是天赋予人的自然机能，这已经有"性"的含义了。而外篇中出现的三次"天机"，则已经分明是"性"的同义词，且涉及性之本能和性之可能。不过，庄子只是将"天机"作为天性的事实描述出来，是一个静态的状态义，所以《庄子》讲"天机不张"。而郭象讲"天机"时，注重"天机"的"自发""玄发""玄应"，即天性发动、应接外物时的自然与玄奥，所以郭象讲"天机自发"。

第二，"天机"的个体性。庄子那里，"天机"概念还没有个体意识，只是泛谈天所赋予的能力。郭象哲学是一种个体主义哲学，每个个体都有其独立的自性，个体"各安其性，天机自张"，不依赖他者。

第三，"天机"的主客合一性。汉代学者在政治哲学意义上使用的"天机"义，将"天机"作为神圣的外在他者以增强权力的合法性。《庄子》与《淮南子》在人性论意义上使用"天机"，强调"天机"的主体意识。郭象则将"天机"的主体性与客体性统一起来。一方面，"天机"是天赋予的性分，其根源是外在的，这就增强了其权威性与神秘性；另一方面，"天机"是人所具有的本性，是内在于自性的，这就使人发挥自己的主观能动性成为可能。

---

① 马耘认为，当今学者多将庄子的"天""造物者"等同"自然"，是以郭象的"独化""自生"解庄，而非庄子原意；庄子的"天""造物者"还是有着"位格之超越主宰"的意思。详见马耘《庄子哲学"天"、"造物者"观念辨析》，《哲学与文化》2009 年第 9 期。

"天机"与"性分"各有不同的侧重点。"天机"强调这种自然之性来源于天然,着重自然而然、不可更改、不可知也不需要知之义;并且"机"字所具有的"几微""枢机"的含义又使自然之性带有一定的深不可测的神秘性与超越性。而"性分"则强调"性"的边界与内在性,去除了神秘性,将一切自然之性的差别归于自然而然。

四 陆机"天机"论的文论转向

《庄子》中的造物者具备主宰者的影子。不管主宰者是"道"、"天"或者"上帝",都是生成论意义上的,具备一定意义的神格性。宇宙生成过程是不可知的,造物者的发用是神秘的,因而"天机"就有了神秘性、偶然性的含义。这种偶然性、神秘性为陆机引入文论,成为文艺美学的重要概念。这其中,郭象"天机"义的三个特征,使这个概念由政治哲学、人性论转向文论成为可能。

约与郭象同时的陆机(261—303)所作的《文赋》云:"若夫应感之会,通塞之纪,来不可遏,去不可止。藏若影灭,行犹响起。方天机之骏利,夫何纷而不理?"[①] 这是讲在文学或艺术创作中,某种偶然而来的、不可预知的"天机"闪现,超越纷然芜杂的思绪与材料,而使作者有创造性的发挥。文艺领域极为强调个体性、自由性,"天机"无法作为一个整全的类概念应用于不同的艺术形式、艺术场合或创作者身上,只能是个性化的。文艺活动一定是活泼的、灵动的,不能是僵死的、硬化的。郭象的"天机"概念是一种动态的、感性的向外发动。"与西方灵感论形成最为明显的差别的是,中国美学中的'天机'论,不是仅在主体方面考察其源,而是在主客体的感应触遇中解释'天机'的原由。"[②] 不仅西方文论有"灵感"概念,中国文论史上也有一系列词语用以描述艺术创作中的玄奥深邃,如"神思"、"妙悟"或"性灵"、"兴会"、"神来"、"顿悟"等,[③] 与"灵感"一样,这些概念强调艺术创造的主观性。郭象的"天机"概念是主客体合一的,"天机"不仅是内在性灵的自然发动,更是与艺术对象的"应感之会",即主体的相互通感完成一项艺术活动。

---

① 陈延嘉等主编《全上古三代秦汉三国六朝文》第五册《全晋文》卷九十七,河北教育出版社,1997,第7992页。

② 张晶、张振兴:《"天机"论的历史脉络与美学品格》,《天府新论》2001年第6期。

③ 孙学堂:《天机:一个被忽视的古文论概念》,《文艺理论研究》2001年第3期。

同时，"天机"的偶然性、神秘性、"随机性"①只是其表层的外显属性，而非内在的根本性质。"天机"的偶然性并不意味着没有任何规律、不可把握的"随机性"，只是其不可勉力预测把握、不可强力自寻自为，而是要顺"天机"之自然、保持艺术活动的完全自由，不可以强求。郭象将"性分"范畴引入"天机"，对个体而言，其艺术天分当在其性分内自然发显，追求艺术之"几"也是性分的当然要求。"几"也即"天机"之"机"，"几"指文艺活动的细微处有其自身的性质与意蕴，意味着合乎自然地"穷神研几"才是艺术创作的真谛。

五　结语

郭象哲学是一种提倡个体自由的个性哲学，其对"天机"的理解，超越了庄子与汉代学者，为后来文论的转向提供了可能。不过郭象的基本态度是立足于入世的，因此他的《庄子注》有着强烈的儒家色彩。在人性论意义上，"天机"概念与"性分"的勾连，在一定意义上减少了前者的神秘性，使内容更为明确。而在政治哲学乃至社会生活领域，"天"的神格性、权威性始终存在，"天机"的神秘性也一直保留着。而在文论或美学领域，"天机"主客合一的艺术创作特征，成为中国古代艺术活动的特色。

---

① 黄鸣奋：《比较文论视野中的天机与随机性》，《文艺理论研究》2013 年第 2 期。

《庄子》"在宥"思想发微

上海师范大学哲学与法政学院　刘　奇[*]

摘　要："逍遥游"张扬的是个体意识和精神品格，是庄子哲学思想的核心。而"在宥"是庄子哲学的一个重要组成部分，是庄学研究中一个不可忽视的问题。"在宥"不同于"逍遥游"，体现了庄子在人生哲学和政治哲学两个方面的主张。就人生哲学而言，在宥即顺乎本性、合于自然，因此要做到"不失其性命之情""任其性命之情""安其性命之情"。政治哲学方面，在宥即无为而治、无治而治，庄子通过对现实社会的批判，构筑了美好的理想社会，即"至德之世"。通过剖析庄子的在宥思想，可以更加清晰地把握庄子哲学发展的脉络。

关键词：《庄子》　在宥　性命之情　至德之世

"逍遥游"张扬的是个体意识和精神品格，是庄子哲学思想的核心。而"在宥"是庄子哲学的一个重要组成部分，是庄学研究中一个不可忽视的问题。学界一般把"在宥"归入庄子后学的思想，因而长期以来这一问题没有得到应有的关注。"在宥"不同于"逍遥游"，体现了庄子在人生哲学和政治哲学两个方面的主张，也展示出庄子思想的重要转变。"在宥"思想的深入研究，对于全面把握庄子的思想，深刻揭示庄子思想的精髓和本质特征具有重要的思想史价值和意义。为此，本文拟通过对《庄子·外篇》中的《骈拇》《马蹄》《胠箧》《在宥》四篇进行考察，对"在宥"的基本内涵和本质特征试做探讨，以求教于方家。

一　何为在宥

闻在宥天下，不闻治天下也。在之也者，恐天下之淫其性也；宥之也者，

---

* 刘奇，上海师范大学哲学与法政学院。

恐天下之迁其德也。天下不淫其性，不迁其德，有治天下者哉！(《在宥》)

关于"在宥"，近代以来许多学者有着不同的理解。梁启超这样解释："'在宥'云者，使民绝对自由之谓也。曷为能使民绝对自由？释以俗语则曰'别要管他'，文言之则曰'无为'。"① 谭嗣同也认为："'在宥'盖'自由'之转音。旨哉言乎！人人能自由，是必为无国之民。"② 可见，他们是把"在宥"格义为现代意义上的自由。

罗勉道则认为："'在宥'两字，想当时有此语；今人读之差异耳。"(《南华真经循本》) 可见，"在宥"是一种本然的状态，是自然适性的存在。

"在宥"具体表现在两个方面，即人生哲学方面和政治哲学方面。在人生哲学方面，"在宥"是人的自然本真的存在，优游自在，宽容自得。人性本自"在宥"，因为有了外物的扰乱和束缚而出现了背离，导致性情的违失。因而，必须因任自然，摆脱束缚，才能"不失其性命之情""任其性命之情""安其性命之情"。在政治哲学方面，则表现为"无为"，"故君子不得已而临莅天下，莫若无为"(《在宥》)，这里尤指统治者的"无为而治"。因此，"在宥"是与"治"相对立的。庄子反对任何形式的统治，并认为仁义礼乐等均是对人性在宥的破坏，必须"掊击圣人""绝圣弃知"，才能"在宥天下"，并通过对圣人、仁义礼乐、"治"等的批判，构筑了美好的理想社会，即"至德之世"。

二　人性在宥

"人性论是以命（道）、性（德）、心、情、才（材）等名词所代表的观念、思想，为其内容的。"③ 历史上，大家对儒家的人性论关注和研究较多，较少关注道家的人性论。老庄哲学作为道家学派的代表，对人性也进行了不少探讨。在《庄子》外四篇中，多次提到了"性命之情"，并围绕这一话题进行了多方面的论证。

"道落实于天，为天性；落实于人，为人性；落实于物，为物性。"④ 所谓

---

① 梁启超：《先秦政治思想史》，天津古籍出版社，2003，第 124 页。
② 谭嗣同：《仁学》，蔡尚思、方行：《谭嗣同全集》（增订本），中华书局，1981，第 161 页。
③ 徐复观：《中国人性论史（先秦篇）》，上海三联书店，2001，第 2 页。
④ 罗安宪：《虚静与逍遥——道家心性论研究》，人民出版社，2005，第 96 页。

"性命之情"，即性命的本来面目、实际状况，主张消解人与物的区别。在庄子看来，人与物是平等的，都有自己的本性，所谓"物各自得"，就是性的本真体现。"'性'是生命的本真，'出乎性'便是违失生命的本真。"① 更加强调人性的在宥，强调要顺乎本性、合于自然。要做到人性在宥，即要"不失其性命之情""任其性命之情""安其性命之情"。

> 马，蹄可以践霜雪，毛可以御风寒。龁草饮水，翘足而路，此马之真性也。虽有义台路寝，无所用之……夫马，陆居则食草饮水，喜则交颈相靡，怒则分背相踢。马知已此矣。(《马蹄》)

"马之真性"，即马的自然本性，也就是马可以任意驰骋在天地之间，自由自在，渴了饮水，饿了吃草，高兴的时候"交颈相靡"，不高兴的时候分道扬镳，这样马的本性才得到了体现。

那么，人的本性在于什么呢？"彼民有常性，织而衣，耕而食，是谓同德。一而不党，命曰天放。"(《马蹄》)"织而衣，耕而食"是人的本能。所谓"不党"，就是浑然一体，不偏不倚；所谓"天放"，即自然放任。② 吃饭穿衣，男耕女织，人们过着自然放任、无拘无束的生活，人就处于在宥的状态。

然而，现实生活并非如此理想化，人们想过任情率性、安情适性的生活并不容易。现实中有太多"决性命之情"的情况。"骈拇枝指""附赘县疣"犹如仁义之用，"非道德之正"。"小惑易方，大惑易性。""有虞氏招仁义以挠天下也，天下莫不奔命于仁义，是非以仁义易其性与？"(《骈拇》)这里是看到了仁义的危害，人们不再遵循着自己的本性，而是向外寻求，导致"以物易性"，用外物来错乱本性，此是其一。

"小人则以身殉利，士则以身殉家，圣人则以身殉天下。""臧与谷，二人相与牧羊而俱亡其羊。""伯夷死名于首阳之下，盗跖死利于东陵之上。"(《骈拇》)这三组事例，虽然小人、士与圣人追求的目标不同，却同样是牺牲。臧与谷二人的羊丢失的方式不同，却都失去了羊。伯夷与盗跖一个死于名，一个死于利，二者并无不同，都失去了生命。"伯夷死是殉名，盗跖死是殉利，都是残生伤性，

---

① 陈鼓应：《老庄新论》，商务印书馆，2008，第 271 页。
② 陈鼓应：《庄子今注今译》，商务印书馆，2007，第 305 页。

那么伯夷未必'是',盗跖未必'非';圣人未必崇高,小人未必卑下。"① 上述事例虽然有所不同,但在庄子看来都是"残生伤性"的。

"彼其所殉仁义也,则俗谓之君子;其所殉货财也,则俗谓之小人。"(《骈拇》)伯夷之死,世人认为其是仁义所归,因此伯夷被看作谦谦君子;盗跖为财货而死,为私利而亡,则是小人。然而,不管是君子还是小人,对生命的剥夺则是一样的,都是"残生损性"的。用仁义的标准来划分君子和小人,必然会忽视人性的一致性。

"物易其性""残生伤性""残生损性",在庄子看来,都是对"性命之情"的违失,都是对人之本性的破坏。

同样,"待钩绳规矩而正者""待绳索胶漆而固者""屈折礼乐,呴俞仁义,以慰天下之心者"都是对事物本性的破坏,违背了事物的本然之性。"人类社会亦如此,那些圣人以礼乐作规范,以仁义为粉饰,无非是让人丧失自己的本性而已。"②

那么,怎样才能"不失其性命之情"呢?

> 同乎无知,其德不离;同乎无欲,是谓素朴;素朴而民性得矣。(《马蹄》)
>
> 彼正正者,不失其性命之情。……凫胫虽短,续之则忧;鹤胫虽长,断之则悲。故性长非所断,性短非所续,无所去忧也。(《骈拇》)
>
> 天下有常然。常然者,曲者不以钩,直者不以绳,圆者不以规,方者不以矩,附离不以胶漆,约束不以绳索。(《骈拇》)

人与人之间和谐相处,坦诚相待,不用智巧,无欲无求,人性自然得以保存。同样,事物的存在均有其合理性,野鸭、野鹤的腿长短是自然形成的,没有必要去改变它。尺有所短寸有所长,不应削足适履。天下的事物都有其自然本性,只要顺乎本性、合于自然,自然就"不失其性命之情"。

庄子认为,仅"不失其性命之情"是不够的,进而要"任其性命之情",也就是要做到"臧"。

---

① 陈鼓应:《老庄新论》,商务印书馆,2008,第 272 页。
② 马作武:《庄子平等、自由观发微》,《中山大学学报》2007 年第 1 期。

且夫属其性乎仁义者，虽通如曾史，非吾所谓臧也；属其性乎五味，虽通如俞儿，非吾所谓臧也；属其性乎五声，虽通如师旷，非吾所谓聪也；属其性乎五色，虽通如离朱，非吾所谓明也。(《骈拇》)

仁义、五味、五声、五色等皆"多骈旁枝之道"，"非天下之至正也"。"臧"，善也。这里所要做到的"臧"，是"臧于其德""自闻""自得""自见"，而不是改变本性去看清别人、羡慕别人，而是向内寻求，省察自己、内视自己，是"任其性命之情"。

天下将安其性命之情，之八者，存可也，亡可也；天下将不安其性命之情，之八者，乃始脔卷㑋囊而乱天下也。而天下乃始尊之惜之，甚矣，天下之惑也。(《在宥》)

郭象注："存亡无所在，任其所受之分，则性命安矣。"成玄英疏："八者，聪明仁义礼乐圣智是也。言人禀分不同，性情各异。"人们一旦起心动念，追求聪、明、仁、义、礼、乐、圣、智，此"八者"纠结在一起而迷乱天下，"性命之情"也将无所安。世人孜孜不倦地去追求，甚至达到了痴狂的程度，这难道不是对"性命之情"的一种戕害吗？要想做到"天下将安其性命之情"，必须将此"八者"视作可有可无的，保持民心的淳朴，顺遂生命的本真。

同时，庄子认为，阴阳失调、喜怒过度也是对生命的违失。

人大喜邪？毗于阳；大怒邪？毗于阴。阴阳并毗，四时不至，寒暑之和不成，其反伤人之形乎？使人喜怒失位，居处无常，思虑不自得，中道不成章，于是乎天下始乔诘卓鸷，而后有盗跖曾史之行。故举天下以赏其善者不足，举天下以罚其恶者不给，故天下之大不足以赏罚。自三代以下者，匈匈焉终以赏罚为事，彼何暇安其性命之情哉！(《在宥》)

吕惠卿云："人莫不有冲气之和以与天地通，而尧使民乐其性，至太喜而毗于阳；乐使民苦其性，至太怒而毗于阳。故伤其冲气，而堕四时之施，寒暑之和不成，反伤人形矣。"(《庄子义海纂微》)过于喜或怒，会损伤阴阳之气。阴阳失调，则造成四时不顺，寒暑不调和。人因此而喜怒无常，胡为妄动，迷失方向。如果用尽天下的力量去赏善罚恶，一方面善恶是无法完全赏罚尽的；另一方面赏善罚恶必然导致某种趋利行为，以致违失"性命之情"。自三代以下，世人专注赏罚，无暇"安其性命之情"。

庄子认为，做到"不失其性命之情""任其性命之情""安其性命之情"，就实现了"性命"的在宥。人性本自天然，"织而衣，耕而食"，朴实无华，不受外界干扰，无拘无束，自然放任。庄子崇尚的是原始社会的生活，清静无为，不受任何利欲的诱惑。当然，在原始社会，由于生产力低下，人与人之间的关系相对单纯，不存在赏罚和让人违失本性的物质基础。

三　政治在宥

庄子生活在战国时期，《胠箧》记载了不少战事，如"田成子一旦杀齐君而盗其国""鲁酒薄而邯郸围"等。"面对当时严重的社会政治危机，各家各派都在寻求医治社会弊病之良方。孔子以兴仁扬义为救世之方，孟子以仁政爱民为治国之道，墨子以兼爱非攻为平乱之术。"① 对于社会的长治久安，庄子提出了自己的主张，描绘了美好的蓝图，即"至德之世"。

那么，什么是"至德之世"？庄子进行了勾勒：

> 故至德之世，其行填填，其视颠颠。当是时也，山无蹊隧，泽无舟梁；万物群生，连属其乡；禽兽成群，草木遂长。是故禽兽可系羁而游，鸟雀之巢可攀援而窥。……夫至德之世，同与禽兽居，族与万物并，恶乎知君子小人哉！……夫赫胥氏之时，民居不知所为，行不知所之。含哺而熙，鼓腹而游，民能以此矣。（《马蹄》）

> 子独不知至德之世乎？昔者容成氏、大庭氏、伯皇氏、中央氏、栗陆氏、轩辕氏、赫胥氏、尊庐氏、祝融氏、伏羲氏、神农氏，当是时也，民结绳而用之，甘其食，美其服，安其居，邻国相望，鸡狗之音相闻，民至老死不相往来。若此之时，则至治已。（《胠箧》）

"至德之世，人民依常性而生活，'织而衣，耕而食'，人们过着素朴无华的

---

① 陈鼓应：《老庄新论》，商务印书馆，2008，第274页。

日子，无所饰于仪容，没有心机，不相戕贼，山泽遨游，自由自在。"① "至德之世"是庄子构建的"乌托邦"。在那里，万物平等，人甚至可以与禽兽同居，"人与物相忘也"，人们通过劳动而生活，没有任何争斗，无欲无求，统治者无为而治，天下大同。

庄子认为，个体要想实现政治上的在宥，关键取决于统治者。也就是说，个体的主体性地位，是由个人在政治上的在宥所保证的。谭嗣同把个人的自由作为大同社会的一个重要因素。他说："庄曰：'闻在宥天下，不闻治天下。'治者，有国之义；在宥者，无国之义……人人能自由，是必为无国之民。无国则畛域化，战争息，猜忌绝，权谋弃，平等出；且虽有天下，若无天下矣。"② 谭嗣同道出了道家哲学的精髓。"虽有若无"，这是为政的最高境界，即"无为"。

"无为"是道家一贯的政治主张。做到"无为"，也就达到了"在宥"。吕惠卿云："在宥天下，在宥我而已。在者，存之而不亡，任自然而不益。宥者，放之而不纵，如囿之宥物也。不淫、不迁，无为而已。无为则无我，无我则治天下者谁哉？"（《庄子义海纂微》）"在宥"是与"治"、"知"和"有为"相对的，庄子通过反对"治"、"知"和"有为"，"《胠箧》篇与《骈拇》、《马蹄》一起展开了对仁义、圣人、知识的批评"。③

首先，反对"治"。《马蹄》篇多次提到"治"，如"伯乐善治马""陶者善治埴""匠人善治木"等，这些都是对自然的改造，对物性的损伤，这种改造是对被改造对象本性的破坏，体现了"治"的危害性。

> 及至伯乐，曰："我善治马。"烧之，剔之，刻之，雒之。连之以羁馽，编之以皂栈，马之死者十二三矣。饥之渴之，驰之骤之，整之齐之，前有橛饰之患，而后有鞭策之威，而马之死者已过半矣……然且世世称之曰"伯乐善治马，而陶匠善治埴木"，此亦治天下者之过也。
>
> 夫加之以衡扼，齐之以月题，而马知介倪、闉扼、鸷曼、诡衔、窃辔。故马之知而态至盗者，伯乐之罪也。（《马蹄》）

---

① 谭嗣同：《仁学》，蔡尚思、方行：《谭嗣同全集》（增订本），中华书局，1981，第 367 页。
② 谭嗣同：《仁学》，蔡尚思、方行：《谭嗣同全集》（增订本），中华书局，1981，第 367 页。
③ 郭美华：《圣人与知识对政治生活的扭曲——〈庄子·胠箧〉对圣人与圣知的批判》，《中共宁波市委党校学报》2018 年第 1 期。

成玄英疏："况无心徇物，性命所以安全；有意治之，天年于焉夭折。"在庄子看来，马遇到伯乐并不是什么好事。尽管伯乐善于"治"马，然而违背了马的本性。马原本没有任何心思，无忧无虑，单纯无他，但由于有了各种迫害，马也就学会了反抗，学会了要摆脱束缚，学会了去伤害。庄子以伯乐"治"马喻统治者驭民，具有深刻的寓意，也显示出对掌权者的抗议。

> 闻在宥天下，不闻治天下也。……昔尧之治天下也，使天下欣欣焉人乐其性，是不恬也；桀之治天下也，使天下瘁瘁焉人苦其性，是不愉也。夫不恬不愉，非德也。（《在宥》）

可见，"在宥"是与"治"完全相对的。无论是尧或桀，施政方针不同，达到的效果必然也不同。然而，乐和苦都不是人之本性。尧是历史上的贤君，尧的统治也一般被认为是为人民谋福祉，是历代尊崇的圣君代表；相反，桀是历史上有名的暴君，荒淫无道，残酷压榨剥削人民，为世人所深恶痛绝。然而在庄子看来，尧和桀别无二致，他们的统治，无论是有道还是无道，不管能否为人民带来福祉，都是对人性的改变。恬愉本自得，努力而为之，是不会长久的，因此需要"无为"。

在反对"治"的同时，庄子提出了"治"的最高境界，即"至治"，也就是无为而治。要做到"境邑相比，相去不远，鸡犬吠声，相闻相接。而性各自足，无求于世，卒于天命，不相往来，无为之至"（《庄子疏》）。"无为而治""不治而治"正是"在宥"的最佳表现。

其次，反对"知"。

> 将为胠箧探囊发匮之盗而为守备，则必摄缄縢，固扃鐍，此世俗之所谓知也。……故尝试论之，世俗之所谓知者，有不为大盗积者乎？所谓圣者，有不为大盗守者乎？……田成子一旦杀齐君而盗其国，所盗者岂独其国邪？并与其圣知之法而盗之。（《胠箧》）

"知"，即智慧、知识，小的智慧为普通人所掌握，大的智慧，即圣知，独圣人所享有。圣人创造圣知，以帮助统治者治理国家。庄子认为"知"可以预防小的盗贼，却为大盗提供了便利。田成子杀掉齐国的国君，自己做了国君，不但盗走了齐国，而且连"圣知之法"一同盗去了。可见，"圣知"是不需要的，对于人本性的存在是没有太大意义的。同时，"圣知"一旦为盗者所掌握，盗者也就有了盗的理由和根据，可以明目张胆地去盗，人们也只有承认的份了。

"知"为聪明的人所发明，其掌握了更多的"知"，就成了圣人。庄子是非常直接地反对圣人和圣知的。圣知是可以为人所习得的，"圣人生而大盗起"，盗跖更是喜欢圣知。"盗亦有道"，盗跖因而有了理论武器。"圣人不死，大盗不止。"圣人只要存在，圣知必然得到传播，大盗必然能够习得，因而，大盗也就有了生存的空间，甚至达到猖獗的程度。"上诚好知而无道，则天下大乱矣。"如果统治者一味追求智谋，必然导致天下大乱。"天下每每大乱，罪在于好知。"在庄子看来，小的盗贼和大盗没有得到平等的看待，所谓"窃钩者诛，窃国者为诸侯"，小的盗贼被抓到只有死路一条，而大盗有圣知的庇护，可以成为新的统治者。在这里，社会正义荡然无存，社会公理被严重践踏。圣知防小贼绰绰有余，而对大盗束手无策。因而，庄子提出"掊击圣人，纵舍盗贼，而天下始治矣……圣人已死，则大盗不起，天下平而无故矣"（《胠箧》）。人性本自天真，不需要知识和智慧。有了知识和智慧，必然会出现盗跖。因此，必须掊击圣人，纵舍盗贼，天下才能太平。圣人死去，大盗也自然不再出现，世界才能恢复和平。

进一步，庄子提出"圣人不死，大盗不止"，"绝圣弃知，大盗乃止；掷玉毁珠，小盗不起"。成玄英疏："弃绝圣知，天下之物各守其分，则盗自息。"把珠玉等财物毁掉，自然也就没有了盗贼。为了维护社会正义，捍卫社会公理，必然要消灭大盗。如果借圣人治理天下，不但不能消除盗跖，反而有利于大盗。因而，一方面，要消除圣人和圣知；另一方面，要绝圣弃知，返璞归真，回归素朴，回到原始，这样自然也就没有了盗跖。

最后，提倡"无为"，反对"有为"。"无为而治"即"在宥天下"。"在宥天下"是最高的政治理想，具有深刻的内涵，主要表现为反对任何形式的统治，包括反对仁义礼法制度和其他戕害人性的活动。

庄子对儒墨显学提出的行仁义等治世主张是持批判态度的。在《骈拇》篇中，他认为仁义道德就像手上多出的指头，只会扭曲人性。在《马蹄》篇中认为，马的死亡，原因就是外力的干预和强制，剥夺了马的本性。像马匹受"橛饰之患""鞭策之威"，人的生活也受到仁义等束缚。

在宥是人的本性、常性，不尚贤使能，不为外物所累。没有外物的影响，人性处于在宥的状态。然而，"及至圣人降世，制礼作乐，标举仁义，以匡天下之行，以慰天下之心，人之自然本性遭到了破坏，本自完具之仁、义、忠、信，亦随之而荡然无存。制礼作乐，标举仁义之结果，只是激发、煽动了人的好知之心。好知之心既已点燃，人只知道逐于利，却不知道守义”。“礼乐作为一种规矩、标准，不仅是违反人性的作品，更是戕害人性的工具。”① 圣人制礼作乐，标举仁义，本意是为天下制定一套是非善恶的标准供世人参考，并为社会提供准则，这主要以儒家和墨家为代表。在庄子看来，圣人创制出来的仁义礼乐等如洪水猛兽一般，严重戕害了人性，不但不能解决社会矛盾，反而给社会带来严重的后果。

> 故曰：鱼不可脱于渊，国之利器不可以示人。彼圣人者，天下之利器也，非所以明天下也。故绝圣弃知，大盗乃止；摘玉毁珠，小盗不起；焚符破玺，而民朴鄙；掊斗折衡，而民不争；殚残天下之圣法，而民始可与论议。擢乱六律，铄绝竽瑟，塞瞽旷之耳，而天下始人含其聪矣；灭文章，散五采，胶离朱之目，而天下始人含其明矣；毁绝钩绳而弃规矩，攦工倕之指，而天下始人含其巧矣。故曰：大巧若拙。削曾、史之行，钳杨、墨之口，攘弃仁义，而天下之德始玄同矣。彼人含其明，则天下不铄矣；人含其聪，则天下不累矣；人含其知，则天下不惑矣；人含其德，则天下不僻矣。彼曾、史、杨、墨、师旷、工倕、离朱者，皆外立其德而以爝乱天下者也，法之所无用也。（《胠箧》）

圣人是国家的利器，因此，圣人和圣知不可明示天下，圣知一旦为天下人所追逐，必然产生大盗，带来祸患。人性本自淳朴，因此不需要有任何作为。“藏玉于山，藏珠于川，不贵珠宝，焚烧符玺，掊击斗衡，殚残圣法”，这些都是“无为”的表现。摧毁一切“有为”的事物，将这些“圣物”“圣法”及蛊惑人心的物品销毁，做到这些，人心就会回归正道，民性自然复归淳朴，社会也达到了“在宥”的状态。

同时，庄子认为，师旷擅长音律，离朱擅长辨色，然而，他们并不是真正的“聪”“明”。必须“拔管绝弦，销经绝纬，毁黄华之曲，弃白雪之歌；灭黼黻之文，散红紫之采”（成玄英疏），方可达到真正的“聪”“明”。同样，必须“弃规矩，绝钩绳，攦割倕指”（成玄英疏），方可做到真正的巧。所谓“大巧若拙”

---

① 罗安宪：《虚静与逍遥——道家心性论研究》，人民出版社，2005，第112页。

"大智若愚"，这是道家哲学的共通之处。听觉、视觉、基本的能力是人本身具足的，提倡以优秀的师旷、离朱、工倕为榜样，则会损伤人性，让人追求物欲，打破平等，甚至扰乱太平。

庄子反对倡导和践行仁义。"彼民有常性，织而衣，耕而食"，如果践行曾、史、杨、墨等的主张，就是为社会制定规矩，给人性以束缚，那么人人将舍己逐物，必将心神奔驰，耳目竭丧，失其本性。更严重者，天下大乱，这都是仁义所致。唯有"削除忠信之行，钳闭浮辩之口，攘去蹩躠之仁，弃掷踶跂之义"（成玄英疏），方可使物不丧失其真性，人各自得，"任其性命之情"。

"绝圣弃知，攘弃仁义，恢复素朴，是谓'在宥'。'在宥'之要义在于民性归朴、民德归素。此乃庄子之救世之方。"[①] 为政之道就是要顺人性之自然，统治者要做到无为，还百姓以自在，让百姓"无不为"，即《在宥》篇所说的"安其性命之情"。

> 故君子不得已而临莅天下，莫若无为。无为也而后安其性命之情。故贵以身于为天下，则可以托天下；爱以身于为天下，则可以寄天下。故君子苟能无解其五藏，无擢其聪明，尸居而龙见，渊默而雷声，神动而天随，从容无为而万物炊累焉。吾又何暇治天下哉！（《在宥》）

庄子反对任何形式的统治，更不要说去做统治者。那么，实在不得已而临莅天下，唯有"无为而治"。"无为而治"即"在宥天下"，即"安其性命之情"，万物自得，天下太平。顺应自然，无所妄为，自然可以"寄托天下"。成玄英疏："从容自在，无为虚淡，若风动细尘，类空中浮物，阳气飘飘，任运去留而已。"（《庄子疏》）一切任其自然，就像微风吹动细尘，天上飘浮的物质，任他来去自由，自然就优游自在，从容不迫，万物品性具备，不需要再去治理，也就做到了"无为"。

庄子反对干涉个人的自然之性，主张摆脱一切束缚，具有个性解放的特色。通过揭露"治"、"知"和"仁义"的危害性，批判一切违失人性和物性的活动，尤其对任何形式的统治进行了鞭挞，倡导"无为而治""不治而治"，构筑了理想的"至德之世"，以"在宥天下"。

---

① 罗安宪：《虚静与逍遥——道家心性论研究》，人民出版社，2005，第 107 页。

自然与尊严

厦门大学人文学院哲学系　李若晖*

摘　要： 道家之意义即在于协调人与己身、人与道、人与万物的关系。己身、道、万物共同构成人的生存之境。如以人与万物的关系重思三重关系，即人与万物之唯一物的关系，人与万物之整体性的关系，人与万物之每一物的关系。由此可知人在宇宙中的地位：人是唯一可以违背道的物类。只有建构人的尊严，才能破除"人是高于万物的物类"。

关键词： 自然　精神　道　万物　尊严

司马谈《论六家要旨》对道家有一个高度概括的评价："道家使人精神专一，动合无形，赡足万物。"① 这三句话分别描述了人与己身、人与道、人与万物的关系：己身、道、万物共同构成了人的生存之境。

一

精神与道皆无形，万物（严格地说是万物之每一物）则有形。

道为何无形？《庄子·则阳》："今计物之数，不止于万，而期曰万物者，以数之多者号而读之也。是故天地者，形之大者也；阴阳者，气之大者也；道者，为之公。"② 冯友兰《先秦道家哲学主要名词通释》："道是一个包括天地万物的'全'。《老子》所说的道，照我的了解，就有些像'全'。"③ 道作为万物之整体，在这一整体之外不存在他物与之相区分，于是道无形。"道无形"之"形"并非

---

* 李若晖，厦门大学人文学院哲学系教授。

① （西汉）司马迁：《史记》，中华书局，2013，第3965—3966页。

② （清）郭庆藩：《庄子集释》第4册，中华书局，1961，第913页。

③ 冯友兰：《中国哲学史论文二集·先秦道家哲学主要名词通释》，冯友兰：《三松堂全集》第12卷，河南人民出版社，2001，第383页。

"形状"之"形",而是"形名"之"形"。《韩非子·内储说上》:"火形严,故人鲜灼;水形懦,故人多溺。"[1] 这里的"形"就是"形名"之"形",完全可以替换为"性"。虽然古代名学强调"形名参同",[2] 但是道在认知意义上并不具备认知途径,于是道"无形"。道的无形是因为道是万物之整体与整体性,没有与之相区分的存在,在无区分的意义上成为无形。无区分就是无边界,所以万物作为整体与一物的区分就在于边界的有无。道之无形是指与每一具体物在实质上没有区分,而非理论上讲道物区分是边界有无,一个观念本身的逻辑结构和我们对逻辑结构的逻辑分析是两个层次。道无形的知识本身基于道物不二/道与物无区分,逻辑上仍然可以讲道与万物的区分在于边界的有无。前者是知识结构,后者是对知识结构的分析,这是两个概念,逻辑上并不是没有区分。

与道是万物之全相应的,是道遍在万物之中。《老子》第二十五章曰,道"周行而不殆",[3] 北大汉简本作"偏(遍)行而不殆",[4] 河上公注此句曰:"道通行天地。"[5] 顾欢《道德真经注疏》引作"道遍行天地",[6] 可见早期河上公本的正文和注释都有可能作"遍"。由此也可确证,"周行而不殆"表述的是道遍在万物之意。[7]《庄子·外篇·知北游》"道在屎尿"的命题表述的正是道的遍在性。[8] 张岱年《中国哲学大纲》:"《庄子》外杂篇大概是庄子弟子及后学所作,

① 张觉:《韩非子校疏》上册,上海古籍出版社,2010,第 597 页。

② 张觉:《韩非子校疏》上册,上海古籍出版社,2010,第 70 页。

③ 《老子》,浙江书局编《二十二子》,上海古籍出版社,1986,第 3 页。

④ 北京大学出土文献研究所编《北京大学藏西汉竹书》第二卷,上海古籍出版社,2012,第 187 简,图版:第 95 页;释文:第 156 页。其注释曰:"'偏'通'遍',传世本作'周','周'、'遍'为同义换用。"第 156 页。今按:《墨子·非攻》下:"偏具此物,而致从事焉。"王念孙曰:"毕云:'偏当为遍。'念孙案:古多以偏为遍,不烦改字。(《非儒篇》'远施周偏',《公孟篇》'今子偏从人而说之',皆是'遍'之借字,而毕皆径改为'遍',则未达假借之旨也。《益·象传》:'莫益之,遍辞也。'孟喜曰:'遍,周匝也。'本或作'偏'者,借字耳,而王弼遂读为'偏颇'之'偏',惠氏定宇已辩之。《檀弓》:'二名不偏讳。夫子之母名征在,言在不称征,言征不称在。'偏'亦'遍'之借字,故《曲礼注》云:'谓二名不一一讳也。'而《释文》'偏'字无音,则亦误读为'偏颇'字矣,毛居正《六经正误》已辩之。又《大戴礼记·劝学篇》:'偏与之而无私',《魏策》:'偏事三晋之吏',《汉书·礼乐志》'海内偏知上德',皆以'偏'为'遍'。又《汉书·郊祀志》'其游以方遍诸侯',《张良传》'天下不足以遍封',《张汤传》'遍见贵人',《史记》并作'偏'。若诸子书中以'偏'为'遍'者,则不可枚举。《汉三公山碑》'兴云肤寸,偏雨四海',亦以'偏'为'遍'。然则'遍'之为'偏',非传写之讹也。)"见(清)王念孙《读书杂志》,江苏古籍出版社,2000,第 575 页。

⑤ 《老子道德经河上公章句》,王卡点校,中华书局,1993,第 101 页。

⑥ (南朝梁)顾欢:《道德真经注疏》,《道藏》第 13 册,文物出版社、上海书店出版社、天津古籍出版社,1988,第 298 页。

⑦ 参李若晖《道论九章:新道家的"道德"与"行动"》,上海人民出版社,2017,第 117—127 页。

⑧ (清)郭庆藩:《庄子集释》第 3 册,中华书局,1961,第 749—750 页。

其中论道的地方很多，颇注重道无所不在的意思，如说：'夫道，覆载万物者也，洋洋乎大哉！君子不可以不刳心焉。'（《天地》）'夫道于大不终，于小不遗，故万物备，广乎其无不容也，渊乎其不可测也。'（《天道》）道周行遍在，万物皆受其覆载，而未有能离道者。《庄子》书又说：'行于万物者道也。'（《天地》）'万物殊理，道不私。'（《则阳》）道即是行于万物，统会一切殊理之大理。"[①]詹剑峰将之概括为"道物不二"。[②]"道物不二"命题形塑了中国哲学的特色，使中国哲学既避免了道超越于物的超越论，又避免了道物二分的二元论。

<h2 style="text-align:center">二</h2>

郭象《庄子·大宗师》注："此言得之于道，乃所以明其自得耳。自得耳，道不能使之得也。我之未得，又不能为得也。然则凡得之者，外不资于道，内不由于己，掘然自得而独化也。"[③] 道家认为道在万物中，道物不二。郭象则认为，每一物合道就是每一物的自然，即适性，何必在物之外再立一"道"，自然适性就不用讲"道"，讲"道"反而累赘，郭象实质上在其理论体系中取消了"道"。郭象《逍遥游》注曰："夫小大虽殊，而放于自得之场，则物任其性，事称其能，各当其分，逍遥一也，岂容胜负于其间哉！"[④] 此适性逍遥不指向"道"，而是指向"精神"。

对于无法直接认知之物之知，是由其与已知之物的关系来获得的。精神不与物接，故无形——因缺乏认知手段而不可认知。在道家的思想框架中，精神不与物接是其理论预设，这就意味着精神是内在自足的，此即"专一"。

与"精神专一"相对的状态是精神不专一，即精神被迫与物接。但精神不可与物接，又如何与物接，于是需要中介沟通精神与外物——人的躯壳。于是"人"的概念由此推出："人"即是"精神"与"躯壳"的合一。《论六家要旨》："凡人所生者神也，所托者形也。神大用则竭，形大劳则敝，形神离则死。"[⑤]《淮南子·精神》亦曰："是故精神者，天之有也；而骨骸者，地之有也。精神入其门，而

① 张岱年：《中国哲学大纲》，中国社会科学出版社，1982，第23页。
② 詹剑峰：《老子其人其书及其道论》，华中师范大学出版社，2006，第152—162页。
③ （清）郭庆藩：《庄子集释》第1册，中华书局，1961，第251页。
④ （清）郭庆藩：《庄子集释》第1册，中华书局，1961，第1页。
⑤ （西汉）司马迁：《史记》，中华书局，2013，第3969页。

骨骸反其根，我尚何存？"①

对于精神与躯壳关系最为重要的讨论，便是魏晋之时的"圣人无情论"。《三国志·魏书·钟会传》裴松之注引何邵《王弼传》："何晏以为圣人无喜怒哀乐，其论甚精，钟会等述之。弼与不同，以为圣人茂于人者神明也，同于人者五情也。神明茂，故能体冲和以通无；五情同，故不能无哀乐以应物。然则圣人之情，应物而无累于物者也。今以其无累，便谓不复应物，失之多矣。"② 对于何晏来说，圣人只是一纯粹的精神，完全不应物，其躯壳纯属多余，于是也就取消了由"内圣"推导出"外王"的可能性。王弼则赋予了圣人的躯壳以哲学意义，圣人并非纯粹精神，其躯壳仍然应物有情，亦即圣人具有了"外王"层面。另外，圣人与凡人的区别，即在于"无累于物"，此即"内圣"。

《世说新语·言语》："张玄之、顾敷是顾和中外孙……和与俱至寺中，见佛般泥洹像，弟子有泣者，有不泣者。和以问二孙。玄谓：'被亲故泣，不被亲故不泣。'敷曰：'不然。当由忘情故不泣，不能忘情故泣。'"③ 张玄之借机抱怨外孙不如孙子亲，顾敷则用何晏的圣人无情论来反讽张玄之的精神境界低。《列子·黄帝》："黄帝即位十有五年，喜天下戴己。"张湛注："随世而喜耳。"④ 黄帝作为圣人为什么会有喜乐之情，张湛便援用王弼的圣人无情论，认为黄帝内心并未动情，只是因为世人皆喜，所以其躯壳也表现出喜乐之情而已。《论语·先进》："颜渊死，子哭之恸。从者曰：'子恸矣！'子曰：'有恸乎？非夫人之为恸而谁为恸？'"郭象注："人哭亦哭，人恸亦恸，盖无情者与物化也。"⑤ 郭象此注如仅从《论语》文本理解的角度来看，可谓荒谬绝伦。但是以郭象之才学，何以会有如此荒唐之解，则在其株守王弼圣人无情之说而已。

《庄子·内篇·逍遥游》："尧治天下之民，平海内之政，往见四子藐姑射之山，汾水之阳，窅然丧其天下焉。"郭象注："四子者盖寄言，以明尧之不一尧耳。夫尧实冥矣，其迹则尧也。自迹观冥，内外异域，未足怪也。"⑥ 作为圣人，尧"内外异域"，其内是"冥"，即"精神"为"无"；其外是"迹"，即行迹为

---

① 张双棣：《淮南子校释》上册，北京大学出版社，2013，第 729 页。
② （西晋）陈寿：《三国志》，（南朝宋）裴松之注，中华书局，1959，第 795 页。
③ （南朝宋）刘义庆：《世说新语》，龚斌：《世说新语校释》上册，上海古籍出版社，2011，第 215—216 页。
④ 杨伯峻：《列子集释》，中华书局，1979，第 39 页。
⑤ （西晋）郭象：《论语体略》，（南朝梁）皇侃：《论语义疏》，中华书局，2013，第 272 页。
⑥ （清）郭庆藩：《庄子集释》第 1 册，中华书局，1961，第 31、34 页。

"有"。对此韩康伯说得更明白。《周易·系辞上传》："鼓万物而不与圣人同忧。"韩康伯注："圣人虽体道以为用，未能至无以为体。故顺通天下，则有经营之迹也。"① 圣人是"内道外物"，是道物的结合体，他的内心是无情的，但是其躯壳外在仍然表现为有情。

《文子·道德》："文子问圣智。老子曰：'闻而知之，圣也；见而知之，智也。圣人常闻祸福所生，而择其道；常见祸福成形，而择其行。圣人知天道吉凶，故知祸福所生；智者先见成形，故知祸福之门。闻未生，圣也；先见形，智也。无闻见者，愚迷。'"②

圣人掌握了圣知，因而是不自然的。只有圣人才能在非自然状态下掌控"为"，因而不是任何人都可以无"为"。不知情下的无为是自然而非无为，只有知情的无为才是真正的无为，圣人是能为而不为。《老子》第五十七章："故圣人云，我无为而民自化，我好静而民自正，我无事而民自富，我无欲而民自朴。"③ 王中江《出土文献与先秦自然宇宙观重审》据以指出："万物的'自然'以'道'的'无为'为前提，同理，百姓的'自然'也要以圣人效法'道'的'无为'为前提。"④

<h2 style="text-align:center">三</h2>

万物之整体非万物之总体，总体可以是单纯的杂多个体之全部，而整体必须具有内在联系。所以道实质是万物的整体性：道赋予万物存在的可能性。整体性体现为万物每一物存在的可能性依赖于其互相之间的联系，万物之每一物互相之间的联系决定了万物每一物的存在。概言之，一物与他物之区分为性/德，一物与他物之联系（必需性）为欲。张岱年《中国古典哲学概念范畴要论》："《老子》五十一章云：'道生之，德畜之，物形之，势成之。是以万物莫不尊道而贵德。道之尊，德之贵，夫莫之命而常自然。'此德字不指人的德行，而是指万物成长的内在基础。《庄子·天地》云：'故形非道不生，生非德不明。'又云：'物得以生谓之德。'正是《老子》'德畜之'之德的诠释。《管子·心术上》云：'虚

---

① （三国魏）王弼注经、（东晋）韩康伯注传、（唐）孔颖达疏《周易注疏》，（清）阮元校刻《十三经注疏》第1册，台北，艺文印书馆，2007，第148—149页。
② 王利器：《文子疏义》，中华书局，2000，第229页。
③ 《老子》，浙江书局编《二十二子》，上海古籍出版社，1986，第7页。
④ 王中江：《出土文献与先秦自然宇宙观重审》，《中国社会科学》2013年第5期，第83页。

而无形谓之道，化育万物谓之德。'又云：'德者道之舍，物得以生……故德者得也。得也者谓其所得以然者也。'所谓'物得以生'、'所得以然'，都是指物所以生存的内在根据。这种内在根据，儒家谓之性，道家谓之德。可以这样理解：道指天地万物共同具有的普遍性，德指每一物所具有的与众不同的特殊性。"①

以此观之，道作为万物之整体，无物与之区分，因此没有"性/德"；"精神"不与物接，因此没有"欲"。

与此相应，在《老子》中，第二十八章"复归于婴儿"的"婴儿"居于"几于道"的地位，是哲理性的婴儿。② 第五十五章的"赤子"，"骨弱筋柔而握固，未知牝牡之合而全作，精之至也。终日号而不嗄，和之至也"，③ 没有对于欲望的认知，是生理性的婴儿。哲理性婴儿并非人间世的真实存在，生理性婴儿又必然要长大从而背离道——此两者都并非人间世合于道的生存状态。

在此形成对于老子以至道家思想之理解的分水岭。老子以至道家思想究竟仅仅是头脑中的空想，还是有着在人间世践行的面向？《论六家要旨》在"道家使人精神专一，动合无形，赡足万物"之后，便大谈"其为术也"的治国之术，并且认为在这方面道家远高于儒家，司马谈的答案乃是不言而喻的。④但这一面向在《老子》文本中是否存在？《老子》"小国寡民"⑤ 的人际交往仅限于国内，于是每一国便成为一个与外界隔绝的群体而具备独立的整体性。这一整体性正近似道作为万物之整体，是乃无"性/德"；这一群体与外界的隔绝，则为无"欲"："小国寡民"正是这样一个整合了哲理性婴儿"无性/德"与生理性婴儿"无欲"，从而使人间世得以复归于道的构想，我们可以称之为"群体性婴儿"。

四

无论是"外物内道"的圣人，还是整合了"无性/德"与"无欲"的"群体性婴儿"，都是以其躯壳生活在大地之上。由躯壳来生活便必然会产生人如何对待万物的问题。

---

① 张岱年：《中国古典哲学概念范畴要论》，中国社会科学出版社，1987，第157页。
② 《老子》，浙江书局编《二十二子》，上海古籍出版社，1986，第3页。
③ 《老子》，浙江书局编《二十二子》，上海古籍出版社，1986，第7页。
④ （西汉）司马迁：《史记》，中华书局，2013，第3966页。
⑤ 《老子》，浙江书局编《二十二子》，上海古籍出版社，1986，第8页。

"赡足万物"之"赡",《汉书·司马迁传》作"澹",颜师古曰:"澹,古赡字。"[①]《孟子·公孙丑上》:"以力服人者,非心服也,力不赡也。"赵岐注:"赡,足也。"[②] 是则"赡足"乃同义连用。

"赡足"是对客观计量的主观评价。其一,"赡足"必须基于而又区分于对物的客观计量。例如吃饭,吃三两、四两是客观计量,虽然吃饱一定是吃了一定量,因而可以客观计量食物,但是不可用这种客观计量来定义"饱"。其二,主体评价的客观性,即所有人对此评价的可理解性。虽然每个人吃饭的量不同,却可以理解每个人由不同量所形成的"饱"。于是"饱"就是对客观计量的主观评价,也就是"赡足"。在此意义上,"赡足"实为人的身体感受。于是"赡足"实质上直接描述的不是人与万物的关系,而是人与己身的关系,是将人与己身的关系作为人与万物关系的节度。

在此意义上,"赡足"无须外求,万物不再成为欲求的对象。并非说没有形成人与万物的关系,只是这种关系并未导致欲求。人有欲望,但没有对欲望的认知,这就是赡足——不以任何物作为工具。"饱"只是身体欲望获得满足的一种感受,其自身不是知识;探讨如何才能"饱",才是知识。所有人都可以有对于"饱"的理解,但这种理解不是基于普遍性的理性知识——"饱"的定义,而是基于每个人都有的对于"饱"的身体感受。于是基于身体感受而非理性知识的人际理解,便是一种人的本源性的理解——"感同身受"。孟子的"恻隐之心"也正是由此而出。

《老子》第十六章:"不知常,妄作,凶。"[③] 人通过与万物的联系来保障自己的生存,没有超越于自然之外的联系。一旦有了,就在道给予人的联系之外新建了联系,破坏了万物整体性之下的自然联系,人就僭居于道之位。但是人没有道之能力,不能真实地重新构建万物的整体性。所以人造的新联系虽然表面上增加了所获取个体物的数量,实质上却切断了被获取的个体物与万物之整体性的联系,也就使人不再作为万物整体中之一物,于是背离道的人也为道所弃绝:"不道早已。"[④]

于是人与万物的关系成为老子及道家哲学的核心。

---

① (东汉)班固:《汉书》,中华书局,1962,第2710—2711页。
② (清)焦循:《孟子正义》上册,中华书局,1987,第221—222页。
③ 《老子》,浙江书局编《二十二子》,上海古籍出版社,1986,第2页。
④ 《老子》,浙江书局编《二十二子》,上海古籍出版社,1986,第6页。

五

以人与万物的关系来贯通人的生存之境，人与己身的关系即人与万物之唯一物的关系——对于意识到己身的人之类和人之个体而言，己身是唯一的，不可替代的；人与道的关系即人与万物之整体的关系；人与万物的关系即人与万物之每一物的关系。

由此可以进而讨论人在宇宙中的地位：人是唯一一个可以违背道的物类，只有人才有重新构建非自然性知识的能力，使人僭居于道的地位。这个地位的根基是每一个人都意识到己身是自己的唯一物，进而人类可以认识到人作为类的唯一性。由此构造出一类高于万类、一人高于万人的结构。

此后的道家，多致力于破"人是高于万物的物类"的命题。庄子以气论为基础，通往万物齐一。不过《庄子·大宗师》所谓"今大冶铸金，金踊跃曰，我且必为镆铘！大冶必以为不祥之金。今一犯人之形，而曰人耳人耳，夫造化者必以为不祥之人"，① 仍然是从"物无贵贱"着手。至魏晋，玄学之放旷至于赤身露体，与猪共饮，则是致力于取消名教的"人禽之别"。玄学试图通过将"人"等同于非人之物类，来取消"人"作为类的意义，从而达到庄学的"万物齐一"。这是以个体之物超越物类而直接复归于道，恰恰违背了老子"自然"必须基于物类的限域。

《老子》第十六章："夫物芸芸，各复归其根。"② 王博《老子思想的史官特色》释曰："'各'字表明万物乃是分别地返回自己的根源处，如同人返回婴儿状态一样，而不是向道本身的回归。"③ 因此，"人"是"复归于婴儿"，④ 而非抛弃"人"的物类"性/德"，直接通往道。这就表明，在老子那里，物类是有哲学意义的。由此反思玄学路径，设想将鱼等同于非鱼之物类，把鱼从水里扔到陆地，然后看着它扑腾几下死去，这是鱼的"自然"吗？是复归于道吗？在老子看来，任何一"物"的"自然"，是基于其作为一"物"的类特性的：鱼在水中游，鸟在天上飞，就是鱼和鸟的自然。如果取消类特性作为"物"之"自然"

---

① （清）郭庆藩：《庄子集释》第 1 册，中华书局，1961，第 262 页。
② 《老子》，浙江书局编《二十二子》，上海古籍出版社，1986，第 2 页。
③ 王博：《老子思想的史官特色》，台北，文津出版社，1993，第 238 页。
④ 《老子》，浙江书局编《二十二子》，上海古籍出版社，1986，第 3 页。

的前提，只能导致对"自然"的违背。"自然"必须通过具体形式来显现，没有绝对抽象的自然。物类和个体就是"自然"显现的具体形式。

庄子对老子的发展内在地构成了与老子的矛盾。由道是万物之整体性可以推导出道遍在于万物，可以推导出道在每一物中，因此物无贵贱；由物无贵贱可以推导出万物齐一，万物齐一实际上取消了物类的哲学意义。庄子哲学气论的意义就在于取消了对唯一物的执着，人不过是气的偶合，正如我们可以说，每一朵浪花都是唯一的，但这种唯一性是毫无意义的。取消唯一性就是回归到万物作为整体的存在（道）。在庄子看来，老子讲物类，就会变成对唯一性的执着；庄子要破这种唯一性，但破这种唯一性的时候就把"人作为一个物类"给取消掉了。尤其在魏晋玄学之后，老子的物类思想湮没了。魏晋老庄一体化是通过取消老子物类的哲学意义来实现的。有无可能保留老子的物类来整合老庄？于是，庄子的万物齐一不是抹杀个体的存在意义，而是对个体的尊重，没有任何一个人／物类个体是高于其他一个人／物类个体的。在这背后，实际上要建构的是人的尊严。

郭象《庄子·齐物论》注："世或谓罔两待景，景待形，形待造物者。请问：夫造物者，有耶无耶？无也，则胡能造物哉？有也，则不足以物众形。故明众形之自物而后始可与言造物耳。是以涉有物之域，虽复罔两，未有不独化于玄冥者也。故造物者无主，而物各自造，物各自造而无所待焉，此天地之正也。故彼我相因，形景俱生，虽复玄合，而非待也。明斯理也，将使万物各反所宗于体中而不待乎外，外无所谢而内无所矜，是以诱然皆生而不知所以生，同焉皆得而不知所以得也。"[1] 老子的"复归于婴儿"是归于类之根，郭象的"各反所宗于体中"是回到个体之根，较老子更进一步，强调个体的哲学价值。"精神专一"指的是人与万物中的唯一物的关系，此唯一物即每个人对于他自己而言是唯一的。人与我的关系就是人与万物中唯一物的关系。整合老庄二者，万物中之每一个体都是唯一物，万物中之每一物都是唯一物，人与万物中的每一物都是唯一物，这就是尊重。因为万物中之每一物都是道之所在。《庄子·秋水》："以道观之，物无贵贱；以物观之，自贵而相贱。"[2]

《老子》第五十一章云："道生之，德畜之，物形之，势成之。是以万物莫不尊道而贵德。道之尊，德之贵，夫莫之命而常自然。"[3] 尊道贵德，就是顺自

---

[1] （清）郭庆藩：《庄子集释》第 1 册，中华书局，1961，第 111—112 页。

[2] （清）郭庆藩：《庄子集释》第 3 册，中华书局，1961，第 577 页。

[3] 《老子》，浙江书局编《二十二子》，上海古籍出版社，1986，第 6 页。

然。每一物类、每一个体都是道与德的合一。只有在对每一物的尊重中才能获得自身的尊严。《庄子·在宥》:"何谓道?有天道,有人道。无为而尊者,天道也;有为而累者,人道也。"① 有为既以他者为工具,是为不尊重他者;又以他者为前提,是为受制于他者。只有尊重他者,才能配得上自身的尊严。

尊道贵德,以万物之每一物皆为唯一物,即是万物之每一物之自然,亦即万物之每一物之尊严。

---

① (清)郭庆藩:《庄子集释》第 2 册,中华书局,1961,第 401 页。

章太炎在何等意义上说"尽忠恕者是惟庄生能之"

西北政法大学哲学与社会发展学院　李智福[*]

摘　要：《论语》引曾子称"忠恕"为孔子"一以贯之"之道，《中庸》则称"忠恕违道不远"。可见，"忠恕"虽不是孔子的核心思想但也是孔子极重要的思想。儒学诠释史上，"忠恕之道"被诠释为"絜矩之道"，尽己之谓忠，推己之谓恕，"忠恕"终究是以己为出发点，这就难免产生以己夺人、强人合己等孔子所始料未及之负面影响。正是意识到此，章太炎在《菿汉微言》中提出"尽忠恕者是惟庄生能之"之"以庄证孔"思想。太炎此说之内在理路是，他先以佛学之"真如"—"平等"证庄子之"无我"—"齐物"，再以庄子之"无我"—"齐物"证孔子之"忠恕之道"。前者可谓"有己之忠恕"，后者则是"无己之忠恕"。以无我之忠尽人，以无我之恕推人，此庶几有益于补足儒学"絜矩之道"之所可能产生之种种负面影响。太炎先"以佛证庄"再"以庄证孔"，形式上是以全新视角解读儒、释、道三教之融合，而其解释境域不是三教之融合，而是对所谓公理、自由、平等等近代启蒙理念进行批判和补救。

关键词：章太炎　孔子　庄子　忠恕

引　言

章太炎先生（1869—1936）自况其治学心路历程云："始则转俗成真，终则回真向俗。"[①] 他早年投身革命，以法后王之荀韩、尚古文经之刘子骏对抗康南

---

　　* 李智福，哲学博士，西北政法大学哲学与社会发展学院哲学系讲师。研究方向为中国古典哲学、经典与诠释。

　　① 《章太炎全集·菿汉微言》，上海人民出版社，2015，第70—71页。

海法后王之孔孟、尚今文经之刘子政。故仅仅作为"良师"和"良史"的孔子在其心目中地位并不高，甚至还多有诋訾。太炎后来"转俗成真"，精研庄佛；又"回真向俗"，重估孔孟，并最终将孔子提升到"阶位卓绝"（《訄书·订孔上》）之最高位置。这种真俗之转，后者不是对前者之扬弃或否定，而是对前者之摄纳、补救或新证。1914—1916 年，太炎因晋骂袁世凯称帝而被囚禁于北京龙泉寺，此期间他开始重估《周易》《论语》等儒家经典，并以其佛学和庄学为背景对孔子思想进行新证，最终提出"尽忠恕者是惟庄生能之"[1] 之"以庄证孔"[2] 思想。究竟在何等意义上，太炎有这种惊世骇俗之论，其曲款原委、苦心孤诣及其思想境域不可不深察也。

一　学术史对"忠恕"之解释及其可能产生之负面影响

关于"忠恕""恕"等思想，儒家原始经典至少有以下陈述：

> 子曰："参乎！吾道一以贯之。"曾子曰："唯。"子出，门人问曰："何谓也？"曾子曰："夫子之道，忠恕而已矣。"（《论语·里仁》）
> 子贡问曰："有一言而可以终身行之者乎？"子曰："其恕乎！己所不欲，勿施于人。"（《论语·卫灵公》）
> 孟子云："万物皆备与我，反身而诚，乐莫大焉，强恕而行，求仁莫近焉。"（《孟子·尽心上》）
> 子曰："道不远人。人之为道而远人，不可以为道。……故君子以人治人，改而止。忠恕违道不远，施诸己而不愿，亦勿施于人。"（《礼记·中庸》）

如若本着"文本循环"的解释原则解释"忠恕之道"，《里仁》所言"夫子之道，忠恕而已矣"并没有给出"忠恕"之具体解释；《卫灵公》所言"己所不欲，勿施于人"似仅指"恕"而不是"忠恕"。另外，《颜渊》"仲弓问仁"、《公冶长》"曾子曰"等都有对"己所不欲，勿施于人"之重复强调，《中庸》"施诸己而不

---

[1]　此语见《菿汉微言》（初版于民国六年，即 1917 年），《章太炎全集》，上海人民出版社，2015，第 70—71 页；又见《在四川演说之五——说忠恕之道》（一九一七年十月至一九一八年十月），《章太炎全集·演讲集上》，上海人民出版社，2015，第 262 页。

[2]　《章太炎全集·菿汉微言》，上海人民出版社，2015，第 70 页。

愿,亦勿施于人"显然从《论语》而来。但此处用"己所不欲,勿施于人"来解释"忠恕"二字,显然是将"忠恕"理解为偏义复词。特别是上文引《卫灵公》孔子将"一言而可以终身行之者"称为"恕"而非"忠",可见在孔子心目中"恕道"比"忠道"更重要。这样,《中庸》以偏义复词即偏义于"恕"视"忠恕"并非没有根据。所谓"忠恕之道"实则主要强调"恕道",而"恕道"之义即"己所不欲,勿施于人",《论语》三致其语,《中庸》再次强调,殆非偶然。那么学术史对孔子之"忠恕之道"如何理解,我们看几种代表性诠释。

(一)王弼、皇侃之诠释

皇侃《论语集解义疏》(其中有引王弼注)云:

> 曾子曰"夫子之道忠恕而已矣者",曾子答弟子释于孔子之道也。忠谓尽中心也,恕谓忖我以度于人也。言孔子之道,更无他法,故用忠恕之心以己测物,则万物之理皆可穷验也。
>
> 故王弼曰:"忠者,情之尽也;恕者,反情以同物者也。未有反诸其身而不得物之情,未有能全其恕而不尽理之极也。能尽理极则无物不统,极不可二故谓之一也。推身统物,穷类适尽,一言而可终身行者,其唯恕也。"①

按,皇侃以"尽中心"解"忠",以"忖我以度于人"解"恕";王弼以"情之尽"解"忠",以"反情以同物"解"恕"。二者之解,名相有异而无实质不同,二者皆将"忠"视为"恕"之前提,只有"尽中心""尽己情"才能做到"以我度人""反情同物",最后实现"推身统物,穷类适尽"之儒者抱负。这种解释始终是以己为出发点,无论是"尽心""反情",还是"推身",都是尽己之心、反己之情、推己之身。这种诠释的不足之处是,它潜在地蕴含着以己推彼、强彼合己之可能性。

(二)程子、朱子之解释

朱子《四书章句集注·论语集注》云:

---

① (南朝)皇侃:《论语集解义疏》,商务印书馆,1937,第49页。

尽己之谓忠，推己之谓恕。而已矣者，竭尽而无余之辞也。夫子之一理浑然而泛应曲当，譬则天地之至诚无息，而万物各得其所也。自此之外，固无余法，而亦无待于推矣。曾子有见于此而难言之，故借学者借己推己之目以著明之，欲人之易晓也。盖至诚无息者，道之体也，万殊之所以一本也；万物各得其所者，道之用也，一本之所以万殊也。以此观之，一以贯之之实可见矣。或曰："中心为忠，如心为恕。"于义亦通。程子曰："以己及物，仁也。推己及物，恕也。违道不远是也。忠恕一以贯之：忠者天道，恕者人道；忠者无妄，恕者所以行乎忠也；忠者体，恕者用，大本达道也。此与违道不远异者，动以天尔。"①

程朱之解释，一方面继承王弼、皇侃之"忠"为"尽己"、"恕"为"推己"之义；另一方面则上升至"忠体恕用""理一分殊"之存在论高度。程子"以己及物，仁也。推己及物，恕也"之出发点依旧是"己"，这种"体用"还是"己之体"和"己之用"之关系，由"忠"至"恕"还需要"以己及""推己及"；朱子虽然强调"天地之至诚无息，而万物各得其所"这种存在状态不必以"推"知，但终究还是承认"借己推己"不失为一种方便法门，故他在《中庸章句》中云："尽己之心为忠，推己及人为恕。"② 程朱之解比王、皇之解虽然有所上升，但其出发点并无二致，仍旧是以己为发轫点。

（三）邢昺、刘宝楠之解释

邢昺《论语注疏》云：

> 忠，谓尽中心也。恕，谓忖己度物也。言夫子之道，唯以忠恕一理，以统天下万事之理，更无他法，故云而已矣。③

刘宝楠《论语正义》云：

> 君子忠恕，故能尽己之性，尽己之性，故能尽人之性。非忠则无由恕，

---

① （宋）朱熹：《四书章句集注》，中华书局，1983，第 72 页。
② （宋）朱熹：《四书章句集注》，中华书局，1983，第 23 页。
③ 朱汉民整理《论语注疏》，北京大学出版社，1999，第 51 页。

非恕亦奚称为忠也?《说文》训"恕"为"仁",此因恕可求仁,故恕即为仁,引申之义也。是故仁者"己欲立而立人,己欲达而达人",己立己达,忠也;立人达仁,恕也。[①]

邢昺之解释受王弼、皇侃影响甚深,尽中心为恕,忖己度物为忠,以己方物,当无新意;刘宝楠则以《论语》篇章内部循环之解释为主,并在"己所不欲,勿施于人"之基础上推扩出"己欲立而立人,己欲达而达人"。刘宝楠这种解释使学术史上诸家"推己及人"所蕴含的解释悖论明朗起来:一味地以自我为中心("尽己之性")而推扩至他人("尽人之性")是不是意味着只见其同而不见其异?如果只见其同而强以"己之性"加诸"人之性",则如何解释"我不欲人之加诸我也,吾亦欲无加诸人"(《论语·公冶长》)之圣人"心印"?这样的"忠恕之道"可能会走向"忠恕之道"的反面。这就需要我们以一种批判的、反思的方式来理解孔子的"忠恕之道"。

(四)"忠恕之道"与"絜矩之道"

与"忠恕之道"相关的另一种儒家重要传统即"絜矩之道"。"絜矩之道"见于《礼记·大学》:"所谓平天下在治其国者,上老老,而民兴孝;上长长,而民兴弟;上恤孤,而民不倍。是以君子有絜矩之道也。""所恶于上,毋以使下;所恶于下,毋以事上;所恶于前,毋以先后;所恶于后,毋以从前;所恶于右,毋以交于左;所恶于左,毋以交于右。此之谓絜矩之道。"(《礼记·大学》)郑玄注云:"絜矩之道,善持其所有,以恕于人耳。治国之要尽于此。"[②] 朱子解释为:"可以见人心之所同,而不可使有一夫之不获矣。是以君子必当因其所同,推以度物,使彼我之间各得分愿,则上下四旁均齐方正,而天下平矣。"[③] 郑玄"持其所有,以恕于人"与朱子所言"因其所同,推以度物"都是强调以己出发而推己及人,可见"絜矩之道"之哲学基础实则亦是"忠恕之道",二者并无大异。

无论是"忠恕之道"还是"絜矩之道",本身都是一种很理想的待人接物之则、为政经国之方,但这种原则潜含着歧解的危险。如果将这种原则不顾境域而

---

① （清）刘宝楠:《论语正义》,中华书局,1990,第153页。
② 龚抗云整理《礼记正义》,北京大学出版社,2000,第1869页。
③ （宋）朱熹:《四书章句集注》,中华书局,1983,第10页。

抽象为一般的为政原则和人际原则，则可能成为独夫政治或强权政治之口实，或者以己出发而强以彼合己，从而忽视"己之外"之他者存在的多样性、差异性和丰富性，以己矫彼，以我夺人，结果恰恰会戕害他者存在的自然权利、个体自足性，以忠恕出发而走向忠恕之反面。可见，学术史上对"忠恕"之解释始终没有从根源上对这种可能导致的"忠恕悖论"进行彻底消解。换言之，无论是《论语》《中庸》元典还是晋宋以至晚近之解释者，想必都不会承认"忠恕"或"絜矩"本身会导致"恶"，但经典未言之处或解释未尽之处恰恰造成思想上的"留白"。这种"留白"一旦为别有目的者所使用或者为理解不通透者所使用，潜在的歧解难免变成一种现实的恶。学术史上对"忠恕之道"之解释始终是以己为出发点而推扩言之，而导致现实之恶者正是这个出发点——己没有被好好地正视、规约、批判和反思，笔者姑且将这种诠释称为"有己之忠恕"。章太炎所言"尽忠恕者是惟庄生能之"正是在己上大做文章，为"忠恕之道"所面临的歧解和危险进行拔本塞源。

二 "体忠恕者独有庄周《齐物》之篇"

由于意识到传统学界对孔子"忠恕之道"所潜含的歧解或危险性，太炎在继承传统学者解释基础之上，给予"忠恕"一种全新的理解，并将孔子"忠恕之道"的体认者唯一许以庄子。他认为庄子的"齐物"哲学实是"忠恕两举"之道。

（一）"心能推度曰恕，周以察物曰忠"

相比于作《訄书》（初刻本约完成于 1900 年，重订本出版于 1904 年）之时代，章太炎将《訄书重订本》删削改订为《检论》（民国 4 年，即 1915 年）之时代已经渐掩锋芒，太炎更能以理性之眼光审视传统。其《检论》之《订孔》已经不再像《訄书重订本》之《订孔》那样将孔子视为"支那之祸本"，[①] 而是将孔子视为"中夏所以创业垂统者"，并慨叹其"洋洋乎美德"[②] 非孟荀所能及。因此，当他以这种眼光观待孔子之时，孔子不再仅仅是"良师"和"良史"，而且还是"圣

---

① 此章太炎引日人远藤隆吉之说。见《章太炎全集·訄书重订本》，上海人民出版社，2014，第 132 页。

② 《章太炎全集·检论》，上海人民出版社，2014，第 430 页。

人"兼"哲人"。[1] 作为哲人之作,太炎给《论语》下评骘云:"诸所称说,列于《论语》者,时地异制,人物异训,不以一型锢铸,所谓大道固似不肖也。"[2] 不难发现,太炎笔下之《论语》颇有庄子齐物之风。在太炎看来,孔子其道之核心即"忠恕之道",那么什么才是真正的"忠恕"?传统以"絜矩之道"定义"忠恕之道"有没有不妥之处?太炎云:

> 虞机虽审,权议虽变,岂直无本要哉?道在一贯。持其枢者,忠恕也。躬行莫先,而方逆以为学,则守文者所不省已。心能推度曰恕,周以察物曰忠。故夫闻一以知十,举一隅而以三隅反者,恕之事也。夫彼是之辨,正处正位正色之味,其候度诚未可壹也。守恕者,善比类。诚令比类可以遍知者,是絜矩可以审方圆。物情之纷,非若方圆可以量度也。故用矩者困,而务比类者疑。周以察物,举其征符而辨其骨理者,忠之事也。故疏通知远者恕,文理密察者忠。身观焉,忠也,方不障恕也。[3] 上者寂然不动,感而遂通天下之故,无有远近幽深,遂知来物。中之方人,用法察迹言也。下者至于原本山川,极命草木,合契比律,审曲面势,莫不依是。以知忠恕于学,犹鸟有两翮,而车之左右轮。[4]

这段文字,太炎首先肯定孔子之一贯之道即"忠恕",那么什么才是真正的"忠恕"?太炎给出定义:"心能推度曰恕,周以察物曰忠。"如果说他以"心能推度"定义"恕"是对传统说法之继承,那么他以"周以察物"定义"忠",则与传统提法完全相反。古来学者皆将"忠"定义为尽己心、反己情,太炎则将其定义为"周以察物",即周尽地体察并还原他物。他进而以治学为例,指出"疏通知远者恕,文理密察者忠",闻一知十、一隅三反都是"恕事"。但仅仅用比类之方法探究万物总不能得其究竟,不能做到对他者之"文理密察",规矩可以考察方圆,但万物丰富差异绝非方圆之可比,岂能以规矩而考察之!因此他指

---

[1] 章太炎将东方四圣浮屠、老聃、仲尼、庄周与大秦"三哲"并提,其云:"东极之圣,退藏于密,外虞机以制辞言,从其品物,因变流行,浮屠、老聃、仲尼、庄周以之。"《章太炎全集·检论》,上海人民出版社,2014,第433页。

[2] 《章太炎全集·检论》,上海人民出版社,2014,第433页。

[3] 按,此处朱维铮先生点校本(全集本)作:"身观焉忠也?方不障恕也。"颇为费解,笔者改为:"身观焉,忠也,方不障恕也。"太炎意是,只有亲身观察而不是仅仅比推,方不障碍"恕"。

[4] 《章太炎全集·检论》,上海人民出版社,2014,第433—434页。

出，对万物之体察不能仅仅用"恕"去比推，关键还要用"忠"去切察。这样，"忠"与"恕"就成为互为条件、互相制约的关系，仅用"恕"不能知万物存在之具体殊相；仅用"忠"则不能疏通知远。只有"忠""恕"并举才能真真地知天地、懂他人、识万物。这种"忠恕"的可贵之处就在于出发点不再是"己"而是"彼"。学术史上对"忠恕"之理解是以己推人，太炎对"忠恕"之理解是以物为物，以人为人，将己暂时悬置。太炎批判荀墨之学云：

> 荀卿盖云："万物莫形而不见，莫见而不论，莫论而失位。"此谓用忠者矣。"坐于室而见四海，处于今而论久远，疏观万物而知其情，参稽治乱而通其度，经纬天地而材官万物，制割大理而宇宙里。"此谓用恕者矣。夫墨子者，辩以经说，主以天志，行以兼爱、尚同。天志、尚同之末，以众暴寡，惟尽恕，远忠也。荀卿虽解蔽，观其约束，举无以异于墨氏。①

在太炎看来，墨子以"天志""尚同""兼爱"为说，只知"恕"而不知"忠"，因此走向"以众暴寡"之专制；荀子表面上是既知"忠"也知"恕"，但将其一分为二，故其实也是只知"恕"而不知"忠"，因此其政治上也最终走向专制（"约束"）主义，"举无以异于墨氏"。那么真正既做到"推度"，又做到"周察"的是哪位哲人呢？在太炎看来，非庄子莫属：

> 体忠恕者，独有庄周《齐物》之篇，恢诡谲怪，道通为一。三子之乐蓬艾，虽唐尧不得更焉。此盖老聃之所流传，儒道所以不相牾牾，夫何掩昧良哉！《三朝记》小辩亦言忠恕。②

这里，太炎固没有将孔子之"忠恕"的继承者许以墨、荀，而且也没有将盛言"强恕"和"推恩"（分别见《梁惠王上》和《尽心上》）的孟子许以善体忠恕者，何以故？如前文所言，太炎这里对"忠"之定义已经看不出前人"尽中心""反己情"之解释，而是将前人颇多强调之己抽拔出去，正是因为庄学不以己作为"忠恕"推扩之本，才能意识到"恢诡谲怪，道通为一"。如以己去推扩，则万物必有"恢诡谲怪"之分；相反，以无己之精神体察万物，就会发现

---

① 《章太炎全集·检论》，上海人民出版社，2014，第 434 页。
② 《章太炎全集·检论》，上海人民出版社，2014，第 434 页。

万物皆有其自足之价值，大者不多余，小者无不足，蓬艾不为野蛮，唐尧不为贵高，此所谓"道通为一"。因此，太炎得出"体忠恕者，独有庄周《齐物》之篇"之结论。特别是，太炎还引不被古代学者所重视之《三朝记》引证庄子："'知忠必知中，知中必知恕，知恕必知外。内思毕心曰知中，中以应实曰知恕，内恕外度曰知外。'此言以忠恕为学，则无所不辩也。周以察物，疑其碎矣。物虽小别，非无会通。内思毕心者，由异而观其同也。"① 太炎以"由异而观其同"解释"内思毕心"，当是以虚灵不昧之心体让万物同异互见。总之，如果说传统学者对"忠恕"之理解更强调"同"，即己与人之共相，那么太炎对"忠恕"之理解更强调"异"，即己与人之"殊相"，意识到每一个存在者都是一个独异的个体，并周尽地理解他者，尊重他者。"忠"不是忠于己而是忠于彼，"恕"不是从我出发推其同而是从彼出发见其异，而庄子之"齐物"哲学正会归于此。

（二）"有己之忠恕"与"无己之忠恕"

可见，对己悬置而行"忠恕"这是太炎之解与前人之解的最大不同。如果说前人之"忠恕"是"有己之忠恕"，那么可以说庄子之"忠恕"是"无己之忠恕"。② 太炎在《检论·道本》篇重申其"忠恕"义：

> 最观儒释之论，其利物则有高下远迩，而老聃挟兼之。仲尼所谓忠恕，亦从是出也。夫不持灵台而爱其身，涤除玄览而贵其患，义不相害，道在并行矣。故庄周援引其文而颂之曰："尸居而龙见，渊默而雷声，神动而天随，从容无为而万物炊累焉。"③

这段文字，太炎认为后世儒家和佛家对物之观照或有高下亲疏之别，如儒家讲求爱有差等，亲亲之杀，尊尊之别；释迦有有情无情之判，六道高下之别。而老子则一视同仁，太炎看来这其实就是孔子忠恕之源头（太炎多次称孔子出于老

---

① 《章太炎全集·检论》，上海人民出版社，2014，第434页。
② 章太炎在《菿汉昌言》引《孔子世家》和《老子列传》，认为老子传授予孔子者主要就是"毋以有己"，"毋以由己，无我也"；另外章太炎《检论·道本》篇认为孔子之"忠恕"也来自老子。合参此两说可知章太炎所理解之"忠恕"为儒道之共法，故笔者称此种"忠恕"为"无己之忠恕"，以与传统"有己之忠恕"相区分。分别见《章太炎全集·菿汉昌言》，上海人民出版社，2015，第78页；《章太炎全集·检论》，上海人民出版社，2014，第434页。
③ 《章太炎全集·检论》，上海人民出版社，2014，第437页。

子）。老子之所以有这种哲学造境，乃是他能做到"不持灵台而爱其身，涤除玄览而贵其患"，"不持灵台"与"涤除玄览"都是对己之扬弃，而以虚灵不昧之心、无我之我来观照天下万物。太炎在解释《老子》第十三章"故贵以身为天下，若可寄天下；爱以身为天下，若可托天下"（《庄子·在宥》亦引）时云："谓贵用其身于为天下，爱用其身于为天下，所谓施身及国也。此则讼言贵也。诸言生死无变、哀乐不动乎胸中者，谓其至无贵爱其身，宝稀大患而不辞者，谓其供物之求。"① 《老子》原文颇有儒家推恩的味道，太炎则做出反常识之解释，认为老子之言是以"无我"（"施身及国""至无贵爱其身"）的精神来"供物之求"，这才是真正的"忠恕之道"，只有此道之发用流行才能实现《礼记·中庸》所言之"万物并育而不相害，道并行而不相悖"。太炎复引《庄子·天运》"容无为而万物炊累焉"来证明庄子正是老子此道之持护者。可见，在太炎看来，老、孔、庄三家"忠恕之道"了无二致，这种"忠恕"是"无己之忠恕"，与晋宋诸公"有己之忠恕"正好相反。太炎这种"忠恕"观在《菿汉微言》里再次被强调：

> 仲尼以一贯为道为学，贯之者何？只忠恕耳。诸言絜矩之道，言推己及人者，于恕则已尽矣。人食五谷，麋鹿食荐，即且甘带，鸱鸦嗜鼠，所好未必同也。虽同在人伦，所好高下，亦有种种殊异。徒知絜矩，谓以人之所好与之，不知适以所恶与之，是非至忠，焉能使人得职耶？尽忠恕者，是唯庄生能之，所云齐物即忠恕两举者也。二程不悟，乃云佛法厌弃己身，而以头目脑髓与人，是以己所不欲施人也。诚如是者，鲁养爰居，必以太牢九韶耶？以法施人，恕之事也；以财及无畏施人，忠之事也。②

此段文字是其思想中极吃紧之文字。太炎首先肯定孔子之"一贯之道"即"忠恕之道"。"推己及人""徒知絜矩"只是"恕"而不是"忠"，因为世界千差万别，万物所好未必尽同，即使同在人伦其所好亦有高下美丑之异。仅仅从己去推扩可能会导致"以人之所好与之，不知适以所恶与之"，我之所好可能即彼之所恶，因此，"推己及人""絜矩之道"并非周延而无懈可击的"忠恕之道"。

---

① 章太炎：《章太炎全集·检论》，上海人民出版社，2014，第 435 页。
② 此语见《菿汉微言》（民国 6 年，即 1917 年），《章太炎全集·菿汉微言》，上海人民出版社，2015，第 70—71 页；又见《在四川演说之五——说忠恕之道》（一九一七年十月至一九一八年十月），《章太炎全集·演讲集上》，上海人民出版社，2015，第 262 页。

在太炎看来,从己出发去推扩,絜矩只是"恕"而非"忠"。针对《荀子·非相》所言"圣人者,以己度者也,故以人度人,以情度情,以类度类,以说度功,以道观尽,古今一度也,类不悖,虽久同理",章太炎提出与之相反的观点,并给出"忠"之进一步解释:

> 顾凡事不可尽以理推。专用恕术,不知亲证,于事理多失矣。救此失者,其唯忠。忠者周至之谓,检验观察,必微以密,观其殊相,以得环中,斯为忠矣。今世学者亦有演绎、归纳二途,前者据理以事量,后者验事以成理。其术至今用之,而不悟孔子所言,何哉![①]

在太炎看来,荀子式之"推度"自有其不足,只是"恕"而没有"忠",并进而给出"忠"的几种内涵性特征:亲证—周至—观其殊相—以得环中。"亲证"即设身处地地想彼之所想,"周至"即让万物自在地、整全地呈现,"观其殊相"即观察其特殊性并尊重其特殊性,承认世界之多样性并体谅个体之差异性,"以得环中"出自《庄子·齐物论》"得其环中,以应无穷"和《庄子·则阳》"得其环中以随成"。"得其环中"正是庄子哲学认识论之最高造境,而"得其环中"必须以"吾丧我"之"无己"为前提,在太炎看来,庄子"得其环中"正是孔子所言之"忠",实则亦即"无己之忠"。《齐物论》之"吾丧我"是"忠","齐万物"是"恕",只有以"无我"之"忠"才能有成就天下万物之"恕",没有"忠"之"恕"可能会出现鲁君以养人之方式养爰居之笑话;没有"恕"之"忠"仅仅执着空言但不能真正以平等之眼光、以还其自身之方式来观照万物。职是之故,太炎称庄子之"齐物"为"忠恕两举"之道,"忠恕两举"即互为条件,彼此摄纳。太炎并借此批评二程,按程伊川曾以为佛法厌弃己身故以头目脑髓与人是"以己所不欲施人也",换言之,在程子看来佛法厌弃己身,因此也教导天下人厌弃己身,这种佛学精神有违"忠恕之道"。在太炎看来,佛法本来"无己",了悟生死实相,因此以"法"施人,并不是"推己及人"和"絜矩之道",而是让众生自由选择,随缘布施。是否涅槃了无定法,而是众生去自体自证,如人饮水冷暖自知,绝无外在之逼迫。同时,"非自出生死外,孰能无死?非自出生死

---

① 此语见《菿汉微言》(民国 6 年,即 1917 年),《章太炎全集·菿汉微言》,上海人民出版社,2015,第 70—71 页;又见《在四川演说之五——说忠恕之道》(一九一七年十月至一九一八年十月),《章太炎全集·演讲集上》,上海人民出版社,2015,第 262 页。

外，必不能抟入于生死中，又何自私之有"，① 由于大乘佛法能谛视缘起性空，万法唯识，因此以"无己"之精神施财予人并以无畏之精神救人，才是真正的济天下、赈生民之"忠事"，换言之，大乘佛学之出发点是"人"而不是"己"，因此是真正的"忠"。况且，"出世法中，哀愍众生，如护一子，舍头目脑髓以施人者，称菩萨行，而未尝责人必舍。责以必舍，便非哀愍。在世法中，有时不死节者，不齿于人，是乃责人以必舍也"。② 当然，太炎这种"忠恕"精神还有所谓"革命道德"之孑遗，但其以"无己"为庄、佛两种"忠恕之道"之共同点，可谓目光如炬。总之，在太炎先生看来，佛学和庄学的真精神才是孔子"忠恕之道"的真精神，这种忠恕精神与传统忠恕诠释学的最大区别即是否有己。前者近乎"一"与"多"之关系，后者则近乎"零"与"多"之关系，"有己之忠恕"或会适得其反，只有"无己之忠恕"才能保证方式与目的之统一。宋儒朱子曾云："天地是一个无心底忠恕，圣人是一个无为底忠恕，学者是一个著力底忠恕。"③ 庄子"齐物"哲学所体现之"忠恕"正是"无心底忠恕"或"无为底忠恕"，学者在"著力"于"忠恕"时需要时刻反思自己"著力"处会不会强加于人而违反"天地"和"圣人"之"忠恕"。

三 《齐物论释》与"忠恕之道"

大致说来，辛亥前后数年，章太炎之学经历先以法相学之"真如"解释庄子之"齐物"，再以庄子之"齐物"证孔子之"忠恕"的过程。从真如—齐物—忠恕与佛陀—庄子—孔子之思想历程来看，的确与其自况之"始则转俗成真，终则回真向俗"暗合。太炎以法相唯识学解庄，但其问题远不是传统庄学如何会通庄佛之问题，甚至也不是在一般意义上如严复一样，以所谓中国传统思想资源接应西方民主、自由、民权、进化、启蒙等主流价值之问题，毋宁说是对近代盛行的一系列西方主流价值之批判、消解、反思和补救。太炎在以佛解庄之前，对佛学特别是唯识学评价极高，认为法相学"理极不可更改"；④ 但他慢慢意识到以涅槃寂静为归趣的佛学自有其弱点，指出"若专用佛法去应世务，规划总有不

---

① 《章太炎全集·检论》，上海人民出版社，2014，第 462 页。
② 《章太炎全集·菿汉微言》，上海人民出版社，2015。
③ （宋）黎靖德编《朱子语类》，中华书局，1986，第 685 页。
④ 章太炎：《自述学术次第》，虞云国校点《菿汉三言》，上海书店出版社，2011，第 192 页。

周","方法论实在没有完成",① 即佛学没有给出具体之应世方法。故开始以庄学补充佛学,以庄学之"俗"补救佛学之"真",以庄子之"外王"补救佛学仅言"内圣"之欠缺,并因此认为《齐物论》为"内外之鸿宝",② 更提出"命世哲人,莫若庄氏"③ 这一振聋发聩之口号。太炎之所以如此推重庄子,乃是因为在他看来《齐物论》可以"衣养万物"(《齐物论释》),可以"经国"(《国故论衡·诸子学九篇》),可以赈救"人与人相食"(《齐物论释序》)之天下,而其保民治国救天下之术实则即"忠恕之道"。《齐物论释》四万余言,谈不上卷帙浩繁,但的确头绪繁复。本节只能围绕"忠恕之道"择其要而言之。

(一) 不齐而齐:真如—齐物—忠恕

如前文所言,章太炎对孔子"忠恕之道"的理解与前人之"一"—"多"关系相比更表现出"零"—"多"关系之特色。这个"零"大体基于佛学之"真如"和庄学"丧我"而构建,这个"多"即指佛学所谓"众生平等"与庄子之"万物一齐","真如"—"平等"、"丧我"—"齐物"、"无己"—"忠恕"此三对概念基本可以一一相印证。这里,章太炎特别突出并始终强调的是万物之"不齐",太炎指出:"(《齐物论》) 先说丧我,终明物化,排遣是非……因物付物,所以为齐。"④ 此处所谓"丧我"和"物化"都是"无己",在这种造境观照之下,因物付物,万物为齐,这种齐物不是像许行一样将万物划为一齐。太炎坚信"以分析名相始,以排遣名相终"⑤ 的法相学是科学,他之所以以法相学解庄,就是冀图在科学昌明之世让庄学变成"科学"。因此,《齐物论释》基本是在法相学"名相分析—名相排遣"这种既具方法论又具存在论特色的思辨中完成的。太炎认为世界一切皆阿赖耶识所变现,换言之,一切存在都不过是自心影现,俗情所见一切有情无情不过是相分与见分之交互作用,而见分与相分皆无自性,世人不悟,触相生心,执假为真,认虚为实,心体起灭,恒审思量,这最终成为个人不自在之源,也是人类苦难、国际倾轧之源。在太炎看来,庄子《齐物论》所言与法相学所言了无不同,"齐物本以观察名相,会之一心。名相

---

① 《章太炎全集·演讲集》(上),上海人民出版社,2015,第159页。
② 《章太炎全集·菿汉微言》,上海人民出版社,2015,第26页。
③ 《庄子解故序》,《章太炎全集·庄子解故》,上海人民出版社,2014,第149页。
④ 《章太炎全集·齐物论释定本》,上海人民出版社,2014,第73页。
⑤ 《章太炎全集·菿汉微言》,上海人民出版社,2014,第69页。

所依，则人我法我为其大地，是故先说丧我，而后名相可空"，① 是非本是名相，名相背后是法我二执，"吾丧我"既破我执，又破法执；法我皆破，则名相皆空；名相既空，则是非不起。唯当是非不起、名相皆空之时，方能"亲证一如，即无歧相"。灵台朗照之下，万物各以其本色涌现自身，再以是其所是、以物付物之方式平等地观照万物，成就他人，尊重异俗，这就是太炎《齐物论释》以"真如"证"齐物"，复以"齐物"证"忠恕"的内在思路。太炎在《齐物论释》中指出：

> 人与飞走，情用或殊，转验之人，蚔醢，古人以为至味，燔鼠，粤人以为上肴，易时异地，对之欲噬，亦不应说彼是野人，我有文化，以本无文野故。转复验之同时同地者，口之所适，则酸腐皆甘旨也，爱之所结，虽嫫母亦清扬也，此皆稠处恒人，所执两异，岂况仁义之端，是非之途，而能有定齐哉。但当其所宜，则知避就取舍而已。必谓尘性自然，物感同尔，则为一瞥直论，非复《齐物》之谈。若转以彼之所感，而责我之亦然，此亦曲士之见。是故高言平等，还顺俗情，所以异乎反人为实，胜人为名者也。②

此段文字中，太炎以异时异味、异地异俗、酸腐随人、美丑不定等一系列事例证明人类存在的丰富性、差异性和多样性，这其中不应有文野、高下、美丑之分。"若转以彼之所感，而责我之亦然"，这里隐隐有与孟子所言"口之于味也，有同嗜焉；耳之于声也，有同听焉；目之于色也，有同美焉"（《告子章句上》）相颉颃之意。如果说孟子以众人之同为基础证成其"推恩""强恕"之可能性及其"絜矩之道"，那么可以说庄子正是以众人之异为基础证成庄子式之"忠恕之道"。孟子之"推恩""强恕"并非没有意义，只是这种"推恩"或"强恕"始终不能成为绝对原则，而时刻需要批判性地、反思性地理解，庄子式之"忠恕"正可谓对其提供了一种反思和批判。如前文所言，太炎强调"忠者周至之谓"，"忠"是"得其环中"，此即认为真正的忠恕应该是周至地、整全地理解他者之存在，并给予理解、尊重或裁辅，而不是以我之所感而责彼之当然。总之，《齐物论释》正是以法相学之"泯绝人法，兼空见相"这种"真如"之学为庄子基于"吾丧我"之"齐物之境"提供进一步之哲学支撑，这种"齐物"始终强调的是

---

① 《章太炎全集·齐物论释定本》，上海人民出版社，2014，第 78 页。
② 《章太炎全集·齐物论释定本》，上海人民出版社，2014，第 122—123 页。

"不齐而齐"。太炎云:"齐其不齐,下士之鄙执;不齐而齐,上哲之玄谈。"① 在他看来,以"不齐而齐"之方式尊重差别、观照殊相正是孔子"忠恕之道"之真精神。《齐物论释》在理论上会通真如(佛)—齐物(庄)—忠恕(孔)之同时,更展开了一系列直面人间世的反思与批评,而太炎作《齐物论释》之主要用意正在于斯。

(二)"忠恕"与近代政治之自由与平等

章太炎曾批评严复将中学与西学进行盲目地比附是"知总相而不知别相",②因此他没有直接以庄子之"逍遥"与"齐物"去格义近代视域中的自由与平等,而是首先给予严格区分。太炎云:"(《庄子》)维纲所寄,其唯《逍遥》《齐物》二篇,则非世俗所云自在平等也。体非形器,故自在而无对;理绝名言,故平等而咸适。"③ 太炎所谓逍遥、齐物不是世俗所云自在与平等,这个"世俗所云"即发轫于泰西、西学东渐而来的西方近代政治哲学之自由与平等。太炎自觉地区分近代意义上的自由平等与中国古典式之"逍遥"与"齐物"二者不仅是不同层面之问题,而且其本质亦大不同。④ 但这绝不意味着庄子《齐物论》与近代自由平等无关,就《齐物论释》以及太炎其他相关论著来看,太炎对"齐物"与近代自由平等之关系的考察主要有二:其一,人与人之间的自由与平等如何可能;其二,政府如何保证公民之自由与平等。此两问题皆与其抉发的庄子"忠恕之道"有关。

就民与民而言,太炎认为近人所谓自由是在人与人之关系中发生的,"我不应侵犯人底自由,人亦不应侵犯我底自由",⑤ 这种理解应该说是非常中肯的,自由的本质实则即人与人之"权界"。那么如何保证这种自由真正在人与人之间实现,西方哲学家认为要靠法律、民约甚至要靠强大的"利维坦",但在太炎看来,这些虽不可否认,但毕竟有所不足。在他看来,人类古今种种不平等、不自由首先不是由于法律不足,也不是没有民约政府,甚至也不是缺乏儒家之仁义和墨者之兼爱,那么问题究竟是什么?太炎指出:"若其情存彼此,智有是非,虽复泛爱兼利,人我毕足,封畛已分,乃奚齐之有哉?"⑥ 在他看来,"情存彼此"

---

① 《章太炎全集·齐物论释定本》,上海人民出版社,2014,第73页。
② 《章太炎全集·菿汉微言》,上海人民出版社,2014,第48页。
③ 《章太炎全集·齐物论释》,上海人民出版社,2014,第3页。
④ 章太炎:《国学概论》,中华书局,2007,第37—38页。
⑤ 章太炎:《国学概论》,中华书局,2007,第37—38页。
⑥ 《章太炎全集·齐物论释定本》,上海人民出版社,2014,第73页。

"智有是非"这是人类一切不自由、不平等之根源。每一个人心中都横亘着一个"毕足""封畛"的我，"苟各有心，拂其条教，虽践尸喋血，犹曰秉之天讨也"，①有我就有我之私利私欲，这样不期而然地导致人类种种不自由、不平等。人人有我，就不能设身处地地为他人着想，也不能真正地尊重别人的权利、利益甚至尊严，换言之，有我就不能践行真正的"忠恕之道"，故要想实现真正的自由平等必须首破我执。太炎曾以母子关系为例，母亲爱子，能做到"无我"者多，子之爱母，能做到"无我"者少，故"世间之慈母恒多，而孝子恒少"，因此得出结论："然则能证无我，而世间始有平等之大慈矣。"②"能证无我"即行"无己之忠恕"，人只有体证无我才能做到"一切以利益众生为念"。③ 如此，互相尊重，时刻体谅，才能实现普遍之自由与平等。总之，"无我"意味着对自我权利的自觉划界和对他者权利的尊重。在太炎看来，人只有时时在反省和反思的内照中才能保证不对他者的自由造成威胁，也才能不侵害他者的权益。可见，基于庄、佛、孔所会通的"忠恕之道"对近代政治之自由、平等实有遮拨和补救之功。

就政府与民之间而言，太炎指出："以道莅天下者，贵乎微眇玄深，不排异己。不知其说而提倡一类之学，鼓舞泰盛，虽善道亦滋败。李斯之法律，平津之经术，西晋之老庄，晚明之王学，是已！……且以琴瑟专一，失其调均，亦未有不立毙者。"④ 鼓琴不能调一宫，为政不能排异己，治国不可定一尊，为一言堂一类学者，必滋其败，这实则就是忠恕之道。章太炎作《齐物论释》时已经摆脱前些年作《五无论》时的无政府主义思想而成为一个理性的民约论者，但其对政府对民人之钳制和压迫始终保持着极高的警惕。太炎在《齐物论释》中云："有君为不得已，故其极于无王，有圣或以利盗，故廓然未尝立圣。"⑤ 在太炎看来，庄子"非圣""无王"等并非意味着他是一个无政府主义者，相反，他在以这种极端的言说方式来消解政府或人君的权力，最好的政府是权力最小的政府。只有将政府的权力限制到最小，才能保证民人的权利不被侵犯，如此民人的自由才能实现。这就需要政府或人君践行真正的"忠恕之道"，章太炎也称之为"内圣外王"之道："（庄子）特别志愿本在内圣外王，哀生民之无拯，念刑政之苛

---

① 《章太炎全集·齐物论释定本》，上海人民出版社，2014，第 73 页。
② 章太炎：《人无我论》，《章太炎全集·太炎文录初编》，上海人民出版社，2014，第 450 页。
③ 章太炎：《建立宗教论》，《章太炎全集·太炎文录初编》，上海人民出版社，2014，第 437 页。
④ 《章太炎全集·莉汉微言》，上海人民出版社，2014，第 67 页。
⑤ 《章太炎全集·齐物论释定本》，上海人民出版社，2014，第 76 页。

残，必令世无工宰，见无文野，人各自主之谓王，智无留碍然后圣，自非顺时利见，示现白衣，何能果此愿哉。"① 在太炎看来生民之苦难莫不归罪于政府与人君，而政府或人君之所以给民人带来苦难是因为他们莫不以"工宰"自居。"工宰"取自《荀子·正名》："心也者，道之工宰也。"杨倞注："工能成物，宰能主物，心之于道亦然也。"② "工宰"与"真宰"相反，这里隐喻无道之人君以一己之心为主宰而凌驾于万民之上，"绳墨所出，较然有量，工宰之用，依乎巫师"，③ 唯以有我故，不能体贴民心、听取民声，不能尊重民人之个性和差异，此即有违庄子因"无我"而以"齐物"治国的理想方式，当然实则也有违"因物付物"的"忠恕之道"。因此，太炎指出："言兵莫如《孙子兵法》，经国莫如《齐物论》。"④ 这里所谓以"齐物经国"即以"忠恕之道"治国，"庄周明老聃意，而和之以齐物，推万类之异情，以为无正味、正色，以其相伐，使并行而不害"。⑤ 这种"忠恕之道"实则是对君权或政府权力的最大消解，让政府还民自由，平等观照，尊重个性，不排异端。太炎云"《齐物》以百姓心为心"，这难道不是对"忠恕之道"的最好注脚吗！可见，章太炎在这里将佛学—庄学—儒学—近代自由主义进行了很好的总结，其核心就是"忠恕之道"。

（三）忠恕观照下之民族独立与文化多元

王汎森先生指出章太炎"齐物哲学"的主要思想之一即"不行絜矩之道"，因为"太炎早已从人类惨痛的历史经验中看出这种希望别人跟我一样好的'善意'所造成的大灾难"。⑥ 这种评骘很有见地，不过这种"人类惨痛"不仅是历史经验，更是当时之经验。在章太炎看来，近代乱世正是庄子曾预言的"人吃人"之世，庄子哲学本身就是救世之学，那么时下弘扬庄学可谓正当其时。太炎进而认为，造成近代大国倾轧小国、文化沙文主义泛滥的原因之一即"忠恕之道"之缺失。把"人食人"之社会与"忠恕"之缺失联系起来，似乎有些牵强。不过，太炎有自己独特的观察和视角。一些别有用心的独裁者以公理、文明、进

---

① 《章太炎全集·齐物论释定本》，上海人民出版社，2014，第141页。
② （清）王先谦：《荀子集释》，沈啸寰、王星贤点校，中华书局，1988，第423页。
③ 《章太炎全集·齐物论释定本》，上海人民出版社，2014，第73页。
④ 章太炎：《诸子学九篇·原学》，《国故论衡》，上海古籍出版社，2003，第102页。
⑤ 章太炎：《国故论衡》，上海古籍出版社，2003，第115页。
⑥ 王汎森：《章太炎的思想（1868—1919）及其对儒学传统的冲击》，台北，时报文化出版事业有限公司，1985，第162页。

化等名义及以"推己及人"之"善意"而行侵略褫夺之实,而庄学之"忠恕之道"正可揭露其丑恶而"破其隐匿"。

19 世纪中后期的东西方世界,社会达尔文主义、蒲鲁东主义、黑格尔主义盛极一时,宣扬种族优劣的大国沙文主义泛滥。在太炎看来,海格尔(黑格尔)的"理性发展论"、达尔文的"生物进化论"和斯宾塞的"社会进化论"三者是互为表里、互相支撑的进化论。① 如斯宾塞将达尔文的自然进化论引入社会国家理论中,认为进步民族征服野蛮民族符合"自然法";黑格尔哲学也认为,优秀民族也就是说日耳曼民族是"绝对精神"的象征,德意志国家是当时世界历史发展的"担当者"。因此,太炎意识到近代以来的强权政治理论归本于黑格尔:"原其立论,实本于海格尔氏,以力代神,以论理代实,采色有殊,而质地无改。……名为使人自由,其实一切不自由。"② 无论是斯宾塞的"社会达尔文主义"还是黑格尔的"种族主义"都认为,"优秀民族"征服"落后民族"、"文明文化"征服"野蛮文化"是合乎目的的、正当的甚至合乎"理性精神"和"自然法"。但在太炎看来,所谓的"文明民族"以"文明""公理"为名去倾轧吞噬他们所谓的"野蛮国家",恰恰是没有行"忠恕之道"。他们"高自标持",以己度人,没有尊重他者和异者,将民族文明之间的差异性和丰富性视为优与劣、高与下,甚至是文明与野蛮之对立,此匪夷所思。太炎认为庄子的齐物哲学正可批判或消解这些荒谬之说。庄子的齐物哲学与黑格尔的"事事皆合理"在形式上有些类似,但前者因不同而任其不同,后者强调这种不同是绝对精神的不同开显,然则通过进化,由异趋同,因此二者根柢又"绝远"。③ 在太炎看来,尊重差别、提倡个性的庄子齐物哲学与当时所谓追求普适价值的公理和以进化为名而行灭国之举者是两种完全不同的哲学,因此他黜"公理"而尚"齐物"。④ 当"公理"和"进化"成为强权侵略之口实时,庄子哲学的价值愈发凸显出来。

庄子哲学的可贵之处就在于,他以"无我"的"忠恕之道"来谛视各种文明、文化、种族之间的差异和殊相,以"不齐"而见"齐",提倡互相尊重,互相体谅,平等对话,文野共存。太炎于《齐物论》三千余字中最推重"尧伐三子"章,在他看来此章正揭橥这种"文野平等"之精神。他在《齐物论释·释

---

① 章太炎:《俱分进化论》,《章太炎全集·太炎文录初编》,上海人民出版社,2014,第 404—405 页。
② 章太炎:《四惑论》,《章太炎全集·太炎文录初编》,上海人民出版社,2014,第 470—471 页。
③ 章太炎:《四惑论》,《章太炎全集·太炎文录初编》,上海人民出版社,2014,第 475 页。
④ 章太炎:《四惑论》,《章太炎全集·太炎文录初编》,上海人民出版社,2014,第 470 页。

篇题》中云:

> (《齐物论》）终举世法差违，俗有都野。野者自安其陋，都者得意于娴，两不相伤，乃为平等。小智自私，横欲以己之娴，夺人之陋，杀人劫贿，行若封豨，而反崇饰徽音，辞有枝叶。斯所以设尧伐三子之问。下观晚世，如应斯言。使夫饕餮得以逞志者，非圣智尚文之辩，孰为之哉！①

太炎在"尧伐三子"章下复云:

> 原夫《齐物》之用，将以内存寂照，外利有情。世情不齐，文野异尚，亦各安其惯例，无所慕往。飨海鸟以大牢，乐斥鷃以钟鼓，适令颠连取毙，斯亦众情之所恒知。然志存兼并者，外辞蚕食之名，而方寄言高义，若云使彼野人获与文化，斯则文野不齐之见，为桀跖之嚆矢明矣。②

太炎认为，庄子之学能"内存寂照，外利有情"，"齐物"的题中之义即是对差异的尊重，对弱势群体、少数群体甚至是"野蛮民族"都要等而视之，这就是所谓"齐物者，一往平等之谈也"。"世情不齐，文野异尚。"他征引《庄子·至乐》"鲁侯养鸟"的典故，养鸟就应该放之山林，若供养于坛庙，就会适得其反。若以该则寓言言之，宗、脍、胥敖虽处于蒙昧状态，但在舜看来，即使如此，也不应该以文明、开化、仁义等高义去征伐他们。一些国家以"使彼野人获与文化"为名，蚕食弱国，不仅得兼并之实，且得高义之名，一方面，使一切侵略、屠杀、劫掠皆名正言顺；另一方面，在事实上却是大道凌迟，国破家亡。因此，太炎指出："文野不齐之见，为桀跖之嚆矢。"这大概即在影射社会达尔文主义和黑格尔主义的理论（"文野不齐之见"）。在他们看来，文明民族高于野蛮民族，因此文明之国有理由去征服野蛮之邦，"使彼野人获与文化"，征服者师出有名，因此"文野不齐之见"是"桀跖之嚆矢"。特别是，中国历史上著名的"葛伯仇饷"事件，为儒者所津津乐道。孟子虽然反对战争（"善战者服上刑"），但承认商汤以"放而不祀"为理由消灭葛国是正当行为，事见《孟子·滕文公下》。章太炎评骘云:

---

① 《章太炎全集·齐物论释定本》，上海人民出版社，2014，第76页。
② 《章太炎全集·齐物论释定本》，上海人民出版社，2014，第118页。

孟子以善战服上刑，及举葛伯仇饷之事，方云非富天下。尚考成汤伊尹之谋，盖借宗教以夷人国，诚知牛羊御米，非邦郡所难供，放而不祀，非比邻所得问，故陈调讽，待其卫言，而乃遣众往耕，使之疑怖，童子已戮，得以复仇为名。今之伐国取邑者，所在皆是，以彼大儒，尚复蒙其眩惑，反观庄生，则虽文明灭国，犹能破其隐匿也。①

所谓"国之大事，在祀与戎"（《国语》），"祭祀"是当时主流文明之传统，但葛国似乎并没有这种祭祀传统。太炎曾指出："风纪万殊，政教各异，彼此拟议，率皆形外之言，虽其地望可周，省俗终不悉也。"② 因此这里提出"放而不祀，非比邻所得问"，即祀与不祀是一国之内政，邻国无权过问，但商汤为铲除其征服天下之羁绊，因此以"放而不祀"为理由而夷灭葛国。在孟子看来，商汤征伐葛国不是为征服天下，而是为民众复仇，即所谓"推恩"，因此当时有"东面而征西夷怨；南面而征北狄怨"的说法，似乎是天下诸侯、四夷都盼着商汤前来征服，"若大旱之望雨也"（《孟子·滕文公下》）。

以"有己之忠恕"推扩，祭祀为文明之行，"我们"将祭祀视为"国之大事"，你葛伯如何"放而不祀"，如此自甘野蛮，故杀之不赦，灭国有理；相反，若以"无己之忠恕"推扩，"我们"固然以祭祀为文明，彼葛伯"放而不祀"亦非野蛮，人家有人家之传统和风俗，"我们"岂能干涉之，更遑论杀伐之。在章太炎看来，汤灭葛伯并未给出实质理由，仅仅以"放而不祀"就夷灭人国是古代版的"文明灭国"。如果这种历史记载为真，那么正好可以检讨传统将"忠恕之道"诠释为"以己及人""以己推彼""絜矩之道"之有限性或危险性，如章太炎云："小智自私横欲，以己之娴，夺人之陋，杀人劫贿，行若封豨。"这是"有己之忠恕"③ 可能蕴含的恶果，而庄子式之"无己之忠恕"大可补充其不足或者矫正其所潜含的种种弊端，让"推己及人"者真正做到"无己之忠恕"，以防患于未然。

结　语

笔者将传统儒学史上对孔子之"忠恕之道"的诠释称为"有己之忠恕"，主

---

① 《章太炎全集·齐物论释定本》，上海人民出版社，2014，第 118 页。
② 《章太炎全集·齐物论释定本》，上海人民出版社，2014，第 76 页。
③ 《章太炎全集·齐物论释定本》，上海人民出版社，2014，第 76 页。

要以推己及彼、忖我度物之诠释大义为主线。这种诠释始终以己为推扩之出发点，晋人宋人、宋学汉学大同小异，并以此开出儒者津津乐道的"絜矩之道"。这种理论本身可能并没有错，至少诠释者本人并未意识到其所可能潜含的种种歧解。但事实上，如果将这种"忠恕"变成一种绝对原则，则可能会产生始料未及的后果，比如强人合己、以己方物，甚至还会产生成汤灭葛或黑格尔主义之"文明灭国"那样的不义之举。或许正是意识到此种种不足，章太炎认为庄子之"齐物"才是真正的"忠恕之道"。由于庄子"齐物"的前提是"吾丧我"，因此，笔者将庄子式之"忠恕"称为"无己之忠恕"。与"有己之忠恕"相比，后者更强调以虚灵不昧之心去"周至"地体认他者，尊重他者，还原他者，亦所谓"操齐物以解纷，明天倪以为量"，[1] 而不是强以彼合己或将己强推于人，孔子不是也有"绝四"的箴言吗？应该说，"无己之忠恕"既在根源上杜绝了强人合己之可能性，同时本身也蕴含着"以己及人"的推恩原则。换言之，后者不能构成对前者的否定，而是在内容上摄纳前者的同时堵其缺漏，从而成为一种更周延的"忠恕之道"。至少，庄子式之"无我之忠恕"为传统"有我之忠恕"提供了一种反思性和批判性参照，当我们在推己及人、自命絜矩、"举斯心而加诸彼"（《孟子·梁惠王上》）之时首先需要反思：己之需、己之好、己之絜矩、己之心是真的彼之需、彼之好、彼之范式、彼之心吗？如果不是，这种"推恩"就要三思而行，《论语》不是有"我不欲人之加诸我也"之拳拳忠告吗？更何况曾子以"己所不欲，勿施于人"解夫子之"忠恕"向来被学界称为圣人之心印秘传。故可以说，庄子"无己之忠恕"不仅没有否定"推己及人"之可能性，而且给"己所不欲，勿施于人"提供了内在的逻辑支撑，因此章太炎说《齐物论》为"忠恕两举"之道，良有以也。另外，就学术史而言，"忠恕之道"作为孔子之重要思想，应该说庄子《齐物论》"不齐而齐"之思想的确是对其的一种遥契。太炎正是抓住此核心而会通庄孔，这并不是像宋儒那样名相附会，而是内在地发现其一致性，故其声称"以庄证孔"亦洵非虚说也。

---

① 《章太炎全集·菿汉微言》，上海人民出版社，2015，第70页。

"老庄"并列的创始意义

安徽大学　陈广忠[*]

摘　要：黄老学派影响战国、秦汉 160 多年。《淮南子》首先将"老庄"并列，使黄帝退位，确立了中国道家的正统学派地位，对中国和世界的思想文化产生了极其深远的影响。

关键词："老庄"　学派　创新

《淮南子·要略》第一次把"老庄"并列，彻底结束了从战国稷下到西汉初期黄老学派 160 多年沿袭的历史；剔除了老子学派的其他授业者与传承者，而将战国庄子确立为正宗继承人，开创了中国道家学派的先河，在中国和世界的思想文化史上产生了巨大而深远的影响。

一　老、庄单列时期

1. 老子的单列

老子生活于春秋晚期，至西汉前期的汉武帝建元二年（前 139），400 多年，为老子的单列时期。老子学派的传承，可以分为以下三个时期。

（1）老子学派的早期传播

从春秋晚期到战国前期，主要有 12 人。

弟子类，有柏矩、庚桑楚、阳子居、文子、蜎子等。《庄子·则阳》："柏矩学于老聃。"《经典释文》："柏矩，有道之人。"《庄子·庚桑楚》："老聃之役，有庚桑楚者，偏得老聃之道。"司马彪曰："役，学徒弟子也。"《庄子·应帝王》："阳子居见老聃。"又，《寓言》："老子中道仰天而叹曰：'始以汝为可教，

　＊　陈广忠，安徽大学文学院教授，主要研究方向为古代文学、汉语史、古典文献学。

今不可也。'"《汉书·艺文志》："《文子》九篇。注：老子弟子，与孔子同时。"《汉书·艺文志》："《蜎子》十三篇，名渊，楚人，老子弟子。"

问学者，有崔瞿、士成绮、孔子、南荣趎等人。《庄子·在宥》："崔瞿问于老聃。"《庄子·天道》："士成绮见老子而问。"《庄子·天运》："孔子行年五十有一，而不闻道，乃南之沛，见老聃。"《庄子·庚桑楚》："南荣趎赢粮，七日七夜至老子之所。"

传播者，有尹喜、列御寇等人。《史记·老子韩非列传》："至关，关令尹喜曰：'子将隐矣，强为我著书。'于是老子乃著书上下篇，言道德之意五千余言而去。"《汉书·艺文志》："《关尹子》九篇。注：名喜，为关吏。老子过关，喜去吏而从之。"《汉书·艺文志》："《列子》八篇。注：名圄寇，先庄子，庄子称之。"

（2）战国稷下黄老学派

主要有田骈、慎到、接子、环渊四人。特点是援"黄"入"老"，黄、老并列。《史记·孟子荀卿列传》："慎到，赵人。田骈、接子，齐人。环渊，楚人，皆学黄老道德之术，因发明序其指意。"慎到，《汉书·艺文志》归"法家"："《慎子》四十二篇。注：名到，先申、韩，申、韩称之。"田骈，《汉书·艺文志》归"道家"："《田子》二十五篇。注：名骈，齐人，游稷下，号天口骈。"接子，《史记·正义》："齐人。《艺文志》云：《接子》二篇。在道家流。"环渊，《史记·正义》："楚人。《孟子传》云：环渊著书上下篇也。"

（3）战国申、韩刑名法术之学

主要有申不害、韩非子两人。特点是援"老"入"法"。《史记·老子韩非列传》："申子之学，本于黄老而主刑名。著书二篇，号曰《申子》。""韩非者，韩之诸公子也。喜刑名法术之学，而其归本于黄老。"韩非写有《解老》《喻老》，是战国最早解读《老子》的著作。

2. 庄子的单列

庄子和庄子学派。庄子的弟子有"蔺且"。《庄子·山木》："庄周反入，三月不庭。蔺且从而问之：'夫子何为顷间甚不庭乎？'"《山木》记载了弟子的活动："夫子出于山，舍于故人之家。明日，弟子问于庄子曰。……先生将何处？……悲夫！弟子志之。"弟子称庄子为"夫子""先生"。《列御寇》："庄子将死，弟子欲厚葬之。"可知庄子有授业弟子。朱熹在《朱子语类》卷一百二十五中说："庄子当时也无人宗之，他只在僻处自说。"朱熹"无人宗之""僻处自说"的看法，是不准确的。《庄子》的部分篇章，比如《列御寇》，可能出自弟子之手，这里得到了印证。

庄子自立门派:《庄子·天下》中罗列了"邹鲁之士"(儒家)、"墨翟禽滑釐"、"宋钘尹文"、"彭蒙田骈慎到"、"关尹老聃"、"庄周"、"惠施桓团公孙龙"七派。庄周自立一派,可以称作顺应自然派,或者叫作"天人合一"派。这派只有庄子一人,未免有些孤独。《庄子·天下》中说:"芴漠无形,变化无常,死与?生与?天地并与?神明往与?芒乎何之?忽乎何适?万物毕罗,莫足以归。古之道术有在于是者,庄周闻其风而悦之。"

战国时期,诸子中唯一评价庄子的,是儒学的集大成者荀子。《荀子·解蔽》中说:"庄子蔽于天而不知人。"(唐)杨倞注:"天,谓无为自然之道。庄子但推治乱于天,而不知在人也。"荀子的意思是:庄子被天道自然所遮蔽,而不知道人的能动作用。荀子对庄子的长处和缺陷,表述得非常清楚。

二　老、庄并列时期

(1)刘安首次援"庄"入"老"

淮南王刘安所著《淮南子》,高屋建瓴,考镜源流,第一次把春秋《老子》、战国《庄子》并列在一起,并使其成为中国道家的两大源头,开创了中国学术文化的新纪元。《老》《庄》并列,此时距离老子约 460 年,距庄子约 150 年。

《淮南子·要略》中说:"《道应》者,揽掇遂事之踪,追观往古之迹,察祸福利害之反,考验乎老庄之术,而以合得失之势者也。"

《淮南子》提出老、庄并列的理论依据是什么?

淮南王刘安精研《庄子》,阐发义理,撰成《庄子略要》《庄子后解》两部专著。在汉代 426 年的历史上,这是绝无仅有的。

第一部《庄子略要》。(梁)萧统编《文选》中之谢灵运《入华子冈是麻源第三谷》、任彦升《齐竟陵文宣王行状》等李善注引淮南王《庄子略要》中记载:"江海之士,山谷之人,轻天下,细万物,而独往者也。"宋代黄希原本、黄鹤补注《补注杜诗》注,也作《庄子要略》。

第二部《庄子后解》。《文选》中之张景阳《七命》李善注引淮南王《庄子后解》说:"庚市子,圣人无欲者也。人有争财相斗者,庚市子毁玉于其间而斗者止。"宋代王应麟《困学纪闻》卷十引作"庚市子肩"。这两部著作,唐宋学者还在引用,宋代以后便失传了。

此外,《庄子》的理念也融入了《淮南子》之中。《淮南子》文本和东汉许慎、高诱《淮南子》注,明引和大量暗引了《庄子》。

明引《庄子》的文句,有一条。《淮南子·道应训》:"故《庄子》曰:'小人不及大人,小知不及大知;朝菌不知晦朔,蟪蛄不知春秋。'"《庄子·逍遥游》中二句是:"小知不及大知,小年不及大年。""小人"句与"小年"句不同,不知哪家版本为先。

暗引、化用《庄子》的文句,约有数十条。比如《庄子·刻意》:"吹呴呼吸,吐故纳新,熊经鸟伸,为寿而已。此导引之士,养形之人,彭祖寿考者之所好也。"而《淮南子·精神训》将《庄子》中之两种导引动作增加为六种:"若吹呴呼吸,吐故纳新,熊经鸟伸,凫浴猿躩,鸱视虎顾,是养形之人也,不以滑心。"

更值得称赞的是,《淮南子》中保留了《庄子》的部分逸文。比如,宋吴淑撰《事类赋》卷八引《庄子》逸文:"老槐生火,久血为磷,人弗怪也。"注:"磷,野火也。"而《淮南子·氾论训》中说:"老槐生火,久血为磷,人弗怪也。"完全与《庄子》相同。由此也可知,《汉书·艺文志》载道家有"《庄子》五十二篇",而(晋)郭象本《庄子》仅存"三十三篇",肯定有大量《庄子》原文被删除。

(2)《史记》把老、庄入"传",确立了道家的传承地位

距刘安献《淮南子》(汉武帝建元二年,即前139年)约20年,司马谈作《论六家要旨》。再过约20年,司马迁写下《史记·老子韩非列传》:

> 老子者,楚苦县厉乡曲仁里人也,姓李氏,名耳,字聃,周守藏室之史也……老子修道德,其学以自隐无名为务。居周久之,见周之衰,乃遂去。至关,关令尹喜曰:"子将隐矣,强为我著书。"于是老子乃著书上下篇,言道德之意五千余言而去,莫知其所终……世之学老子者则绌儒学,儒学亦绌老子。道不同不相为谋,岂谓是邪?李耳无为自化,清静自正。
>
> 庄子者,蒙人也,名周。周尝为蒙漆园吏,与梁惠王、齐宣王同时。其学无所不窥,然其要本归于老子之言。故其著书十余万言,大抵率寓言也。作《渔父》、《盗跖》、《胠箧》,以诋訾孔子之徒,以明老子之术。《畏累虚》、《亢桑子》之属,皆空语无事实。

司马迁紧扣《庄子》"其要本归于老子之言","以明老子之术",肯定了庄子为老子学术思想继承人的地位,其观点同《淮南子·要略》将老、庄并列,

完全一致。

三 老、庄并列的历史意义

1. 开创了中国道家学派

西汉司马谈（约前 165—前 110）《论六家要旨》，特别推崇"道家"：

> 道家使人精神专一，动合无形，赡足万物。其为术也，因阴阳之大顺，采儒墨之善，撮名法之要，与时迁移，应物变化，立俗施事，无所不宜，指约而易操，事少而功多。

到了东汉，距刘安献《淮南子》约 80 多年，班固（32—92）撰《汉书·艺文志·诸子略》，对道家的源头、宗旨、价值、特点、弊端等做了阐述：

> 道家者流，盖出于史官，历记成败存亡祸福古今之道，然后知秉要执本，清虚以自守，卑弱以自持，此君人南面之术也，合于尧之克攘，《易》之嗛嗛，一谦而四益，此其所长也。及放者为之，则欲绝去礼学，兼弃仁义，曰独任清虚可以为治。

《汉书·艺文志》收"道三十六家，九百九十三篇"。其中《老子》类有四家，《庄子》五十二篇。注："名周，宋人。"

《隋书·经籍志·诸子略》收"道家"78 部 525 卷。亦《老子》18 部，《庄子》21 部。亦有梁简文帝（503—551）撰《庄子讲疏》10 卷，首开当朝皇帝注《庄子》的先河。

《旧唐书·经籍志》收"道家"125 部。其中《老子》61 家，《庄子》17 家。

魏晋时代，玄学兴起，为《庄子》《老子》研究开创了新的局面，代表人物有何晏、王弼、阮籍、稽康、向秀、郭象等。《颜氏家训·勉学》："洎于梁世，兹风复阐。《庄》《老》《周易》，总谓三玄。"《晋书·列传第十三》："魏正始中，何晏、王弼等祖述老庄，立论以为天地万物，皆以无为为本无也。"《晋书·阮籍传》："阮籍博览群籍，犹好《庄》《老》。"著有《通老论》《达庄论》等。《晋书·稽康传》："稽康学不师受，博览无不该通，长好《老》《庄》。"《与山巨源绝交书》:"老子、庄周,吾之师也!"《幽愤诗》:"托好《庄》《老》,贱物贵身,志在守朴,养素全真。"《晋书·向秀传》:"向秀,清悟有远识,雅好老庄之学。庄周著内外数十篇,历世才士虽有观者,莫适论其旨统也,秀乃为之隐解,发明奇趣,振起玄风,读之者超然心悟,莫不自足一时也。"《经典释文》:"(《庄子》)向秀注二十卷,二十六篇。"《晋书·郭象传》:"郭象,少有才理,好《老》《庄》,能清言。"《经典释文》:"(《庄子》)郭象注三十卷,三十三篇。注:内篇七,外篇十五,杂篇十一。为音三卷。"这是传世最早之《庄子》注本。

唐代重玄学盛行。"重玄"来自《老子》第一章:"此两者同出,异名同谓。玄之又玄,众妙之门。"(马王堆帛书本)"重玄"是隋唐之际形成的道家哲学体系。上承魏晋玄学,下启宋明理学。唐初道教学者成玄英《道德经义疏》:"宜以重玄为宗。"《庄子序》:"夫《庄子》者,所以申道德之深根,述重玄之妙旨,畅无为之恬淡,明独化之冥;钳键九流,括囊百家,谅区中之至教,实象外之微言者也。"《新唐书·艺文志》:"道士成玄英注《老子道德经》二卷,又《开题序诀义疏》七卷。注《庄子》三十卷,《疏》十二卷。"成玄英成为唐代有影响的道教学者。

宋初道学兴起。《宋史·逸隐上·陈抟》:"陈抟,字图南,亳州真源人。抟好读《易》,手不释卷。常自号扶摇子,著《指玄篇》八十一章,言导养及还丹之事。"与高人孙君仿、獐皮处士交游,陈抟"相与谈《易》与老庄,至七日夜不辍"(《仙籍总龟》)。这位118岁的长寿仙翁,刻《无极图》于华山石壁,著有《太极图》《先天图》。宋朱震《汉上易传》:"陈抟以先天图传种放,三传至邵雍。"《宋史·道学一》载:"周敦颐,著《太极图》,明天理之根源,究万物之终始……又著《通书》四十篇,发明太极之蕴。"而周敦颐的《太极图》,《汉上易传》载:"抟以《先天图》传种放,更三传而至邵雍。放以《河图》、《洛书》传李溉,更三传而至刘牧。穆修以《太极图》传周敦颐,再传至程颢、程颐。厥后雍得之以著《皇极经世》,牧得之以著《易数钩隐图》,敦颐得之以著《太极图说》、《通书》,颐得之以述《易传》。"可知北宋道学家的《先天图》《太极图》,来自高道陈抟。

"太极"一词,来源于《庄子·大宗师》:"在太极之先而不为高,在六极之下而不为深。"而后《周易·系辞上》:"易有太极,是生两仪。两仪生四象,四相生八卦。"可知《庄子》《周易》互见。

2. "老庄"影响古代治政

文景之治。从汉高祖五年(前202年)刘邦即皇帝位,至汉武帝建元六年

（窦太后去世，前 135 年）的 67 年间，汉文帝、景帝统治 38 年。其治政思想，黄老学派居于统治地位。《史记·孝武本纪》："窦太后（汉文帝皇后）治黄老，不好儒术。"《曹相国世家》："闻胶西盖公善治黄老。（曹参）其治要用黄老术，故相齐九年，齐国安集，大称贤相。"《陈丞相世家》："陈丞相少时本好黄老术。"司马迁在《史记·平准书》中说："京师之钱累巨万，贯朽而不可校；太仓之粟，陈陈相因，充溢露积于外，至腐败不可食。"特别是文景时期，政治清明，经济发展，生活安定，史家称为"文景之治"。

贞观之治。唐太宗贞观元年（627）至贞观二十三年（649）。"贞观"，出自《周易·系辞下》："天地之道，贞观者也。"对于贞观之治，宋欧阳修撰《唐书·本纪第二》云："盛哉，太宗之烈也！其除隋之乱，比迹汤、武；致治之美，庶几成、康。自古功德兼隆，由汉以来未之有也。"贞观之治的核心人物是魏徵（580—643）。《新唐书·魏徵传》："少孤，落魄，弃赀产不营，有大志，通贯书术。隋乱，诡为道士。"贞观元年，李世民登上帝位。李世民有志建立盛世，多次于卧榻召见魏徵询问得失，魏徵直言不讳，前后上谏两百多事，李世民全然接受。魏徵说："天下安危，唯在为政善恶。""小善不足以掩众恶，小疵不足以妨大美。""地洼下，水流之；人谦下，德归之。""自古有道之主，以百姓心为心。""居安思危，处乱思治。"贞观十七年（643），直言敢谏的魏徵病死。唐太宗难过地说："夫以铜为镜，可以正衣冠；以史为镜，可以知兴替；以人为镜，可以明得失。魏徵没，朕亡一镜矣！"

3. 中国道教产生的催化剂

中国道教产生于汉顺帝汉安二年（143）。晋陈寿撰《三国志·张鲁传》云："张鲁字公祺，沛国丰人也。祖父陵，客蜀，学道鹄鸣山中，造作道书以惑百姓，从受道者出五斗米，故世号米贼。陵死，子衡行其道。衡死，鲁复行之。"陈寿的记载不乏污蔑之词，但也记录了道教产生的真实情况：张陵、张衡、张鲁，祖孙三代传授。地点：鹄鸣山。理论依据："道书"，即张陵《老子想尔注》。道徒称张陵为"天师"，张陵也自称"天师"。李膺《蜀记》载："入鹄鸣山，自称天师。""天师"，出自《庄子·徐无鬼》："黄帝再拜稽首，称天师而退。"

中国道教产生以后，涌现了大量的道教著作，成为中华文化的瑰宝。

《太平经》，东汉著名的道教经典。《后汉书·襄楷传》："顺帝时，琅琊人宫崇诣阙，上其师于吉在曲阳泉水上所得神书百七十卷，号《太平青领书》，其言以阴阳五行为家，而多巫觋杂语。有司奏崇所上妖妄不经，乃收藏之，其后张角颇有其书焉。"《后汉书·皇甫嵩传》:"钜鹿张角自称大贤良师,奉事黄老道,蓄养弟子,跪拜首过;符水咒说以疗病,病者颇愈,百姓信向之。"可知《太平经》是张角创立太平道的主要经典。

东汉魏伯阳撰《周易参同契》,是道家系统地论述炼丹的重要著作,在中国道教和科技史上,具有重要的影响。《旧唐书·经籍志》:"《周易参同契》二卷。"全书六千余字,"词韵皆古,奥雅难通"。《周易参同契》既肯定外丹,又肯定内养。在讲到内养修炼时说:"引内养性,黄老自然;含德之厚,归根返元。"探索人类的长寿延年。

西晋魏华存传《黄庭经》。《太平广记》卷五十八《女仙三》:"魏夫人者,任城人也。晋司徒剧阳文康公舒之女,名华存,字贤安。幼而好道,静默恭谨。读庄老,三传五经百氏,无不该览。……于是景林又授夫人《黄庭内景经》,令昼夜存念。读之万遍后,乃能洞观鬼神,安适六府,调和三魂五脏,主华色,反婴孩,乃不死之道也。"《新唐书·艺文志》有《老子黄庭经》一卷,《宋史·艺文志》有《黄庭经》一卷。注:"论人身扶养修治之理。"

宋张君房撰《云笈七籤》。张君房主持编撰《大宋天宫宝藏》,共4565卷。择其精要,纂成《云笈七籤》122卷。内容包括经教宗旨、仙真位籍、斋戒、服食、炼气、内外丹、方术以及诗歌、传记等,摘录原文,分类辑录,保存了北宋以前的大量道家、道教文献。收入《四库全书·子部五十六·道家类》。

明《正统道藏》《万历续道藏》。明英宗正统十年(1445),邵以正督校刊成《正统道藏》。明神宗万历三十五年(1607),张国祥辑印《万历续道藏》。两部《道藏》收书1476种5485卷。这是我国最完整的道教文献。除了道家、道教典籍外,还涉及大量医学、化学、生物、物理、气象、天文、地理、体育、保健等内容,卷帙浩繁,包罗万有,实乃中国古代科学之宝藏。鲁迅在1918年8月20日给好友许寿裳的信中说:"中国根柢,全在道教。"此言不虚。

4. "老庄"开创了中国哲学的先河

老子作为中国古代第一位哲学家,创立了许多哲学范畴。

"德"是什么?全书出现43次,有3401字。《庄子·天地》:"通于天地者,德也;行于万物者,道也。"郭象注:"万物莫不皆得,故天地通。"德,通"得"。《管子·心术上》:"德者,道之舍。德者,得也。得也者,其谓所得以然者。"房玄龄注:"得道之精而然。"《韩非子·解老》:"德者,道之功。"也就是说,"德"是指事物从"道"所得到的特殊规律或特性。《老子》第五十一章:"道生之,德畜之，万物莫不尊道而贵德。"第二十一章："孔德之容，唯道是从。"与"德"有关的，有"上德""下德""有德""无德""玄德""孔德""积德"等。

"道"是什么？全书出现76次，有2426字。有宇宙本源义。《老子》第四十二章："道生一，一生二，二生三，三生万物。"第二十五章："有物混成，先天地生。寂兮寥兮，独立而不改，周行而不殆，可以为天下母。吾不知其名，强字之曰道。"有自然规律义。第一章："道，可道，非常道。"第四十章："反者道之动。"与"道"有关的，有"常道""天之道""人之道""道纪"等。

庄子作为战国道家的旗手，创立了全新的哲学范畴。

逍遥，《庄子·天下》："上与造物者游"，"独与天地精神往来"。逍遥游，郭象注为："顺万物之性，游变化之途。"即精神自由，超然物外，无往而不适。与该篇有关的范畴有"无己"、"无功"、"无名"、"无待"以及"至人"、"神人"等。

齐物，《庄子·齐物论》中说："天地与我并生，而万物与我为一。"《庄子·秋水》："万物一齐。"从"道"的角度看，物无贵贱，都是齐一、平等的。《庄子·天下》："下与外死生、无终始者为友。""不傲睨万物，不谴是非，以与世俗处。"郭象注中以为："夫自是而非彼，美己而恶人，物莫不皆然。然，故是非虽异，而彼我均也。"与"齐物"有关的内容有齐万物、齐生死、齐是非等。

5. "老庄"——中国文学的血液

《老子》是优美的哲言诗，全篇用韵，文辞优美，通俗易懂。运用了排比、顶真、比喻、用典等各种修辞手法，回味无穷。庄子才华横溢，汪洋恣肆，想象奇特，妙趣横生，充满了浓重的南方文化浪漫气息。崇尚自然，高歌逍遥；鄙视功名利禄，追求人格独立，成为中国传统知识分子的人格楷模。

陶渊明（365—427）是东晋著名的文学家，其思想和为文深受《庄子》的影响。41岁担任彭泽县令的陶渊明，不愿逢迎浔阳郡督邮，封印而去。陶渊明叹道："吾不能为五斗米折腰，拳拳事乡里小儿邪！"（《晋书·陶潜传》）正直耿介的陶渊明仰慕伯牙与庄周。《拟古》中写道："路边两高坟，伯牙与庄周。此士难再得，吾行欲何求！"《饮酒》其五："采菊东篱下，悠然见南山"，"此中有真意，欲辨已忘言"。陶渊明诗中的"真意"出自《庄子·渔父》："真者，所以受于天也，自然不可易也。"领悟《庄子》美学真谛，陶渊明是第一人。

唐代诗仙李白（701—762），是中国古代浪漫主义的伟大诗人。《调张籍》："李杜文章在，光焰万丈长。"《庄子》和道教，已经渗透到李白的血液中。杜甫

《天末怀李白》注:"盖白尝从北海高天师授道箓于齐州紫极宫。"也就是说,李白在744年成为在册道士。李白25岁出川,向天台道宗司马承祯(639—735)献上《大鹏赋》。《序》中说:"余昔于江陵见天台司马子微,谓余有仙风道骨,可与神游八极之表。因著《大鹏遇希有鸟赋》以自广。"其文云:"南华老仙,发天机于漆园。吐峥嵘之高论,开浩荡之奇言。"李白以大鹏自比。李白诗引用《庄子》典故者有70多首。如《古风五十九首》其九:"庄周梦蝴蝶,蝴蝶为庄周。一体更变易,万事良悠悠。"《月下独酌》其三:"穷通与修短,造化夙所禀。一樽齐死生,万事固难审。"其中"造化""齐死生",化自《庄子·大宗师》《庄子·齐物论》。《梦游天姥吟留别》中写道:"安能摧眉折腰事权贵,使我不得开心颜!"展现了李白蔑视权贵的抗争精神,庄子、陶渊明、李白,一脉相承。

北宋著名文学家苏轼(1037—1101),酷爱老庄。《和杂诗十一首》赞美老子、关尹:"博大古真人,老聃关尹喜。独立万物表,长生乃余事。"《送文与可出守陵州》中写道:"清新健笔何足数,逍遥齐物追庄周。"因乌台诗案苏轼入狱103天,出狱后被贬为黄州团练副使。遭受巨大打击后,苏轼用《庄子》的"坐忘""心斋"去修身养性,淡泊宁静地面对人生。正如《自题金山画像》所写:"心似已灰之木,身如不系之舟。问汝平生功业,黄州惠州儋州。"化自《庄子·齐物论》:"形固可使如槁木,而心固可使如死灰乎?"苏轼写下了名扬千古的前后《赤壁赋》,前篇有"羽化而登仙",后篇有"梦一道士,羽衣蹁跹",道家、道教思想,成了他的精神寄托。

6. 老、庄指引中国古代科技

英国学者李约瑟(1900—1995)在《中国科技史》中说:"中国历史上科学的起源和发展,是和道家、道教而不是和儒家联系在一起的。""中国是科学人道主义最早的发源地之一。在古代,儒家提供了人道主义,而道家提供了科学。"这就说明,中国道家、道教是科学技术发展的主力军。

二十四节气,是根据北斗斗柄、太阳、月亮、二十八宿度数以及地球的运行规律而制定出的永恒历法,称为阴阳合历,也叫农历。它的完整、科学记载,出自《淮南子·天文训》:"两维之间,九十一度十六分度之五,而斗日行一度,十五日为一节,以生二十四时之变。斗指子,则冬至,音比黄钟。……加十五日指子,故曰阳生于子,阴生于午。阳生于子,故十一月日冬至,鹊始加巢,人气钟首。"二十四节气全年为365又1/4日,两维之间为91又5/16度。具体分配情况是：冬至—大寒 46 日，立春—惊蛰 45 日，春分—谷雨 46 日……二十四节气，构成了一个天象、历法、气温、降雨、降雪、物候、农事、音律、干支等的综合体系，成为古代中华民族生存发展、从事农业生产、顺应自然规律、和谐天人关系的理论基础。可以说，二十四节气是道家和阴阳家思想结合的产物。

东汉张衡（78—139）是著名的天文学家、文学家。文学著作有《东京赋》《西京赋》《四愁诗》《思玄赋》《归田赋》；哲学著作有《请禁绝图谶疏》；天文学著作有《灵宪》《太玄经注》；数学著作有《算罔论》《太玄图》。张衡于 117 年制成"浑天仪"，为此他专门写了《浑天仪注》《漏水转浑天仪注》。他于 132 年制造了预报地震的"候风地动仪"。张衡的《灵宪》是重要的天文名作。他在文中写道："太素之前，幽清玄静，寂漠冥默，不可为象，厥中惟虚，厥外惟无。如是者永久焉，斯谓溟涬，盖乃道之根也。道根既建，自无生有。太素始萌，萌而未兆，并气同色，浑沌不分。故道志之言云：'有物浑成，先天地生。'其气体固未可得而形。"可知张衡浑天说的理论基础来源于《老子》。

葛洪（284—363），东晋道士，道教理论家、医学家、炼丹术家。《唐书·艺文志》："《抱朴子》内篇十卷，外篇二十卷。"内篇中的《金丹》《仙药》《黄白》，集魏晋时代炼丹术之大成。另有《金匮药方》一百卷，《肘后备急方》三卷，成为医学的重要著作。

唐代有高寿药王孙思邈（541—682）。《旧唐书·孙思邈传》："孙思邈，七岁就学，日诵千余言。弱冠，善谈庄、老及百家之说，兼好释典。""自注《老子》、《庄子》，撰《千金方》三十卷行于代。又撰《福禄论》三卷，《摄生真录》及《枕中素书》、《会三教论》各一卷。"孙思邈高度重视人的生命，《千金要方·序》中说："人命至重，有贵千金。一方济之，德逾于此。故以名也。"

7. "老庄"并列的国际影响

老子的《道德经》早已走向了世界。根据联合国教科文组织统计，《老子》的各种外文版本有 500 多种，涉及 30 多种语言，其中英译本就超过 150 种。研究《老子》，成了真正的世界性学问。

德国人克努特·沃尔夫编著《西文道教书目》中，第一部分为《道德经》译本，收书 200 余种，其中德文 64 种，英文 83 种，法文 33 种，另收有丹麦文、冰岛文、意大利文、日文、俄文等十数种语言的译本。第二部分为《庄子》译本，收书目 36 种，遍及十数种文字。

外国第一个用拉丁文翻译《老子》的，是 19 世纪初期的罗马天主教徒波捷。

1823年，法国汉学家莱谟萨第一次把《老子》译成法文。1842年，法国著名汉学家宙兰参考了70多种注本，翻译出了比较完整的《道德经》注本，在欧洲广泛传播。

1870年，莱比锡出版了德国作家维克多·施特劳斯的《老子道德经》译本。

1884年，伦敦出版了鲍尔费的英文译本《道书》。

1893年，俄国文学家托尔斯泰和助手波波夫一起参考法译本和德译本，把《老子》翻译成了俄文。

对于《庄子》，据严灵峰《周秦汉魏诸子知见书目》记载，传世最早的是日本岩维肖的《庄子口义抄》（1530）。日本东京书道博物馆藏有唐写本郭象《庄子天运篇注》《庄子知北游篇注》，日本天理大学图书馆藏有宋本陆德明《庄子释文》，静嘉堂文库藏有成玄英宋刊《庄子疏》。

英国伦敦大英博物馆藏有唐写本郭象的《庄子天道篇注》《庄子达生篇注》《庄子外物篇注》，唐写本陆德明的《庄子音义》。均系斯坦因所窃。

英国著名汉学家传教士理雅各翻译的《庄子》，于1891年在牛津大学出版。这是最权威的一个英文全译本。同时，他还翻译了《论语》《孟子》《道德经》《诗经》等十多种中国古代名著。

1947年，哈佛大学燕京学院主编的研究《庄子》的英文工具书《庄子引得》出版。1956年在剑桥重版，为西方庄学研究者所重视。

1912年，德国汉学家传教士卫礼贤在青岛出版了德译本《庄子·南华真经》，1923年在耶拿由欧根·迪德里希斯出版社出版。还翻译了《老子》《列子》《周易》等。

1929年，芬兰著名翻译家伯尔蒂·尼耶米宁译出《庄子》。

波兰汉学家德·雅布翁斯基组织翻译过《南华经》，并亲自作序，汉学家雅·赫米耶莱夫斯基做了许多注释考证，译文符合现代波兰语规范，这是欧洲最完整的译本之一。

四　结论

老子、庄子并列，这是淮南王刘安审视西汉之前的数百年文化，特别是考察春秋、战国诸子百家争鸣的源流后，做出的划时代的学术判断。两千多年来的历史实践证实这个分类是精准科学、富有创新精神的。从此，在中国文化史上，诞生了道家学派；宗教史上，出现了本土宗教——道教；治国史上，出现了以道为主、儒道互补的治国理论；哲学史上，创立了一系列新的范畴；科技史上，重要成果层出不穷；文学艺术史上，浪漫主义创作手法成为大宗；世界学术史上，站立着中国伟人老子、庄子。

生死的超越：从庄子到海德格尔

安徽大学哲学系　闫　伟[*]

摘　要： 庄子与海德格尔分别以"死生昼夜"与"向死而生"作为生死超越的具体形态，是存在个体在有限的时间内追求精神自由的体现。逍遥、本真的境界与形上之"道""存在"构成了生死哲学的终极真实，是现实中的人超越生死困苦的终极依据。庄子在取消分别的基础上，主张万物一体、生死齐同；而海德格尔则致力于"此在"由日常沉沦向本真存在的转化，本质上也是一种心灵层面的内在体验。探寻死亡的价值是庄子与海德格尔所共同关注的问题，是超越生死的关键，同时也对现代人如何积极乐观地生活、创造美好人生具有重要的启迪与借鉴意义。

关键词： 庄子　海德格尔　生死超越　道　本真

生死问题是人生哲学的核心，关系到个体生存的终极关怀。所谓"终极关怀"，实质就是人在精神领域内超越生死，追求永恒的价值渴望。因此，生死的超越是个体最本己的生命意义。庄子与海德格尔的哲学都以具体的人为中心，生死观是其思想内容的重要部分。本文拟从终极关怀的三个层面即终极真实、终极目标、终极承诺对庄子与海德格尔的生死智慧进行理论剖析，以期深入探寻人生的意义与价值，给予现代人如何超越生死以启迪和借鉴。

一　体道逍遥与本真存在

人的生命是一种时间上的有限性存在，生死也就成了人生的必然。如何超越生死，突破有限、追求无限是人之精神生活的最高慰藉，究其根本就是人的终极

---

*　闫伟，安徽大学哲学系。

关怀问题。傅伟勋曾经定义终极关怀为：积极面对生死问题，经由高度精神性的探索，获得生死智慧，从而"安身立命"。[①] 个体是理性的存在，其生活是精神性的，所以生死的必然往往会引发人的终极性思考。张岱年先生归纳古今中外的终极关怀思想为三个类型：归依上帝；返归本原；发扬人生之道。[②] 不过，这三种类型仅是立足于终极真实的单一层面。实存主体的终极关怀，依傅伟勋来说可以分为终极真实、终极目标与终极承诺三个部分。简言之，三者即真理所依据的形上本体与所达境界、生死的超越内涵、实践倾向的信念与愿力。

（一）形上的"道"与"存在"

生死的超越在于在个体生存有限性之外，追求一个终极无限的精神性本质。人类在自我超越的过程中，所能依傍的只有形而上学。[③] 庄子与海德格尔追求的人生终极境界是无待的逍遥与此在的本真状态，而两者所依据的形上本体是由"无"贯通的"道"与"存在"。

"道"是庄子哲学的重要理念，继承于老子。在庄子看来，"道"乃生命之本质，为生命之存在、发展提供形上的根据，是生命的最终根据。[④] "道"的内化为"德"，与形而下的"气"共同塑造了宇宙间的万事万物。"道"是生命的源头，也是最后的归宿，还是个体超越生死的凭借与境界。《庄子·天下》云："故通于天者，道也；顺于地者，德也。"[⑤] 《庄子·渔父》曰："且道者，万物之所由也，庶物失之者死，得之者生，为事逆之则败，顺之则成。"[⑥] 此外，《庄子·大宗师》通篇详述"道"之于生命的意义以及真人体道的过程与境界。"道通为一"与"不生不死"是人得道后的表现，也是圣人超越世俗生死的结果。

海德格尔在重构传统形而上学之后，将"存在"（是）界定为哲学中存在意义问题的探寻，是存在之于存在者的超越，是此在本真性存在的形上依据。普遍的"存在"在时间境域内的存在被海德格尔名为"此在"，其本质就是个体在现实世界的有限存在。正如海德格尔在《存在与时间》中所说："这种存在者，就是我们自己向来所是的存在者，就是除了其他可能的存在方式以外还能够对存在

---

①　傅伟勋：《死亡的尊严与生命的尊严》，北京大学出版社，2006，第 60 页。

②　张岱年：《中国哲学关于终极关怀的思考》，《社会科学战线》1993 年第 1 期，第 95—97 页。

③　张冠臣：《海德格尔形而上学问题简论》，社会科学文献出版社，2013，第 14 页。

④　杨爱琼：《先秦儒道生死哲学》，人民出版社，2016，第 207 页。

⑤　陈鼓应：《庄子今注今译》，中华书局，1983，第 320 页。

⑥　陈鼓应：《庄子今注今译》，中华书局，1983，第 875 页。

发问的存在者。"① "存在"与存在者截然不同，"存在"是形上的本体，而此在作为存在者是个体从生到死的实际者。此在的存在方式由沉沦向本真状态的转化就是超越（去存在），也就是从操劳世界中逃避死亡变为本真世界中直面死亡并成为自己存在的过程。因此，此在的本真存在是"存在"在个体有限性存在上的体现。

庄子的"道"与海德格尔的"存在"都是形而上学的概念，是个体超越生死后于精神上的自由逍遥、本真存在的终极依据，也是终极真实的形上本体层面。"道"与"存在"皆无形、无名、无声，不可言状、不可定义，二者相通于"无"的性质和特征是它们之所以成为生命存在的源头与归宿的缘由。"无"有两重意义：一是指空间的虚、空；二是指抽象的"无"。② 两重含义并不是孤立的，而是相互联系的：形上的"无"是"道"的别称，意在阐发"道"之无限生机的内在规定性；空间上的虚、空是经验世界"有"的前提，是形上之"无"下落于世间的变现。《庄子·刻意》云："故曰，夫恬淡寂寞虚无无为，此天地之本而道德之质也。"③《庄子·知北游》曰："予能有无矣，而未能无无也；及为无有矣，何从至此矣。"④ 庄子以"无无"会通"有""无"，于时空上统一了"道"的形上性，也揭橥了万物生命的始终问题。海德格尔同样在宇宙（时空）的层面阐释"无"的作用。他在文章《物》中说："器皿（壶）的物性因素绝不在于它由以构成的材料，而在于有容纳作用的虚空。"⑤ 甚至他在就职演讲时就以确定性的、形上的"无"论析"存在"是"有"与"无"的统一，是存在者存在的依据。在海德格尔那里，"无"是"有"的界限和"此在"的界限，即存在者整体的脱落和无意义性。⑥

由"无"联系的"道"与"存在"是个体时间性存在的形上根由，是超越生死、永恒常在的精神归依，也是终极真实的本体因素。

（二）自由的本然性原则

"道"与"存在"分别是庄子与海德格尔哲学的形上依据，而体道逍遥与本

---

① 〔德〕海德格尔：《存在与时间》，陈嘉映、王庆节译，三联书店，2014，第9页。

② 杨爱琼：《先秦儒道生死哲学》，人民出版社，2016，第177页。

③ 陈鼓应：《庄子今注今译》，中华书局，1983，第426页。

④ 陈鼓应：《庄子今注今译》，中华书局，1983，第622页。

⑤ 〔德〕海德格尔：《物》，孙周兴译，《海德格尔选集（下）》，上海三联书店，1996，第1169页。

⑥ 孙冠臣：《海德格尔形而上学问题简论》，社会科学文献出版社，2013，第79页。

真存在是个体超越生死之后的精神境界，两者构成了人生哲学的终极真实。庄子与海德格尔关于生死的超越方式固然不同，但所追求的价值取向都具有自由的本然性。个体生存的自由原则是两哲人共有的思想特质，其表现为超越有待的自由与向死的自由。

《庄子》开篇以"逍遥"示现于人，逍遥的境界就是超越有待的自由境界。所谓"有待"，依庄子来看是由个体"成心"所致的错误认知，是在有限的生命中追求名利、是非，是现实人生的无奈与困苦。世人所"待"者有祸福、穷达、得失、贵贱，其中最重的当属生死。正如冯友兰所说："死是最能使人动情底，如对于死不动情，则对于别事，自亦可不动情。"① 庄子以"道"观生死，视生死为自然，从而超越生死的束缚，达到自由的境域。《庄子·齐物论》言："死生无变于己，而况利害之端乎！"② 《庄子·人间世》曰："气也者，虚而待物者也。"③ 以齐物之心来看，生死只是生命过程的自然循环，是"气"的变化而已，无须恐惧与担忧。这样，庄子运用相对主义，从本体论的角度实现了对生死之困的观念性突破，具有巨大的精神解放意义。④ "万物一府，死生同状"（《庄子·天地》）是庄子超越生死的写照，是实现自由境界的前提与条件。

海德格尔认为此在的生存是"向死而在"，本真的向死而在即是向死的自由。死亡是确知而又不确定的问题，其确知在于必死的事实，不确定在于死亡的方式与时间。死亡是此在最本己的可能性，又是此在之不可能的可能性。海德格尔提出本真的向死而在与日常的向死而在（沉沦），区别在于是否以必死的确定性闪避死亡方式、时间的不确定性。他说："本真的向死而在不能闪避最本己的无所关联的可能性，不能在这一逃遁中遮蔽这种可能性和为迁就常人的知性而歪曲地解释这种可能性。"⑤ 显然，海德格尔将此在的存在方式中的实际性（被抛）与"投射"作为一个整体来理解此种可能性，所以在此在的"去存在"即超越的过程中不仅包含"存在"真理的敞开，还确保了此在（人）生存的自由。海德格尔进一步解释说："先行向此在揭露出丧失在常人自己中的情况，并把此在带到主要不依靠操劳操持而是去作为此在的可能性之前，而这个自己却就在热情

---

① 冯友兰：《贞元六书》，华东师范大学出版社，1996，第458页。
② 陈鼓应：《庄子今注今译》，中华书局，1983，第90页。
③ 陈鼓应：《庄子今注今译》，中华书局，1983，第129页。
④ 刁生虎：《庄子的生存哲学》，中国传媒大学出版社，2007，第53页。
⑤ 〔德〕海德格尔：《存在与时间》，陈嘉映、王庆节译，三联书店，2014，第299页。

的、解脱了常人的幻想的、实际的、确知它自己而又畏着的向死的自由之中。"①
本真的向死而在与向死的自由本质上是一样的，就是此在将死亡承担下来，凭借
自我的"良心"选择自己、筹划自己，将最本己的可能性（死）开展出来。

可见，无待的自由与向死的自由都意味着心灵的自我转化、精神的自我解
放。就超越生死的角度来看，庄子倾向于视生死为自然流化的阶段，无所谓悦生
恶死；而海德格尔是把此在看作向终结的存在者，直面死亡的确定性，以此理解
并开展自我的价值人生。

二 死生昼夜与向死而生

终极目标是终极关怀的最高层次，是贯通终极真实与终极承诺的枢纽，是生
死哲学的主要内容。所谓"终极目标"，是指基于"终极真实"而确立的人生的
最终目标，它"关涉着死亡的精神超克和生死问题的彻底解决"。②《庄子》多次
提及人的生死犹如昼夜更替一般，纯任自然。海德格尔在其名著《存在与时间》
中认为此在的存在方式就是死亡，死是此在最本己的可能性，也是此在之不可能
的可能性。因此，从一定意义上讲，"死生昼夜"与"向死而生"可看作庄子与
海德格尔生死智慧的终极目标。

（一）个体生存的有限性

人作为具体的生命存在，与其他物种一样有生有死，有始有终。个体的生存
是有限的，这种有限主要体现为时间上的有限。生死的超越是需要突破人之生存
的有限性，追求无限以达永恒的精神渴望。所以生死哲学无不以时间作为理解存
在的视域：人有限地存在，却总期望超越时间，向无时间性靠拢。

庄子论生死是基于他的"道""气"理论，"道"与"气"的永存决定了
"气"之形变的人可以超越死生，进入不生不死的境域。诚如孙以楷先生所言：
"庄子对人生问题的回答一依他对由道与元气构成的自然界的认识。"③《庄子·知
北游》曰："人之生，气之聚也；聚则为生，散则为死。"④《庄子·天道》云：

---

① 〔德〕海德格尔：《存在与时间》，陈嘉映、王庆节译，三联书店，2014，第267页。
② 张乃芳：《傅伟勋生死哲学研究》，人民出版社，2014，第3页。
③ 孙以楷：《道家哲学研究》（附录三种），安徽大学出版社，2010，第71页。
④ 陈鼓应：《庄子今注今译》，中华书局，1983，第597页。

"知天乐者,其生也天行,其死也物化。"① 此外,《庄子·大宗师》也言:"无古今,而后能入于不死不生。杀生者不死,生生者不生。"② 其一,万物的本质皆由"气"构成,生死也就是"气"的交替运动,无限循环,没有穷尽。其二,真人体道后,不再受到世俗生死观念的牵绊,精神上自然可以永生。因此,在庄子那里不生不死的境界虽然也是以时间为标准,却具有强烈的无(非)时间性。与庄子类似,海德格尔也有此种超越时间、超越生死的观念。海德格尔明确此在的存在是时间性和整体性的,时间是存在问题的超越的视野。此在存在的整体结构是"操心",由"投射""被抛""寓于存在者存在"三个部分组成。这三个部分在此在的存在之意义的时间性上也是由三个时间段——将来、曾在和当前来构成。常识中的时间具有一维性与流转性,而海德格尔将三个时间段作为一个相互交叉、三位一体的存在。时间不是静态的,而是动态的,是前中后相互贯穿的。此在在这种时间性上的存在,既是有限性(实际)的存在,也是与终极(观念)时时并存的存在。

(二) 生死超越的具体形态

生死的自然性与向死而在的本真性是庄子和海德格尔追求的终极目标,是超越生死有限性之后的观念形态。然而,此种境域需要生存个体意识上的转化,具体是指由悦生恶死到生死一体、由此在的沉沦到本真的向死而在。

庄子的生死一体观念也是基于生命的自然与"道""气"的本根性来说的,经由"物化"的过程实现。《庄子·德充符》曰:"胡不直使彼以死生为一条,以可不可为一贯者,解其桎梏,其可乎?"③《庄子·知北游》曰:"死生有待邪?皆有所一体。"④ "有待"即是相互依存,生依赖死,死依赖生,生死以此而结成一体。⑤ "死生为一条"即生与死的一体性,消解了世俗悦生恶死的思想基础。至于生与死如何为一体,庄子提出了"物化"的理念。《庄子·齐物论》中,庄子与蝴蝶的变化即是"物化"的开端,《庄子·天道》明确生死为"天行"与"物化"。其实"物化"的实质就是"气化","通天下一气耳"本就是"万物一府,死生同状"的前提。此外,《庄子·至乐》中庄子面对亡妻的"鼓盆而歌"、与

---

① 陈鼓应:《庄子今注今译》,中华书局,1983,第 367 页。
② 陈鼓应:《庄子今注今译》,中华书局,1983,第 202 页。
③ 陈鼓应:《庄子今注今译》,中华书局,1983,第 169 页。
④ 陈鼓应:《庄子今注今译》,中华书局,1983,第 624 页。
⑤ 李霞:《生死智慧——道家生命观研究》,人民出版社,2004,第 168 页。

骷髅的夜间对话似乎给人一种生苦死乐的感觉。其实庄子的用意并非如此，之所以"乐死"是为了表达死生的随机性，目的在于破除世人对生的过分偏执。总体来看，庄子反对悦生恶死，强调生死一体无非为了教人通达生死之理，对生死能持一种超然的态度，将其置之度外，追求一种安于自然造化的精神境界。①

海德格尔视本真的向死而在为生死超越的具体形态，而本真的向死而在与向死的自由是统一的。向死而在即是向着终结者的存在，是此在的生存方式。所谓"终结者"就是死亡，死亡被海德格尔名为此在最本己的可能性与不可能的可能性。此在之"此"意味着个体的独立与自身，只有死亡才能最为贴切地体现"此"。按照海德格尔"存在先于本质"的理念，可能性要先于现实性，此"可能性"当属此在最本质的特征或规定性。"向这种可能性存在，就为此在开展出它的最本己的能在，而在这种能在中，一切都为的是此在的存在。"② "只有当此在是由它自己来使它自身做到这一步的时候，此在才能够本真地作为它自己而存在。"③ 只有死亡才可以让沉沦（非本真）中的此在超拔出来，成为真实的自己，为自己本真地存在。海德格尔看到了死亡的价值与意义，将此在存在的实际也表达了出来：此在身上存在一种持续的"不完整性"，这种"不完整性"随着死亡告终，这是无可争辩的。④ 悬欠或悬临是此在的必然，是一种完整的不可能性，只有此在的死亡才能到达完整性，所以死亡是此在之不可能的可能性。总之，死亡作为此在之不可能的可能性，作为此在的存在方式，其基本意涵在于此在的"向终结处存在"，亦即"向死而在"。⑤ 在明确了"向死而在"后，本真的向死而在也就明朗了：不能闪避死亡、逃避死亡，应当直面死亡的确知性以及跳出日常的沉沦——以死亡的不确定遮掩死亡的确知性。

通过阐释庄子与海德格尔超越生死的具体形态，可以看出生与死的超越，重心在于死亡的意义与价值。对于常人来说，死是一种悲哀，是一切的消失；但对于哲人来说，正因为有死的存在才可以让人理解生的意义，才可以使人在有限的生命中创造无限的可能。正是源于此，庄子与海德格尔才如此凸显死亡的自然性与本真性，化解常人避死的心态，让人更好地生活。

---

① 李霞：《生死智慧——道家生命观研究》，人民出版社，2004，第171页。
② 〔德〕海德格尔：《存在与时间》，陈嘉映、王庆节译，三联书店，2014，第263页。
③ 〔德〕海德格尔：《存在与时间》，陈嘉映、王庆节译，三联书店，2014，第302页。
④ 〔德〕海德格尔：《存在与时间》，陈嘉映、王庆节译，三联书店，2014，第279页。
⑤ 段德智：《西方死亡哲学》，北京大学出版社，2006，第243页。

（三）乐观旷达与悲悯意识的同在

依庄子而论，超越生死的境界是体道的境界，是与道合一的境界，也是无待自由的境界。庄子将生死置于自然的流转中，体现出一种旷达乐观的心境，甚至在《至乐》中展现乐死的心态。然而，在庄子通达之心的背后，仍然可以看到一种悲悯意识的存在。《庄子·徐无鬼》有言："我悲人之自丧者，吾又悲夫悲人者，吾又悲夫悲人之悲者，其后而日原矣。"① 这里庄子的悲情是针对世人的自我迷失，忘道妄为。《庄子·人间世》全篇揭示人之生存的艰难，天下之大戒是无所逃离的，生死的无常使庄子发出"不亦悲乎"的哀叹。徐复观说："在庄子'谬悠之说，荒唐之言，无端崖之辞'的里面，实含有无限的悲情，流露出一往苍凉的气息，才有'不得已'三字的提出。"② 应当说徐先生的见解是十分恰当的，庄子自知现实生活的无奈与困苦是必然的，才在心灵上追求乐观旷达、超越生死的自由之境。

海德格尔的"本真存在"在此在面向死亡的存在中具有激发个体积极的、尽责的历史性作用。对海德格尔而言，存在主义就是活出个人的特色，凸显"此人"所以成为"此人"的意义与价值。③ 此在在死的威胁下能够开绽出人生的追求，这对存在者来说是积极的。不过，海德格尔的死亡观中不可避免地隐匿着悲剧性的忧郁。"畏"的提出是海德格尔内心悲悯意识的写照。他说："生畏作为现身情态是在世的一种方式；畏之所畏者是被抛的在世；畏之所为而畏者是能在世。"④ "畏"是此在本有的基本情绪，所畏者其实就是此在的存在方式，也就是死。换言之，畏死是人生的必然。尽管海德格尔指出"畏"不是"怕"，"畏"没有特定的对象，但"畏"在本质上是不确定的，它让此在具有莫名的恐惧与悲凉。海德格尔认为："畏在此在中公开出向最本己的能在的存在，也就是说，公开出为了选择与掌握自己本身的自由而需的自由的存在。"⑤ 超越是此在的能在向本真能在的转化，由"畏"开展。在海德格尔那里，向死的自由也与"畏"（畏死）相连着。与庄子一样，于悲悯意识的土壤中绽放出乐观积极的花朵。

---

① 陈鼓应：《庄子今注今译》，中华书局，1983，第 690 页。
② 徐复观：《中国人性论史·先秦篇》，九州出版社，2013，第 376 页。
③ 冯沪祥：《中西生死哲学》，北京大学出版社，2002，第 137 页。
④ 〔德〕海德格尔：《存在与时间》，陈嘉映、王庆节译，三联书店，2014，第 221 页。
⑤ 〔德〕海德格尔：《存在与时间》，陈嘉映、王庆节译，三联书店，2014，第 217 页。

三　生死齐同与修心救赎

终极关怀的三个层面是以终极真实为形上基础，以终极目标为核心内容，以终极承诺为个体生死解脱的信念与愿力。终极承诺含有主体超越生死、追求永恒的理性意向，是人之精神的观念转化，是具有实践倾向的思想解脱途径。

（一）对生死之苦的现实性反思

哲学的思维方式就是反思，对生死之苦的反思构成了庄子与海德格尔生死观的理论基础。人的出生与死亡是经验性的，是现实世界中的客观规律，是人生的必然结果，这是庄子与海德格尔都认可的一点。人之生命的有限，对世人来说无疑是一种悲苦。生死一体与本真的向死而在是两位哲人追求的理想的自由境界，并非常人所能理解和体会。反观庄子与海德格尔，正是尝尽了世间生死之苦的滋味，才会对生命的价值与意义进行思考，试图超越生死以达恒常的解脱之境。

庄子生活于春秋战国时期，处在中国历史上社会大变革的时代。这一时期，周天子的共主地位逐渐丧失，诸侯争霸使战争频繁发生，饿殍遍野成为常有现象。也正是在这一时期，天命观的转变与人本意识的觉醒促进了先秦诸子对生命价值和自我意识的关注。芸芸众生生活得异常艰难，生命的短暂与脆弱成为道家哲学注重自然、尊道贵德、向往永恒与自由的现实背景。庄子的思想尤以关注个体为显著特征，所以人之生死自然成为他的关注焦点。《庄子·知北游》云："人生天地之间，若白驹之过隙，忽然而已。注然勃然，莫不出焉；油然漻然，莫不入焉。已化而生，又化而死，生物哀之，人类悲之。"[1] 生死只在瞬间而已，那么人生的意义在哪里？这是庄子的深入思考。现实世界的情况是：自然生死之苦，社会人道之患，俗心情欲之困。现实的种种无奈与庄子所谓的"无何有之乡""四海之外"等逍遥状态大相径庭，庄子只好将超越生死、是非、名利、祸福、物我的自由愿望赋予心灵深处，在精神上实现无待于物。从终极意义上看，庄子的"天地与我并生，万物与我为一"[2] 是超越现实生死的，也是他对现实世界生死之苦在精神世界里的逆向的、颠倒的反应。

海德格尔的一生与他对人生存处境的描述一样，充满着悲剧色彩。不管是他对

---

① 陈鼓应：《庄子今注今译》，中华书局，1983，第608页。

② 陈鼓应：《庄子今注今译》，中华书局，1983，第66页。

此在的存在方式即向死而在的有限性理解，还是对现代技术统治下人类如何获得拯救的忧虑都是如此。他在纳粹革命时期的政治失误又一次见证了"哲学王"模式的失败，他最忧心的大地之根——精神的缺失也并没有通过国家社会主义得到有效的变革。政途中不顺，与师友胡塞尔、雅思贝尔斯等人的私人关系破裂，这一系列的坎坷使海德格尔的哲学反思不得不向人生观靠近。战争的惨烈、技术的全面统治、社会精神力量的软弱、生命旅途的跌宕又促使他对"存在"进行正本清源。海德格尔曾说："栖居的真正困境并不仅仅在于住房的匮乏，而在于终有一死的人总是重新去寻求栖居的本质，他们首先必须学会栖居。"① 即使在区别"存在"与"存在者"时，海德格尔依旧视人（此在）生命的有限性为一种悲剧，并竭力强调探求有限生命内的价值创造。应当说海德格尔对生死的见解是与他的人生经历息息相关的，基于当时社会的精神贫困、心灵空虚，他致力于在向死亡迈进的过程中彰显个体的生存意义。

（二）精神层面的内在超越

1. 超越分别，齐同生死

道家文化以"齐"示现平等，"齐"的认知是在"道"的基础之上的。《庄子·齐物论》中庄子即是站在"道"的角度肯定一切人与物的意义与价值，其主旨在于实现万物一体即精神的平等。万物在宇宙的视角下是齐一的，也就意味着取消了物我、是非、善恶、苦乐、生死的分别，在此种境界中，生与死没有了世俗的界限，被看作犹如天地间日月交替、四季流转一般，尽是"道""气"的循环往复。超越分别、齐同生死是庄子摆脱生死的根本途径，与"道"内在于物一样，其超越也是内在的精神超越。

庄子在《庄子·齐物论》中以吊诡的形式破斥世人由于"成心"的束缚不明真理，才会出现种种分别。"且有大觉而后知此其大梦也。"② 梦中之梦有谁知其真也，所谓的是是非非、生生死死都不过是相对的，都是从特定的偏私立场进行评判罢了。宇宙之大"道"是没有界限的，是"未始有物者"，一旦有了物我的分别就是"道"之亏了。《庄子·秋水》曰："以道观之，物无贵贱；以物观之，自贵而相贱；以俗观之，贵贱不在己。"③ 立足于"道"，分别泯灭，自然与

---

① 孙冠臣：《海德格尔形而上学问题简论》，社会科学文献出版社，2013，第 250 页。
② 陈鼓应：《庄子今注今译》，中华书局，1983，第 95 页。
③ 陈鼓应：《庄子今注今译》，中华书局，1983，第 452 页。

天地同在、与"道"同在，那么生死也就没有区别了。所以《庄子·知北游》云："生也死之徒，死也生之始……若死生为徒，吾有何患！"① 生死相续如昼夜一般，也就无所谓生，无所谓死，自然不需悦生恶死。不为生死所动，不为是非所扰，不为名利所困，是庄子向往的自由之境。

以"道"观生死，生死无别，是庄子超越生死的路径。如此，体道成为齐生死的必须。《大宗师》是《庄子》谈及"道"最多的一篇，其中详细论述了真人得道、超越生死的具体过程。《庄子·大宗师》言："吾犹告而守之，三日而后能外天下；已外天下矣，吾又守之，七日而后能外物；已外物矣，吾又守之，九日而后能外生；已外生矣，而后能朝彻；朝彻，而后能见独；见独，而后能无古今；无古今，而后能入于不死不生。"② 所谓"守之"即守道，是体道的关键，经过守道，可以达到外天下、外物、外生、朝彻、见独、无古今的境界。无古今的境界即超越人之生存的时间性，追求精神的生命永恒。

2. 自身体验，修心救赎

中西方文化中的生死解脱方式有很多相似之处，譬如注重心灵的自我体验、依傍形而上学、凸显善恶伦理的决定作用。由于生死的超越在现实经验世界是无法实现的，只能寻求于精神世界，所以中外生死哲学都普遍在"心"的层面上下功夫，尤以存在主义哲学为甚。基督教在西方社会长期存在，致使哲学一度成为神学的婢女，近代以来尤其是启蒙运动之后，理性主义高扬，以人为本的思潮冲击了传统宗教信仰的权威，其表现之一就是神学家越来越多地注重神与人的"合作"。如克尔凯郭尔提出，生死解脱的终极问题必须指向人的内在，是实存主体自身内在的问题，生命不朽问题，究其实质而言并不是一个学问的问题，而是个内向性的问题。③ 近现代的西方哲学在人生救赎的方法上一改传统基督教依靠他力（神）的形式，转向个体内在的自身体验。存在主义者海德格尔与萨特在生死超越的途径中没有给上帝留下丝毫的余地，将生命的救赎完全赋予了本然性的人心修炼。

海德格尔以时间作为理解任何一种存在的视野，此在的存在是有限的，如何在有限的生命中实现其本真的可能性是他构建死亡哲学的意义所在。依海德格尔，此在最本己的可能性就是死亡，每一个个体都是向着死亡而存在。根据个体

---

① 陈鼓应：《庄子今注今译》，中华书局，1983，第597页。
② 陈鼓应：《庄子今注今译》，中华书局，1983，第202页。
③ 张乃芳：《傅伟勋生死哲学研究》，人民出版社，2014，第115页。

对死亡的确知与不确定的理解，海德格尔将此在的存在划分为日常的向死而在与本真的向死而在，日常的向死而在向本真的向死而在的转化即是实现人身自由、人生意义与价值的途径。"这种'操持'帮着他更充分地掩藏他的最本己的、无所关联的存在可能性，想通过这种办法把他带回此在。常人就以这种方式为提供对死亡的持续的安定而操劳。"① 常人在沉沦中以死亡的不确定遮掩死亡的确知，生活被迫进入"烦忙"的节奏中从而失去了对最本己的存在方式的认知，这在海德格尔看来是一种非本真的存在。本真的向死而在是此在对终结（死亡）的直接体验，是在生死相接的瞬时发自内心的本然性地面对。所以他说："只有当此在是由它自己来使它自身做到这一步的时候，此在才能够本真地为它自己而存在。"② 由此，海德格尔以向死而在的方式把生命的救赎直指存在主体，于心中体会死亡的意味，在有限的时间内完成责任，从而活出个人的特色。

海德格尔将"本真的向死存在的生存论筹划"描述为一个游移未决的问题，甚至是想入非非的奢望。但我们还是可以探知，他对生死在有限时间上的超越是注重个体内心的真实体验。从这一点来说，庄子与海德格尔都是在对现实生死进行反思之后，想在个体内心中实现精神层面的生死解脱。

四　结语

庄子感叹："死生亦大矣。"（《庄子·德充符》）又言："哀莫大于心死，而人死亦次之。"（《庄子·田子方》）他既深知生死对于人生的重要性，又注重心灵层面的生死超越。海德格尔以"向死而生"追求有限生命中的无限价值，本真的存在即是直面死亡的理想生活。在哲学与宗教中，生死被看作一种观念、一种心态、一种境界，人以何种眼光、心态、境界来看待与体验生死，生死就会以相应的面目呈现，因此在哲学与宗教中，生死是可以超越的。③ 此种超越无疑是精神超越，是人类特有的终极关怀。科技昌明的今天，我们不应该谈死色变，应当看到死亡的价值与意义。正是由于死亡，我们才有动力在短暂的人生中创造属于自己的永恒价值。

---

① 〔德〕海德格尔：《存在与时间》，陈嘉映、王庆节译，三联书店，2014，第292页。
② 〔德〕海德格尔：《存在与时间》，陈嘉映、王庆节译，三联书店，2014，第263页。
③ 陈战国、张昱：《超越生死：中国传统文化中的生死智慧》，河南大学出版社，2003，第1页。

庄子之自由境域

——以《逍遥游》为例

安徽大学哲学系　方淑瑶

摘　要： 庄子哲学追求精神上绝对自由的超越境界，《逍遥游》是庄子自由观的集中体现。原生自然、逍遥无为、至乐至美三方面是庄子在《逍遥游》中向我们传递的逍遥游精神。这种基于人性的本体认知，也决定了逍遥游思想超越了俗世的认知，进入了更为自由的境界。庄子主要是追求精神自由。庄子把人类生活的最高境界描写成对自由精神的渴望，这是一种不去寻求名望、不为利益所动、心中无我的境域。

关键词： 庄子　《逍遥游》　自由　境域

庄子的《逍遥游》独特之处在于他把"逍遥"和"游"这两个词结合在一起。"逍遥"带有缓慢行走的意思，在天地之间缓慢行走，从此不受身体的约束，才能快活自在。庄子的"游"是不受任何约束的。"超然世外，欲乘万物以游心，逍遥驰骋，必先了悟宇宙之真谛，才能上善若水，利万物而不争，下百川，因容而深邃之境。"[①] 可见，庄子的游是心游。庄子的"游"是逍遥游的必经之路。只有顺应自然的发展变化，才能实现心之游，最终实现心灵的解放。

一　原生自然：鲲化为鹏

《逍遥游》中第一个出现的生物是鲲，它是一种形体庞大的动物。鲲化为鸟就可以展翅高飞，鲲的转化首先开启了庄子化身体为精神的追求。不受世俗影响的精神可以突破现有的束缚，就像鲲突破了水面，达到另一个境域，宽阔的空间

---

① （清）郭庆藩：《庄子集释》上册，中华书局，1961，第461—464页。

可以使精神更加自由。那些无法突破世俗限制的人就好比蜩和学鸠，它们的眼界不够宽阔，只能局限在现有的环境之中，不能理解大鹏的真正自由，更无法体会在高空中飞翔的感觉。因此，它们无法转化为更大的事物去了解外面的世界，也就谈不上真正的自由。这暗含了庄子希望有鲲一样的智慧，有鹏一样的翅膀，以实现对自由的憧憬。

庄子认为，万物之间的转化就是自然的变化。庄子形容鲲和鹏的巨大，也是突出他内心世界的宽大和博远。"化"既有变化，又有转化的意思。由一个事物转化为另一个事物，这是转化的意思。按照外界的变化随时调整自己的心理变化，不能逃避外界的变化，就要让自己随时参与到改变之中，以解决自身的困境。

庄子看到了世间万物都是有灵性的，他想象着动物也会有人一样的意识，并且比人活得更加逍遥快活。人所拥有的技能或生活方式在生物界也是可行的。同样，生物界所拥有的生存状态，人类也可以拥有。这就表明了庄子对自然的认识，即万物齐一。庄子认为，此物可以借助彼物的力量实现转化。比如，大树可以像人一样做梦。万物之间是可以相互转化的，这体现在，自己本身没有的东西，但能借助其他生物，从而实现自身价值。列子能够御风而行，借助了风的力量，从而使自己的身体和精神合为一体，在天地之间逍遥遨游。

庄子大部分是在谈论动物，它们原生自然的生命状态是庄子达不到而又羡慕的状态。他把这种状态逐渐引导到人身上，将人所处的困境形容成动物所处的困境，将无拘无束的动物形容成人摆脱身体束缚，从而转化成无拘无束的精神自由。从更高的精神自由角度说，一个人若只局限于自身的框架中，很难摆脱现实困境。

二　逍遥无为：无心无情

庄子的逍遥表现为自然无为。无为是逍遥的具体表现，只停留在逍遥的字面意义上是无法真正理解庄子的逍遥境界的。[1] 庄子的逍遥也带有无忧无虑、宽广的自由之感。庄子强调自然无为，强调要保持生命的本真和自然，摒弃世俗的偏见，这样方可与万物统一。"无为"并不是什么都不做，而是对外事外物的自然规律不加干涉，从而保持自己的本然状态，不受外界的影响。因此，"无为"是

---

[1] 杜梅：《老庄"无为"思想之比较及其现实意义》，《吕梁学院学报》2012 年第 4 期，第 50—52 页。

逍遥的主要表现。

"无为"就要做到"无心","无心"就要做到"忘己","无己"就是没有自身的私欲和顾虑。内心没有是非、名声和功利的牵制,"无心"表现了逍遥的本质要求。① 万事万物都在自己的变化中不动声色,那么天地会呈现一片和谐的状态,不会有矛盾和冲突出现,更不会有世俗人情的困扰。在庄子看来,这个世界是不断变化的。人类没有必要去抱怨这个世界的不公,这样做是毫无用处的,只会让自己更快消耗掉自己的生命。生命没有了,一切均没有意义了。只有做到内心宁静,笑看世间的风云变化,静下心来,使自己和道达成统一,方可保持清晰通透的精神世界。

庄子的逍遥游是一种纯粹的心灵自由,他以极其平静的方式建设自己的心灵家园。这样的心灵自由,是在现实中无法找到的自由解脱。这对当时的人们来说,庄子的这种精神去向是有其现实意义的。它具有人生观的导向功能,在没有任何变化、没有任何地方可以寻求帮助的现实生活中,只能在精神方面做出改变。生活中难免会遇到情绪的波动以及自己力所不及的事情,对于一般无助的事情,人们没有必要感到悲伤,更没有必要想着改变这个世界。把自己内心感受到的一切以及感性的情绪都抛在脑后,以此来保持内心的平静。

庄子认为,每个人都应该拥有享受自由的权利。不被生活的窘迫所束缚,努力改变自己的生活态度,那么境界也会得到提升。现实生活中的名声、利益等各种世俗私欲会对人的内心进行摧残,因此,庄子极力呼吁人们不要被当前的美好蒙蔽眼睛,要回归自然,找回质朴的内心。

三 至乐至美:逍遥之乐

庄子的逍遥是没有忧虑的,内心不会对事物产生波动。庄子认为,最大的快乐就是使自身存活,而且只有"无为"才能够做到。"无为"是庄子逍遥的一种表现,因此"至乐"也是逍遥的表现。

庄子想象着另一个世界的情景,不用想着现实的所作所为,他在精神世界中是快乐的。痛苦和快乐的鲜明对比,表现了庄子对美好想象的向往。庄子眼中的快乐在现实世界中无法得到,社会地位、财富,均无法使庄子感到真正的快乐。

---

① 杨荫楼:《道家的理想人格试论》,《山东师范大学学报》1999 年第 3 期,第 63—66 页。

庄子眼中的快乐是和自然中一切事物互动的感受，包括想象出来的事物。这种感受与私欲无关，超脱了世俗认知范围内的自由感受。

内心平静是实现真正快乐的途径，并不一定非得和现实社会针锋相对，表露出对现实的不满。这样做恰好说明内心受到现实的影响，因而找不到通往精神世界的道路。我们首先应做到内心平静，不受外界一切因素的干扰，从而使精神脱离身体，去无限的世界中遨游，不带有任何目的，只是单纯的心灵解放。庄子无拘无束的心灵远行，展示了他与自然的融合，也表明他追求的思想境界是没有尽头的，随时都可以拓展。心灵漫游在无限的空间中，说明庄子所讲的快乐是超乎平常理解的快乐范畴的，是精神境界的极致快乐。庄子理想的精神境界是与现实世界没有冲突的，在精神方面得到了满足，才能在现实生活中更加坚强地活着。从逍遥的世界中得到内心的平静，便可以带着愉快的心情欣然地接受现实的境遇。

庄子的最终目的就是得到内心的快乐。庄子的乐说到底是心灵的无限遨游，是在天地的原始状态下的逍遥。庄子的快乐不是一般人所能想象的，没有一定的精神境界是无法体会逍遥的快乐的。感官带来的快乐只是暂时的，精神上的快乐才能够长久。胸怀越宽广，思考的事情越超乎普通人的认知范围，就像小鸟的无知是没有办法认知大鹏所看到的世界的。庄子的胸怀达到了无限天地般宽广。庄子身处乱世之中，他知道当时的社会是无法带给他幸福感的，人们不可能完全摆脱身体劳累的束缚。既然身体无法到达天地最原始的地方，庄子只能凭借心灵，得到根本的快乐。

真正的快乐是自己掌握自身命运。生活的态度和方式是体验快乐的重要环节。人生是不断向前的，追逐快乐的途径也在不断拓展，身体无法感受快乐，但精神可以化悲痛为力量。

四 结语

"逍遥游"是庄子哲学的总纲，是对自由精神的向往。逍遥游的核心是人应当完全挣脱利益和功名的约束，在精神上达到一个忘我无为的境界。庄子借《逍遥游》为我们开拓了一个无拘无束、绝对自由的境界。闻一多曾说："中国的文化上永远留着庄子的烙印。"[1] 如果说孔子思想教会我们积极进取，那么庄子哲

---

① 闻一多：《古典新义·庄子》，商务印书馆，2011。

学教给我们的是境界和眼光。

在《逍遥游》里面，庄子告诫我们要顺应自然，摆脱精神上的束缚。庄子认为，在追求自由的过程中人们往往会被现实的变数和矛盾所困扰，特别是肉体的束缚和功名利禄的诱惑。所以庄子的自由观要人们摆脱世俗的制度规范，不为世俗陈旧的理论束缚自己，阻碍自己追求精神上的自由，追求无拘无束、圣人无名的生活。

《逍遥游》中追求的意境始终没有界限，庄子让人们用一生去领会智慧的含义。庄子的人格思想具有超越精神，这种精神以绝对自由的境界为最高目的。"逍遥游"是庄子在物欲横流的现实世界之外，开辟出来的一个自由的精神天地。在这个自由境域里，人们可以从现实的束缚中解脱出来，使自然本性自由地张扬，获得一种精神满足，从而达到一种无待逍遥的美感状态。庄子理解的超越精神，不仅要超越世俗中的名利物欲、自然中的生死存亡，而且要实现对自身的超越。

庄子名实观探微

安徽师范大学　余亚斐*

摘　要：名实问题是中国哲学的核心问题之一，它内含了对事物实相的思考、人性的修养、认知的境界以及对语言的反思等哲学问题，在中国古代，几乎重要的哲学家都对名实问题有所涉及，庄子也不例外。庄子揭示了"名"的遮蔽性，认为"名"既会囿"实"的无穷意义，也能掩"实"的自在本真，其内在原因在于"名"乱人的认知心性之明，形成"成心"。但同时，对于"名"，庄子也没有全然否定，而是以"中道"思维贯通"名""实"，既肯定了"名"在当下的现实作用，又要求在道化流行的"常名"中追寻"实"的意义。

关键词：庄子　名实　中道

名实观是庄子哲学的重要组成部分，是庄子哲学在真理观和语言观上的集中体现。在庄子哲学中，"名"与"实"包含着多种内涵，其中"名"主要指事物的名称和人们对事物的价值判断与规定，"实"主要指事物的真实状态与自在意义。"名"是人为的，通过语言来指称和规定"实"，因此"名"所指称和规定的事物，并非事物本身，所呈现的是人对事物的理解以及所构建的人文世界的意义。《左传·桓公六年》曰："名有五：有信，有义，有象，有假，有类。"其中，"信"和"义"是"名"的道德作用，"象"和"假"是"名"对"实"的人为指代，"类"表现的是人的概括思维能力。"实"通过"名"来展现，《释名》曰："名，明也，明实事使分明也。"但是"名"之所指又非"实"之本真，而庄子所要追寻的正是世界的真实意义，所以，庄子要揭示"名"的遮蔽性与虚假性，通过打破认知与心性的遮蔽，去"名"之囿，还"实"之原。

---

　　* 余亚斐，哲学博士，安徽师范大学副教授，硕士生导师。研究方向为中国古代哲学。

一 "名"可囿"实"的无穷意义

"名"是人们在一定历史条件下对"实"的指称、判断和规定。"名"的形成具有历史性和主体性，是有限的。"名"一旦形成，就具有相对稳定性，并成为人们的思维定则。与"名"不同，"实"是永恒运动的，事物的状态与形式在不断变化，事物的功能与意义也是开放的、无限的。所以，当人们用"名"来指称"实"的时候，必然会以有限的、固定的意义来局限"实"的意义的流动性和无限性。

首先，"名"的固定性和"实"的变动性是造成"名"遮蔽"实"的无穷意义的原因之一。"名"是一类事物的名称，而名称一定是有明确所指的。按照形式逻辑的同一律来说，一个名称只能指一类事物，不能既指称这一类事物，又指称与这类事物完全不同的另一类事物，只有这样，"名"才能对"实"有所指、有所谓，"名"的创制才有必要，"名"的作用才能发挥。正如《公孙龙子·名实论》中曰："故彼彼止于彼，此此止于此，可。彼此而彼且此，此彼而此且彼，不可。"《墨子·经说上》中也说："所以谓，名也；所谓，实也；名实耦，合也。"但是，"实"是变动不居的，相对于变化着的"实"来说，"名"只能适应一定阶段、时期的"实"，或"实"的某一种存在形态，不能涵盖"实"的全部状态。如《庄子·逍遥游》（以下引《庄子》只注篇名）开篇说："北冥有鱼，其名为鲲"，"化而为鸟，其名为鹏"，鱼可化为鸟，鸟可化为鱼，那么，此物究竟名"鱼"，还是名"鸟"？"鱼"与"鸟"皆是"名"，以"鱼"之名不可指称"鹏"，以"鸟"之名不可指称"鲲"，然而万物皆在变化之中成其所是，又何必一定要称之为"鸟"，或称之为"鱼"呢？"名"的差异只是反映了"实"的变化，正如成玄英说："故化鱼为鸟，欲明变化之大理也。"在《天运》中，庄子认为语言名称就好像行走时留下来的脚印，"今子之所言，犹迹也。夫迹，履之所出，而迹岂履哉！"迹如"名"，出于履，"实"者如履而无迹，两者有所不同。"名"是固定的，而"实"是未定的，"臭腐复化为神奇，神奇复化为臭腐"（《天运》），臭腐与神奇皆为"名"，两者犹如阴阳在大化流行之中交相变化，运转无穷，实非"名"所能覆盖。所以，相对固定的"名"永远落在永恒变动的"实"之后，如若局限于"名"之所指，"实"的无穷意义则会受到遮蔽。

其次，"名"的分别性与"实"的开放性也导致了"实"的无穷意义受到

"名"的限制。"名"不仅是"实"的名称，而且包含着人对"实"的意义的判断，所以"名"是人主体性的重要体现。由于人的主体性受历史时空、知识结构、情感欲求等方面的制约，或"拘于虚也"，或"笃于时也"，或"束于教也"，所以，从主体性出发所得到的对"实"的判断和理解也必然是有限的和有分别的。正如钱穆引刘咸炘曰："一名止该一实，不可概施于异实。凡义皆立于所适，不可概施于异事。"① 相对于"名"来说，"实"作为自在之物，虽然寂然无为，虚位以待，但当人们前去理解时，"实"的意义便敞开了，它犹如永不枯竭的源头，完整而无穷，以"名"指"实"，注定如管窥天，如锥指地，无法穷尽。"宋人资章甫而适诸越，越人断发文身，无所用之。"（《逍遥游》）在宋人眼中，礼帽贵重而有用，但是在断发文身的越人那里，却只是一个无用之物。"有用"与"无用"，皆是"名"，"章甫"有用亦无用，取决于人的需要，若只识其"有用"，而不识其"无用"，做分别见解，则只能知其一，不能知其二。又如在惠子看来，大瓠盛水则不坚，剖之为瓢则不能容物，实为无用；而庄子缚之于身，浮于江湖。在庄子看来，惠子"固拙于用大"，而不识其他用，"犹有蓬之心也夫！"（《逍遥游》）心有所碍，故不知"实"全体无穷之意。正如陈碧虚注曰："物无小大精粗，在人善用。"② 林疑独也说："未尽性则不真达，故云'有蓬之心'。"③ 以私心来定"名"，并以"名"来指"实"，必然不得真常，所以，"实"之意义必囿于"名"之所指。庄子在《齐物论》中说："其分也，成也；其成也，毁也。"又说："是非之彰也，道之所以亏也。""名"是有分别的，"名"之一出，"实"在某一方面的意义便得以彰明；与此同时，"实"的无穷意义也受到遮蔽。

"名"有固定性和分别性的局限，不能穷尽变动不居和整体敞开的"实"，不能局限于用"名"来追求"实"的意义，所以庄子主张"无名"，"圣人无名"。老子曰："名可名，非常名。"一切有所指的"名"皆不能穷尽"实"的意义，唯有破除所指的"无名"之"名"才是"常名"，所以"无名"在于揭示"名"的固定性与分别性，指向被"名"所遮蔽的"实"的无穷意义。庄子曰："以指喻指之非指，不若以非指喻指之非指也。"（《齐物论》）"指"有其具体所指，"非指"则指向"指"所忽视的广泛意义，"非指"是对"指"的超越，是将意

---

① 钱穆：《庄子纂笺》，三联书店，2014，第 185 页。
② 褚伯秀：《庄子义海纂微》，华东师范大学出版社，2014，第 20 页。
③ 褚伯秀：《庄子义海纂微》，华东师范大学出版社，2014，第 19 页。

义敞开。正如王夫之说："以言解言之纷，不如以无言解之也。……天地万物，岂有定哉？忘言忘象，而无不可通，于是应无穷也，皆无所碍。"① 由此可见，以"无名"破"名"之遮蔽，旨在返归"实"的无穷意义。

二 "名"可掩"实"的自在本真

"实"的规定性存在于"实"自身之中，并非由"名"所赋予，"实"是自足自在的，"实"即是"真"；而"名"非但不能规定"实"之真，而且还会在人们逐求名声的过程中，感情用事，虚张声势，虚情假意，进而掩盖"实"的本真。

首先，"名"体现的是人对"实"的主观理解，而"实"则是由自在本性规定的。在"名"的观照之下，"实"的意义得以显现，但是"实"所显现出来的规定和意义并非"实"本身，而是"名"的判断，进而为人的主观理解。庄子曰："小知不及大知，小年不及大年。奚以知其然也?"（《逍遥游》）朝菌的生命很短，那是相对人的寿命而言，而朝菌认为一日一夜为久；当人们说彭祖为久时，展现的是人对其百年寿命的感慨，而彭祖并不以为长。对于朝菌、人类或是彭祖来说，一夜与百年，乃至千年，皆是生命的完整周期，自在自足，实质上无久暂之分。所以，以短暂之"名"指称朝菌，以长久之"名"指称彭祖，所反映的只是人类的自我感悟，是名相，而非"实"之真性。正如吕惠卿说："众人之匹彭祖，则亦失其性而已矣，此乃至人之所以深悲也。"② 人以己观物，以"名"称"实"，必将失其物性。庄子认为，本性就是"实"，是真性、自在，求"实"就是顺应万物的本性，"名相反而实相顺也"（《庚桑楚》），而至人就是不离并顺应自己与万物本性的人，"不离于真，谓之至人"（《天下》）。庄子曰："凫胫虽短，续之则忧；鹤胫虽长，断之则悲。故性长非所断，性短非所续，无所去忧也。"（《骈拇》）鸭的腿短，鹤的腿长，两者皆自足其性，如若人为地截短或续长，都是破坏真性。

庄子在《外物》篇中讲了一个故事。庄子家贫，向监河侯借粮，监河侯答应了，但说要等到年底得到封地的税粮后再借给他。庄子很生气，于是讲了一个寓言：一条鱼离开了东海，缺水将死，请求庄子用一斗水来救活它，而庄子说他

① 王夫之：《老子衍·庄子通·庄子解》，王孝鱼点校，中华书局，2009，第 92 页。
② 吕惠卿：《庄子义集校》，汤君集校，中华书局，2009，第 5 页。

将前往南方的吴越两国，到时再请两国君王引西江之水来迎接它。在这个故事中，监河侯在名义上答应借粮给庄子，庄子也在名义上答应了鱼的请求，但实际上没有给予任何的帮助，因为未能顺应和尊重本性的要求。所以，顺应万物的自在本性，必须要去除主观判断，通过"无名"来达到，"功成者堕，名成者亏。孰能去功与名，而还与众人！"（《山木》）将主体占有的万物本性还归万物，这正是庄子的哲学任务之一。

其次，"名"是"实"的外表，"实"是"名"的本质，当人们用"名"来指"实"的时候，往往逐"名"而忘"实"，进而掩盖"实"的真实情状。庄子曰："以名为表。"（《天下》）"名"既是"实"的表现，又是"实"的代表。在现实生活中，虽然"名"不符"实"的情况时有发生，但是在社会评价体制的作用之下，"实"一旦被"名"所赋予，一定的"名"就代表着一定的"实"，在人们的习惯观念中，"名"与"实"是理所当然地对等的，见"名"如见"实"，求"实"就等于求"名"。然而，"名"与"实"毕竟不同，如果将"实"与"名"对立起来考察的话，"实"难得，"名"易求；"实"是根本的功夫，而"名"是表面的文章。所以，一个人若只想求"名"，非但不会踏踏实实地去做事，而且还会用"实"来伪装自己，欺世盗名，如此一来，"实"的本真便被"名"所掩盖了。

《庄子·田子方》中讲了一个故事，庄子到鲁国时说："鲁少儒。"虽然鲁国上下喜穿儒服，但非真儒，于是建议鲁哀公颁布法令，"无此道而为此服者，其罪死"，结果五天之后，除了孔子之后，鲁国人民再也不敢穿儒服了。"儒服"象征着儒士之"名"，儒服易习，而儒道难得，外有其"名"而内无其"实"。为此，庄子说道："去汝躬矜与汝容知，斯为君子矣。"（《外物》），即去除外在假装的表现和学识，才能见到真正的君子。庄子还说"为善无近名"（《养生主》），只有去"名"，才能显现人性的真实，培养真正的美德。

再次，"实"为真，真实发自人的内心，是真情实意；而"名"作为对事物的价值判断，往往充斥着许多复杂的人为情感，有些是勉强的，有些是过激的，而从这些非正常的情感出发所得出的"名"必然是不"实"的。庄子曰："真者，精诚之至也。不精不诚，不能动人。故强哭者虽悲不哀，强怒者虽严不威，强亲者虽笑不和。真悲无声而哀，真怒未发而威，真亲未笑而和。真在内者，神动于外，是所以贵真也。"（《渔父》）庄子认为，真实的表达和判断一定要发自内心的诚意，不可有一点儿勉强，勉强即伪。"强哭""强怒""强亲"，虽然名义上是哭、怒、亲，实质上未哭、未怒、未亲。真实者无名，犹如"真悲无声""真怒未发""真亲未笑"一样。除了勉强造作的情感之外，主观的好恶之情也常常偏离真常，由此而发出的"名"也会掩盖"实"的本真。庄子曰："夫传两喜两怒之方，天下之难者也。夫两喜必多溢美之言，两怒必多溢恶之言。凡溢之类妄；妄，则其信之也莫；故法言曰：'传其常情，无传其溢言，则几乎全。'"（《人间世》）"名"通过语言表现出来，语言具有修饰性，"言隐于荣华"（《齐物论》），所以使者传话，如果想让两国同时高兴，往往就要说一些过誉的话；而如果想让两国交恶，就会说出过损的话。不管是过分赞誉，还是过分贬损，都是妄而非真，是以"名"掩"实"。所以，欲达到"实"之本真就要摒弃虚假的名相，去除主观好恶，平淡如水，返璞归真。

三 "名"可乱认知、心性之明

"名"是人对"实"意义的所指，"名"在展现人自己意义世界的同时，也遮蔽了对世界本真的认知；同时，人们在追名逐利之中，又荡摇了其内在心性的安宁，扰乱了心性修养。

首先，"名"可乱认知之明。"名"不是与"实"一一对应的，因为其中有"成心"的作用。"成心"是充满偏见的"心"，由自我这个主体构成。正如庄子曰："夫随其成心而师之，谁独且无师乎？"（《齐物论》）成玄英释曰："夫域情滞著，执一家之偏见者，谓之成心。"①"成心"通过"名"来展现，"名"的语言所指正是主体的"成心"，如章太炎说："言者，是为有相分别依想取境。"②所以，"名"并不能识"实"之真相，如果执着于"名"，则会乱认知之明。

人之所以有"成心"，源于主体所不可避免的狭隘性，具体来说受到认知角度、生存习惯、生活经历、知识结构和价值观念等方面的限制。从认知角度来说，人对事物的认识受到视角的影响，"横看成岭侧成峰，远近高低各不同"。庄子曰："天之苍苍，其正色邪？"（《逍遥游》）天真是苍茫之色吗？只是人居下视上所致。如果以"苍苍"之名来指"天"，则会蔽于人之见解。从生存习惯来看，人对事物的评价受到习俗的影响。庄子曰："民湿寝，则腰疾偏死，鰌然乎哉？木处，则惴栗恂惧，猨猴然乎哉？三者孰知正处？"（《齐物论》）人习惯生活在干爽平坦的地

① 郭象注，成玄英疏《南华真经注疏》，曹础基、黄兰发点校，中华书局，1998，第31页。
② 章太炎：《齐物论释》，曲经纬校点，崇文书局，2016，第21页。

方，泥鳅喜欢住在潮湿的水中，猿猴喜欢住在高大的树上，"适宜"之名又该如何去规定呢？如果执着于人的见解，"名"则会乱认知之明。从生活经历来看，不同的经历会让人对一个事物得出不同的认识。"丽之姬，艾封人之子也。晋国之始得之也，涕泣沾襟；及其至于王所，与王同筐床，食刍豢，而后悔其泣也"（《齐物论》），丽姬因未到王所，以为王宫生活辛苦，到了王宫之后以为美好，可见，以"苦"之"名"指王宫生活是因为经历所限，丽姬执着于"苦"，故而"后悔其泣"。从知识见解来看，学海无涯，人之所知皆有限度，人们也各有见解。"故有儒墨之是非，以是其所非而非其所是。"（《齐物论》）儒以"非"之"名"来指墨，墨以"非"之"名"来指儒，自相矛盾，所以不可以"名"来明认知。除了知识见解之外，人们的价值观念也各有差异，价值观念通过"名"体现出来。从世俗眼光来看，功名显著谓之"通"，家徒四壁谓之"穷"，而"君子通于道之谓通，穷于道之谓穷"（《让王》）。在君子看来，以仁为政谓之王，暴虐民众谓之寇，但在世俗看来，胜者为王败者寇。"通""穷""王""寇"皆是"名"，执于"名"，则难得认知之明。由此可见，"名"出于"成心"，"成心"出于己是之见，所以，"名"所反映的只是"实"之一隅，执着于"名"，则失认知之明。

其次，"名"可乱心性修养。心性不同于成心，成心是一己之偏见，心性要达到的是无我之一体之境，所以心性修养必然要"无己""无功""无名"，正如庄子曰："至人无己，神人无功，圣人无名。"（《逍遥游》）只有"无己"，才能顺应万物的本性；只有"无功"，心才能免被外物所累；只有"无名"，才能远离虚荣，还归本真。庄子认为，心性修养需要虚静，而"名"会引起争斗。庄子曰："德荡乎名，知出乎争。名也者，相轧也；知也者，争之器也。"（《人间世》）美名是稀缺的，又是人们所向往的，"名"应该与"实"相应，有其"实"自然有其"名"，所以真正的"名"是不可求的。如果人们运用自己的聪明去求"名"，则必然引起争夺，"不争，名亦不成"（《至乐》），如此一来，既会丧失对真实的追寻，又会导致心性发狂，德性摇荡。正如憨山解释道："德之不能保全者，为名之荡也。名荡而实少矣。"① 心性修养还需要恬淡，而"名"会刺激欲望，破坏恬淡。名誉直接对应着功利，"名利"二字，不可区分，因利而有名，因名而得利。所以，求名就是求利，求利则会欲望膨胀，破坏恬淡，使心性受到物欲系累而衰

---

① 憨山：《庄子内篇注》，梅愚点校，崇文书局，2015，第 67 页。

竭。庄子曰："一受其成形，不亡以待尽。与物相刃相靡，其行尽如驰，而莫之能止，不亦悲乎！"（《齐物论》）心性是超越物欲和名利的，欲望越大，越会追名逐利，只会加速心性的衰竭。所以，修养心性必须保持虚静和恬淡，"生无爵，死无谥，实不聚，名不立，此之谓大人"（《徐无鬼》）。

四　置"名""实"于"中道"

"名"虽然存在固定性、分别性、暂时性、外在性和虚假性，并遮蔽了"实"的本真，扰乱人的认知与心性，但又不能全然否定和抛弃"名"。"名"之所指，是人们对世界万物当下意义的领会，是人道意义的彰显，具有历史的合理性；而且，"实"又必须通过"名"来展现，无"名"，则"实"无以言表。庄子用"中道"来中和"名""实"，既不执着于"名"，又不放弃"名"的功用。

"中道"是中国哲学处理对立统一关系时常用的思维方式，其旨趣在于超越对两个极端的偏执，中和两者各自的作用，使之不相互妨碍，彼此贯通。老子在谈到"有""无"关系时说："此两者同出而异名，同谓之玄，玄之又玄，众妙之门。"老子的"玄同"便是"中道"。孔子"叩其两端而竭焉"（《论语·子罕》）的中庸思想也是"中道"思维的应用。庄子的"中道"思维主要体现在因循自然和复通为一两个方面，以此来解决"名""实"之间对立的问题。

庄子的"中道"思维首先体现在因循自然的思想之中。所谓因循自然，就是顺应自然的变化流动，不超前亦不滞后，不推进亦阻止。这个思想作用在"名""实"关系上就是顺应"实"的变化来规定"名"，并顺应"名"的变化来追寻"实"。庄子曰："方生方死，方死方生；方可方不可，方不可方可；因是因非，因非因是。是以圣人不由而照之于天，亦因是也。"（《齐物论》）庄子在这一段话中表达的正是因循自然的思想。"天"指自然、本来，"因"是顺应、因循，圣人不持己见，不做判断，因循自然，归于本来。庄子认为，从"实"来看，万物都处在无穷变化之中，"实"在变化中呈现不同的存在状态，这些存在状态在"实"的整体中转瞬即逝，变化不居，本来无以名状，人们在相对静止中通过"名"来理解和指称这些状态，或名之曰"生"，或名之曰"死"，或名之曰"可"，或名之曰"不可"，或名之曰"是"，或名之曰"非"。这些"名"在世俗看来，是"实"的指称，且彼此矛盾，但在圣人"中道"思维的观照之下，"实"在生时名曰"生"，不能曰"死"，但又不局限于"生"，因为"实"不永生；"实"在死时名曰"死"，不能曰"生"，但又不局限于"死"，因为大道流行，"实"不恒死。"名"皆是不得已而有之，犹如"道可道"之"可道"，"名可名"之"可名"，"道"本不可道，不得已而"可道"，"名"本不可名，不得已而"可名"。正如老子曰："吾不知其名，强字之曰道。"庄子也说："名，公器也，不可多取。"（《天运》）所以，"名"只是权且立之，"名"中开放着"无名"，"无名"中确立着"名"，边立"名"，边破"名"。由"名"指"实"，"实"进而"名"破；新"名"又起，以致无穷，这便是"物化"。圣人因循自然，得"名"而不失"常名"，达到"名""实"不二。

庄子的"中道"思维还体现在复通为一的思想之中。"中道"不二，故为"一"，"一"包含"二"，又统摄"二"，所以"一"而"二"，"二"而"一"。庄子曰："凡物无成与毁，复通为一。"（《齐物论》）陆西星解释道："凡物有高下、美恶、常怪、成毁，自道眼观之，皆通一而无二矣，故曰：道通为一。"①从"名""实"关系来说，"名"之所"成"即"实"之所"毁"，其原因是"名"囿"实"的无穷意义，掩"实"的自在本真。然而，"成"与"毁"也是相对的，"成"是从暂有上说，"毁"是就流行上论，"实"之"毁"造就了"名"之"成"，而"名"之"成"正是"实"之"毁"的新生，不立则不破，不破则不立，以此循环不已，大化流行。所以，从"中道"来看，"名"与"实"皆无"成"与"毁"，"复通为一"。庄子曰："天地与我并生，而万物与我为一。既已为一矣，且得有言乎？既已谓一矣，且得无言乎？"（《齐物论》）"名"是"一"，"实"也是"一"，"名"可指"实"，亦不可指"实"。"实"通过"名"来展现，所以"名"可指"实"；"名"又会遮蔽"实"的全体大用，所以"名"又不可指"实"。在庄子的哲学中，"名"并没有被加以否定，而是要求人们在以"名"指"实"的同时，更要以"实"观"名"，明白"名"的有限性，用"名"而不执于"名"。

在《天道》中，庄子明白地指出"名"的地位，认为"名"不可废弃。他说："是故古之明大道者，先明天，而道德次之；道德已明，而仁义次之；仁义已明，而分守次之；分守已明，而形名次之；形名已明，而因任次之；因任已明，而是非次之；是非已明，而赏罚次之。赏罚已明，而愚知处宜，贵贱履位，仁贤不肖袭情，必分其能，必由其名。以此事上，以此畜下；以此治物，以此修

---

①　陆西星：《南华真经副墨》，蒋门马点校，中华书局，2010，第 27 页。

身；知谋不用，必归于天；此之谓太平，治之至也。"在这一段话中，庄子描述了大道运动的整个过程，这个过程既不是下降的，也不是递进的，而是循环往复的。首先是由形上到形下的过程："天"—"道德"—"仁义"—"分守"—"形名"—"因任"—"是非"—"赏罚"；其次是由形下复归形上的过程："赏罚"—"是非"—"因任"—"形名"—"修身"—"天"。在这个循环的过程中间，无高低上下之分，皆是大道流行的一个必要阶段，而且各自具有不可取代的作用，"名"也是如此。

"名"虽然不可或缺，但大道是一个流行的过程，所以"名"可用，但不可执。"名"与"实"的对立以及对心性的扰乱，从根本上说，是执着于"名"所致。庄子曰："无誉无訾，一龙一蛇，与时俱化，而无肯专为；一上一下，以和为量，浮游乎万物之祖；物物而不物于物，则胡可得而累邪！"（《山木》）只有将"名"与"实"两者"复通为一"，"无誉无訾"，并因循自然，"与时俱化"，方能消解"名"对"实"的局限，解脱心性系累，达到生命的自在逍遥。

庄子的"齐物论"思想及其实践意义

安徽省庄子研究会秘书处　牛怀慧

摘　要："齐物论"是庄子哲学思想的重要支柱之一。本文从这一理论产生的社会背景、哲学内涵、实践功用和现实意义几方面做了深度剖析。"齐物论"产生于思想高度自由的战国时期，代表了那个时代哲学的高度。"齐物论"不是抹杀差异，而是基于"道"的认识，对世界的重新认识和评价。既是世界观，也是方法论。"齐物论"帮助人们以平等观念看待万事万物，从而跳出自私自利的圈子，与世界和谐共处。在中国特色社会主义现代化建设的今天，这一思想仍然有着可资借鉴的现实意义。

关键词：齐物论　齐一　物化　成心　与天为一

生活在战国时期的庄子，不仅是中国历史上伟大的文学家，而且是伟大的思想家和哲学家。他在继承老子学说的基础上，创建了以"道"为核心又有别于老子的认知体系，其理论光芒照彻了自然、社会和人生的各个领域。庄子对世界的态度以及他深邃的哲学思考，对后世哲学的发展、后来人们的心理状态都有巨大而深刻的影响。可以说，两千多年来，庄子思想不仅影响了中国人的思维方式，还影响了中国人的精神面貌和生活方式。庄子思想博大精深，本文仅从其"齐物论"方面做如下几点阐述。

一　"齐物论"产生的社会背景

自春秋至战国，中国社会动荡，战火频仍，但这一时期也是中国历史上少有的思想解放、学术自由的黄金时期。那时，文化氛围空前宽松，学术思想异常活跃，各种学说异彩纷呈，伟才大家层出不穷，这就是让后人津津乐道的"百家争鸣"。恰如恩格斯评价欧洲文艺复兴时说的："那是一个需要巨人而且产生了巨

人的时代。"（恩格斯《自然辩证法·导言》）

诸子百家站在各自的角度，看待和解释世界，"仁者见仁智者见智"，一时间思想芜杂，议论纷纷。各国的说客们，争强好胜，善于雄辩，但大多只是执着于自己的观点，甚至互相攻讦，彼此伤害。正是在这一背景之下，庄子提出了"齐物论"的主张。在他看来，万事万物根本上皆出于道，是"齐一"的，这就是"齐物"的思想。因为万物同道，是"齐一"的，那么对这个世界的认识也应该是"齐一"的，没必要过分强调彼此的差异，这就是"齐论"。由此可见，"齐物论"包含着"齐物"和"齐论"两个方面的认识。面对诸子百家各起炉灶"自立山头"的现实，庄子敏锐地注意到了当时许多思想家表现出的"弱于德，强于物"（《庄子·天下》）、重于外轻于内的倾向，指出他们也必然在"与物相刃相靡"（《庄子·齐物论》）中丧失本真之我，并使自己的精神受到戕害。

正是在这一背景之下，庄子以站在人类头顶的视角关注和反思这个世界，力图打破心灵枷锁，破除各种狭隘的执着，试图找到一条通往自由自在的精神之路。面对当时许多为论者被外物所困扰、所异化而不自知的现实，庄子鄙薄于他们的自以为是，站在"道"的高度，慧眼独具地提出了"齐物论"的主张，给当时的人们特别是知识界提供了一个全新的认识和评判世界的参照体系。

二 "齐物论"的哲学阐释

哲学是关于世界观的学问，而世界观是指人们对整个世界的总的看法和根本观点。那么，庄子的世界观是什么？它又有着怎样的意义和影响呢？

庄子的世界观反映了他对这个世界的基本认知。庄子哲学是对老子学说的继承和发展，其核心和基础都归结为一个"道"字。

"道"的本义是道路，是到达目的地的途径。老子把这个"道"做了引申，赋予了它一个全新的哲学意义。道是什么？简单地说，就是宇宙的本根、本源和蕴藏于万事万物之中的普遍规律。老子说"人法地，地法天，天法道，道法自然"；庄子则把"道"作为其哲学体系中最高的范畴，从而厘清了道家哲学体系中诸多概念的层次关系。他在《庄子·大宗师》一文中阐释了"道"的基本内涵："夫道，有情有信，无为无形；可传而不可受，可得而不可见；自本自根，未有天地，自古以固存；神鬼神帝，生天生地；在太极之先而不为高，在六极之下而不为深，先天先地而不为久，长于上古而不为老。"他认为世界是由"道"决定的，而不是由神创造的。但与老子不同的是，庄子还认为"天下通一气耳"（《庄子·知北游》）。
"气"是充满于天地之间的普遍存在，是万物统一的基础，"道""气"配合而生
万物，所以"气"也是化生万物的根本。这些观点都是对老子"道"论的突破，
带有朴素的唯物主义色彩，也为后来唯物主义思想的形成奠定了基础。

　　庄子认为宇宙是无穷无尽的，同时又是不断发展变化的。他在《庄子·庚桑
楚》中对宇宙下过定义："有实而无乎处者，宇也；有长而无本剽者，宙也。"按
照《经典释文》的解释，前者指四方上下之空间，后者指古往今来之时间，空间
与时间的无穷就是宇宙的无穷。庄子在主张宇宙无限的同时，也承认具体事物的有
限性。无限包含有限，有限通向无限。无限和有限是对立而又统一的关系。庄子认
为运动变化是天地间的普遍现象，是一切事物的共同特点。"若化为物，以待其所
不知之化已乎。"（《庄子·大宗师》）"物之生也，若骤若驰。无动而不变，无时而
不移。"（《庄子·秋水》）万物运动变化的动因在于事物自身（即"自化"），而不
是外力的作用。事物内部的矛盾斗争推动着事物的发展变化，矛盾的双方既是对立
的，又是统一的。它们既互相依存，又互相渗透、互相贯通和互相转化。庄子这种
对立统一的观念包含着辩证法的因素，可以看作后来唯物辩证法的理论前驱。关
于事物的运动变化，庄子提出了"物化"的观点。"物化"表现的是大自然发展
变化的关系和特征。什么是"物化"？他在《庄子·齐物论》中有一个很形象的
解释："昔者庄周梦为胡蝶，栩栩然胡蝶也，自喻适志与！不知周也。俄然觉，
则蘧蘧然周也。不知周之梦胡蝶与，胡蝶之梦为周与？周与胡蝶，则必有分矣。
此谓之物化。"庄周梦蝶，表现的就是对"物化"问题的思考。以前有人说"庄
周梦蝶"表现的是对世界的怀疑，对生存的迷茫，这是不准确的。庄子借这一故
事表现的是人与物之间的互化，这种物我合一，是一种高度融合的境界，是一种
极其深刻的哲学思考。"若人之形者，万化而未始有极也……又况万物之所系，
而一化之所待乎！"（《庄子·人间世》）"若化为物，以其待其所不知之化已乎！"
"命物之化而守其宗也。"（《庄子·德充符》）庄子认为，人死之后，会变成其他
各种各样的事物，这些事物死后又会变成其他的事物，如此生生死死，循环不
已。不单是人，万事万物也处在变化之中，宇宙即一变化之流，万事万物不是固
定不变的，而是无时无刻不在变化之中。庄子认为事物发展的最终形式是循环，
"万物皆出于机，皆入于机"（《庄子·至乐》）。又说"万物皆种也，以不同形相
禅，始卒若环"（《庄子·寓言》），意思是万物是同"种"关系，形状不同，彼
此可以相互转化，而这种转化始则有终、终则又始，呈现一种环状的循环。我们

可以用"始卒若环""万物一齐"对这一思想做一个概括。庄子的"物化"观点是符合辩证法的,也为他的"齐物论"提供了依据。由此可见,"齐物论"既有世界观的内涵,又属方法论的范畴。

在庄子看来,一切事物归根结底都是相同的,没有什么差别,也没有是非、美丑、善恶、贵贱之分。庄子认为万物都是浑然一体的,并且在不断向其对立面转化,因而没有必要去刻意地加以区别。需要说明的是,有人认为庄子的这种见解是过分强调了事物的"齐一",忽略了彼此间的差异性,因而具有片面性。而否定事物间的差别,混淆彼此的界限,势必会堕入纯粹的调和主义的泥坑。其实从齐物论提出的背景可以看出,庄子主张消除万物的差别和对立其实是有一个前提的,那就是首先承认现实生活中普遍存在矛盾和对立,然后从本质上或者说从"道"上去重新考量,是对世界的重新认识和评判。庄子的用意不在把世界搞得千篇一律,如果说他完全抹杀了事物的界限,那他就不会和统治者格格不入了。他说的"万物一齐",是"以道观之"才有的结论,而这恰恰表现了庄子对世俗的否定,对无差别的自由境界的向往。庄子认为,要达到无差别的精神自由之境,就必须去除"成心",超脱世俗观念的束缚,忘掉物我之别,忘掉是非之辩。

庄子反对一味地争辩,既浪费口舌,又无助于对真相的求证。事实上,无论怎样争执,"如求得其情与不得,无益损乎其真"(《庄子·齐物论》)。万物内含的彼此对待和区别的因素是客观存在的,人们常说,世界上没有完全相同的两片树叶,讲的就是这个道理。"非彼无我,非我无所取。"(《庄子·齐物论》)庄子指出,凡事凡物都有"彼""我",没有"彼"就没有"我";反过来,如果没有"我","彼"也无法得到呈现,"彼""我"之间是对立统一、相辅相成的。"故有儒墨之是非,以是其所非而非其所是。"(《庄子·齐物论》)这里提到了是非的对立存在。有了是非以后,人们自以为"是",否定他人观点,"是其所非","非其所是"(《庄子·齐物论》)。"物无非彼,物无非是","彼出于是,是亦因彼"(《庄子·齐物论》),庄子认为,事物之间是"彼是"相因、相互依存的关系。在这种情况下,刻意去判断"孰是孰非",就没有什么意义了。人们生活在多样化、多极化的世界里,与其吵吵嚷嚷各自为是,还不如放空自己,与道为一。如此才能获得人生的自在逍遥。

二 齐物,才能与天为一

"齐物论"是庄子哲学大厦的一个重要支柱。庄子的"齐物论"是一种立足于"道"的齐万物、齐是非、齐物我的富有对立与统一思想的辩证理论。这个"齐一"或者"一齐",是只有站在"道"的高度,完全抛开了"成心"才能获得的认识。什么是成心？唐代庄学家成玄英解释为:"夫域情滞著,执一家之偏见者,谓之成心。"成心往往带有偏见,它会导致人与人、人与物的隔阂与冲突,造成彼此关系失衡,严重的还会产生暴力,给人类社会带来巨大的灾难。

"万物一齐,孰短孰长？"(《庄子·秋水》)一切纷纭杂乱的对立,都是人们眼中的所见,或者说是"人为"的结果,未必就是事物的本来面目。在庄子看来,万事万物统一于"道",而"物化"的观点则指出了事物之间的依存与转化。如此,刻意强调事物的差别和对立也就没有必要了。庄子超越世间的纷纷扰扰,站在"道"的高度,重新打量和思考这个世界,进而提出"万物一齐"的观点。庄子认为:"是非之彰也,道之所以亏也","彼亦一是非,此亦一是非。"(《庄子·齐物论》)一切是非之争都是对"道"的割裂,是非判断的标准是变化不定的,因而是非的区分也是没有必要的。人世间之所以有这么多的是非之争、善恶之辩,都是"成心"使然。"万物一齐"不仅否定了人世间的高低贵贱,同时也否定了人在自然面前的优越感,它体现的是一种"物我平等""众生平等"的思想理念。这对于启发人类如何正确看待社会成员之间的关系、人与自然的关系,无疑具有十分重要的意义。

"齐物"的思想从根本上颠覆了以自我为中心的思维方式,这是人类认识史上的一次巨大进步。说它是巨大进步,就在于它摒弃了旧有的以自我为核心的价值观。人们判断善恶美丑的标准,往往建立在外物对自己的功用之上。庄子认为这种以利己为尺度的评价体系不仅是错误的,而且是十分有害的。庄子从人与道、人与万物的关系入手,以思维重建、价值重估的方式,给人类提供了一条法天贵真、循道而为的准则和路径。他强调人要对自己的本性有准确的认知和高度的尊重,人由道而生,并与万物一样具有道性。遵循而为,就能与万物和谐共生；以道驭物,顺道而为,则能应物不伤,无往而不胜。"齐物"的思想,从认识上打破了物我的界限。只有如此,才能与天为一,才能实现真正意义上的"逍遥游"。

面对纷繁芜杂的世界,庄子给出了个人层面从容应对的方法,那就是以心体道,与道为一。与其纠缠于"此是彼非"之中,不如换个思路,换个角度,超越彼我,泯灭对立,进而实现"道通为一"。对天地间的万物齐一观之,这样就少了些世事的纷扰,少了些钩心斗角、吵吵嚷嚷。承认、允许并包容这些差异性的存在，以"不齐"为"齐"才是正理。"齐"是一种超越的智慧，是一种更大的精神境界和人生格局。有了这种境界和格局，才不会斤斤计较、蝇营狗苟，才不会自高自大、自私自利。

总之，以"道"观之，就是让事物以本然状态存在，顺应天理自然，各任其分。在"道"的层面上，万物是一齐的。有了这个认识，人类才能重新反省自己。不至于把自己看成"宇宙的精华，万物的灵长"（莎士比亚语），好像万事万物都不如我，它们都应该为我服务，从而高高在上、扬扬自得。过去那些"改天换地""征服自然"等口号，其实都是无知的产物。人类本身就是大自然的产物，和其他万物一样，都是大自然的一部分，自以为高出一等，其实就是出于"成心"，是愚昧无知的表现。庄子告诉我们，要放下身段，重新界定自己在宇宙中的位置，重新评判人类在世界上的生存意义。首先要把自己看得和世界万物一齐，然后才能做到顺应自然，与天为一。

三 "齐物论"的现实意义

庄子离开我们已经两千多年了，但是他的学说一直影响着中国人的思维方式和生活方式。时至今日，依然有很强的现实意义。

人生在世，总有许多忧愁和烦恼。有言曰，人生不如意十之八九。庄子探究人生苦难的原因，发现归根结底都来源于人类自身。种种苦恼和不自由的根本原因在于"有待""有己"。只有摆脱各种贪婪和欲望，冲破它们的束缚，"不为物役"才能返璞归真，"夫虚静恬淡寂漠无为者，万物之本也"（《庄子·天道》），做到"虚静恬淡无为"，才能守住人的本性，到达与天地融为一体的境界。

庄子主张"无己"。在庄子看来，大自然的本性是"无为""无情"的，是不因任何人为的意愿而改变其内在属性的，所以任何有待、有情、有物、有名等都是违背"自然"之道的，都会受到人为的干扰和束缚，从而丧失本性。庄子告诉人们，人类和万物本是"一齐"的，根本没有必要去追求身外之物，为物所累。追名逐利，其实是本末倒置。《庄子》一书中体现的淡泊名利、顺物无己、清心寡欲等观念，可以看作我们现在提倡的清廉思想的一个理论渊源。

庄子渴望达到的"乘天地之正，御六气之辩"、"无所待，以游无穷"（《庄子·逍遥游》）的逍遥状态，是来源于一种放弃的智慧。他在《逍遥游》里提到的"无功""无己""无名"，体现了他对当时许多人都孜孜以求的功名富贵的鄙夷态度。他舍弃了物质层面的功名利禄，却在精神层面得到了提升。这在今天看来，仍然是有着借鉴意义的。庄子"游心于道"，放弃了很多世俗的东西，却守住了生命的根本，得到了属于自己的一片天空。这种舍弃与得到，表现的是心灵层面的潇洒与豁达，非智者不能为也！

同时，庄子的齐物思想帮助人们打开了观察世界的另一扇窗户，让人们调整视角，重新认识人与人之间的关系、人与自然之间的关系。人是具有主观能动性的物种，人类的行为会在地球上留下巨大的影响和深刻的印记。因而人们要时时提醒自己，自己是自然的一部分而不是它的主人。人类的生存要依赖自然，要认识和遵循自然规律，除了利用和改造，还要懂得调节和保护。由于受认识水平的限制，人类曾经做过许多违反规律、破坏自然的事情，并遭到自然的惩罚和报复。随着人类自身的不断发展和进步，人类对外部世界的认识也会逐渐全面、深入和准确，从而也会更自觉和更科学地调节与自然的关系，使其越来越趋于合理与和谐。

现在我们提倡可持续发展，建立环境友好型社会，促进人与自然的和谐发展，其实这一理念和庄子的"齐物论"以及"天人合一"思想十分契合。庄子意识到现实中万物的差异不容易消除，因而主张从认识上消除差异，实现观念上的平等，这对当前尊重和保护自然生物、保持生态平衡有十分积极的借鉴意义。可持续发展的生态伦理观力求理论与实践的统一，但实际中往往会遇到很多问题。由于人类与其他事物在主观能动性上的差异，人类的优越感会时时迸发出来，并时不时地表现出主导或者主宰的欲望。因而重提齐物思想，提升外物的地位，加强对它们的保护，有十分积极的现实意义。有了这种认识，人类在生产生活中才能有效地约束自己的行为，爱护自然，遵循自然规律，从而促进人类社会更好、更和谐地发展。

以习近平同志为核心的党中央把握社会发展的正确方向，遵循自然规律和历史规律，制定了基于中国实际的长远发展规划。我们现在讲发展，也要讲生态保护。习近平总书记更是提出了"绿水青山就是金山银山"的发展理念。在实践过程中，要克服过去那种急功近利的狭隘心态，要有大境界、大格局，要把今天的发展和中国社会的长远发展结合起来，把自己的发展和全球的发展结合起来，把人类的发展和宇宙万物的发展结合起来。不可高高在上、自私自利，那样反而会害了自己。有了"万物一齐"的认识，才能在实践中做到"与天为一"，实现长期的可持续发展。从这个意义上讲，我们今天乃至未来的发展建设，都依然离不开庄子的思想和庄子的智慧。

庄学应用价值研究

庄子"齐物论"思想的哲学治疗功能

安徽大学哲学系　陈　红　周稳荣

摘　要：庄子看到人们为荣辱得失、是非争辩疲惫不堪的状况之后，提出了"齐物论"思想，并从"齐万物""齐是非""齐物我"三个角度去分析，试图改变人们的世界观，使其放弃以自我为中心的态度，承认万事万物的自然性与自主性，放弃因偏见而引起的是非争论。"齐物我"是对"齐万物""齐是非"的深入，"泯灭物我之别"是消解外在痛苦的最终手段。庄子的"齐物论"思想为调节人的心理状况，提供了非常有效的方法和借鉴。

关键词：齐万物　齐是非　齐物我　成心　治疗

一　齐万物：万物齐一

庄子把形形色色的物看作"物"，将物抽象化，故世间万物仅为"物"。庄子主张万物齐一，齐于"道"。他通过思辨的方式，达成了对"万物齐一"关系的理解，在达成这种理解之后，物不为心累，心也不为物役，从而获得一种精神上的解脱。

庄子认为"物固有所然"。庄子认为，虽然世间万物千差万别，但人们应在承认它们存在差别的同时，认识到万物皆为宇宙整体的组成部分，既有差异性，也有其共性，应用平等的眼光来看待它们，去掉偏颇，维持内心世界的平静。因而，庄子在《齐物论》中写道：

> 夫大块噫气，其名为风，是唯无作，作则万窍怒呺，而独不闻之翏翏乎？山林之畏佳，大木百围之窍穴，似鼻，似口，似耳，似枅，似圈，似臼，似洼者，似污者。激者，謞者，叱者，吸者，叫者，譹者，宎者，咬者，前者唱于而随者唱喁。泠风则小和，飘风则大和，厉风济则众窍为虚。

而独不见之调调之刁刁乎？……地籁则众窍是已，人籁则比竹是已，敢问天籁。……夫吹万不同，而使其自己也，咸其自取，怒者其谁邪？

庄子指出，人们应该懂得"万物固然"的道理，接纳万物各自的特殊性、差异性，以及存在的合理性，并用宽容的态度来对待它们。人们通常以自我为中心，从自己的感受出发，以人为万物的价值标准，将万物划分开来，区别对待。追求自己喜欢的东西，得到了就喜不自胜，忘乎所以，如果得不到，便忧愁焦虑，愁眉不展；厌弃自己讨厌的东西，一旦遭遇就痛苦不已，苦闷挣扎。因为人们尚未认识到万物各自存在的特殊性、平等性和自足性，仍未认识到庄子所说的"物固有所然，物固有所可。无物不然，无物不可"的道理。

庄子提出了"齐万物于道"的观点，认为尽管世间万物各有不同，自成自化，都有自己的独特性，在属性上有个体的差异，但它们的本质是相通的，都是"道"的一部分。"其分也，成也；其成也，毁也。凡物无成与毁，复通为一"，"万物皆出于机，皆入于机"，"万物皆种也，以不同形相禅，始卒若环，莫得其伦，是谓天均"。

庄子进一步指出："以道观之，物无贵贱；以物观之，自贵而相贱；以俗观之，贵贱不在己。以差观之，因其所大而大之，则万物莫不大；因其所小而小之，则万物莫不小；知天地之为稊米也，知毫末之为丘山也，则差数睹矣。以功观之，因其所有而有之，则万物莫不有；因其所无而无之，则万物莫不无；知东西之相反而不可以相无，则功分定矣。以趣观之，因其所然而然之，则万物莫不然；因其所非而非之，则万物莫不非；知尧桀之自然而相非，则趣操睹矣。"（《秋水》）

从"物""俗""差""功""趣"五种视角看待万物，就会得出截然不同的结论，说明认识也会千差万别，但以"道"观之，则可听任自然，包容万物，于是就会看到"天地一指也，万物一马也"的景象。以"万物齐一"的观点来看待人们身边的万事万物，那么所谓的大小、贵贱、有无、存亡、善恶、荣辱、是非、得失、美丑、高下的评价都只不过是基于外在的评价标准，均是短暂的、外在的、相对的，对人们的精神来说，它们都是平等的。"齐万物"的思想是让人们体会万物存在的合理性，是一种价值上的平等，并以平等态度来对待它们，把世界的多样性融合在"道"中，从而有效减少外在事物和评价体系对心灵的伤害，保持内心世界的宁静。

二 齐是非：消除"成心"

"齐物"也即齐是非、齐差别、齐大小等。在庄子看来，问题的关键在于是非之争缺乏判断的客观标准："既使我与若辩矣，若胜我，我不若胜，若果是也，我果非也耶？我胜若，若不吾胜，我果是也，而果非也耶？其或是也，其或非也耶？其俱是也，其俱非也耶？我与若不能相知也。则人固受其甚暗，吾谁使正之？使同乎若者正之，既与若同矣，恶能正之？使同乎我者正之，既同乎我矣，恶能正之？使异乎我与若者正之，既异乎我与若矣，恶能正之？使同乎我与若者正之，既同乎我与若矣，恶能正之？然则我与若与人，俱不能相知也，而待彼也哉？"关键就是价值信念在不同的人之间无法进行沟通，即"俱不能相知也"。

庄子指出，是非之争没有客观有效的评判标准，揭示不同的人不可能存在共同的价值信念。相同的事物在不同的人心目中有不同的看法，而人们在交流中各持己见，互不相让，于是有了是非的纷争，纷纷"以是其所非，而非其所是"，陷入是非争论的泥沼，给心灵带来诸多的痛苦和烦恼。由于是非难定，引来世事纷扰，庄子提出了"齐是非"的思想，认为是非是源自人们各自的"成心"。所谓"成心"是指人的主观偏见。世人都有成心，"夫随之成心而师之，谁独且无师乎？奚必知代而心自取者有之？愚者与有焉"。无论是聪明人还是愚蠢者，都有自己的"成心"，在认识事物之前就已经形成偏执，习惯用自己的主观偏见作为判断是非的标准。不同的人由于有不同的"成心"，就会有不同的是非标准，庄子由此得出"是非标准是相对的"结论。人们通常以自己的是非标准为标准，企图通过争论和辩论强迫他人接受自己的观点，以一种差异性去扼杀另外一种差异性，用一种声音掩盖另外一种声音。

之所以有"成心"就在于，人们拘泥于"我"，以自己为中心，就很难以客观的眼光看待其他"物论"，再也看不见那个原本自然平等的世界。世人皆以自我为中心来看待事物，思考问题，对待他人，由此便产生了种种烦恼和争执。因此化解是非，关键在于消除对"我"的执着，忘却"我"的存在，这样就能从是非争论中解脱出来。只有消解"成心"，以平等包容的心态对待各种不同的思想和意见，以一种超然的齐是非态度，才能杜绝无谓的惹是生非，避免无意义的是非争论，避免伤害心灵，使我们收获安定平和的内心。

再者，庄子把事物的价值判断标准归结为"道"。他指出，人们往往被自己的小智所隐蔽，以自己的一孔之见与他人争论，如果都按照各自的是非标准来判断，那么这样的是非论辩是永远没有穷尽的，在没有终结的争论中，大道被是非争论所蒙蔽。因而，庄子把圣人作为超越是非、通达于"道"的理想形象，向人们描绘了对待是非应有的态度：

> 是以圣人不由，而照之于天，亦因是也。是亦彼也，彼亦是也。彼亦一是非，此亦一是非，果且有彼是乎哉？果且无彼是乎哉？彼是莫得其偶，谓之道枢。枢始得其环中，以应无穷。是亦一无穷，非亦一无穷也。故曰：莫若以明。
>
> 唯达者知通为一，为是不用而寓诸庸。庸也者，用也；用也者，通也；通也者，得也。适得而几矣。因是已，已而不知其然谓之道。
>
> 是以圣人和之以是非而休乎天钧，是之谓两行。
>
> 是故滑疑之耀，圣人之所图也。为是不用而寓诸庸，此之谓以明。

庄子认为圣人掌握了"道"的"枢要"，知晓万物相通为一的道理。他们以"道"的观点来看待是非，知晓争论无用，因而能超越是非对立。像圣人这样通晓"不用言语的辩论、无可称说的大道"的人，有着广阔、涵容大道的心胸。

庄子告诉人们：由于人们的身份不同、境遇不一、立场不同等，每个人都有自己的一套对待事物的判断标准，因此对待问题的判断就各有不同。而人们往往以自我的判断作为价值尺度，要求他人接受自己的观点，难免会引起是非的争论。造成这些问题的根本原因就在于缺乏价值判断的客观标准。由于社会上的人们都有自己的价值标准，那么由此产生的各种争论不过是个人不同价值观念的碰撞而已。认识了争论产生的原因及其不可避免性，可以帮助人们放弃固有的主观成见，以更加轻松、淡然的姿态看待身边和自己身处的是非争论，减轻外在评价体系所引发的是非争论及评价对自身心灵的伤害。同时人们也能够更加理解他人观点的合理之处，以更加宽容的心态去理解、包容世间的万事万物。世人都是有偏见、争是非之人，人们的认知方式总是局限于"知"的狭小领域而不能自拔，所以庄子认为，首先要使人们看到超越"是非"世界的可能性，即将人们统一在"齐物论"的认识之下。

三　齐物我：吾丧我之境界

庄子认为，"我"是各种关系中的必然存在，永远处于物我、人我、彼此、是非的关系之中，只要有"我"，就免不了与世上的万事万物及他人相对待；"我"的观念、喜好往往与他物、他人相冲突，"我"总是被动地陷溺于现实的困境之中，而免除这些物我冲突的方式就是"齐物我"，亦即"丧我"。"丧我"就是破除自我中心的偏见，把人类的认识从狭隘、封闭的局限性中提升出来，以广大的、超脱的、开放的心灵来观照万物和把握人类的存在。

《齐物论》开篇以"吾丧我"的"齐物我"形象化描述，说明了庄子的齐物论包含"齐物我"的观点，并假借颜成子游和南郭子綦的对话，提出了"吾丧我"的境界。"南郭子綦隐机而坐，仰天而嘘，荅焉似丧其耦。颜成子游立侍乎前，曰：'何居乎？形固可使如槁木，而心固可使如死灰乎？今之隐机者，非昔之隐机者也？'子綦曰：'偃，不亦善乎而问之也！今者吾丧我，汝知之乎？汝闻人籁而未闻地籁，汝闻地籁而不闻天籁夫！'"

"吾丧我"，即忘记形态、情态的自我，破除成心，去掉心、身上的负累，形如槁木，心如死灰，从而达到心的虚通状态。这就是"齐物我"的境界。人就像物，它不是刻意的结果，也不是造作的产生，而是自然赋予的结果，故而人也不必认定"我"是特别的，是一切的标准。庄子指出，人生各种是非和苦难的根源全系于"心"。要齐"万物"，齐"是非"，从根本上还要齐"物我"。

因而，庄子将世人与外物纠缠的复杂心境描述得淋漓尽致："大知闲闲，小知间间。大言炎炎，小言詹詹。其寐也魂交，其觉也形开。与接为构，日以心斗。缦者，窖者，密者。小恐惴惴，大恐缦缦。其发若机栝，其司是非之谓也；其留如诅盟，其守胜之谓也；其杀如秋冬，以言其日消也；其溺之所为之，不可使复之也；其厌也如缄，以言其老洫也；近死之心，莫使复阳也。喜怒哀乐，虑叹变慹，姚佚启态。乐出虚，蒸成菌。日夜相代乎前，而莫知其所萌。已乎，已乎！旦暮得此，其所由以生乎！"

人们在与外物接触中，时时感受着高兴、愤怒、悲哀、快乐、忧虑、恐惧、浮躁等不同的心理体验，人生之所以惶恐、疲惫，就是因为心不安定，在与外物相接中太想有所收获，有所作为。由于受到心追求外物欲望的驱使，"物"与"我"之间的关系经常性地陷入调和与冲突，也进一步劳累了人们的躯体，损害了人们的健康，其结果又反过来伤神。在不断追逐外物的过程中，心情忽喜忽悲，人生失去乐趣，最后必将身心受损，缩短生命。

人世间的好恶美丑、是是非非，不在于物，而在于我们的心。物之不齐，是其自然状态，只要我们不用"成心"来看待，不拘泥于己见，就没有好坏优劣、是是非非的问题。泯灭好坏、是非要从"我"入手，放弃对自我的过度执着，放弃计较利害得失，这样才能达到安宁平和的心境。"齐物我"就是告诉人们不要有"物""我"之分，应消除追逐外物的念头，摆脱外物的限制，以宽广豁达的心态来对待世间万物，这样才有可能达到"天地与我并生，而万物与我为一"的理想境界，心态平和地度过安详的人生。

结　语

庄子指出，世俗之人自从来到这个世界上，便终身沉溺于对功名利禄的追逐而不能自拔，结果反被这些身外之物所役使，这就是"人为物役"。庄子认为，人生在世，应该过一种高尚的、自由的、理性的生活，如此就必须摆脱功名利禄等身外之物的束缚，消除"近死之心"，达到《德充符》所说的"心未尝死"的境界，这样的人生才有意义，才有价值。庄子认为，人们的认识由于受到种种限制，往往只看到事物之间不同的一面，而事实上，任何差别都只有相对的意义。泰山固然很大，但和无限的宇宙相比又是极其渺小的；秋毫之末虽小，但和感官不能觉察的极细微的东西相比，又是十分巨大的。因而每个事物都是大的，也都是小的。以大道观之，万物都是齐同的。人的心灵也应像大道一样开放，包容一切，不带任何偏见，不受任何限制，这样才能达到"天地与我并生，而万物与我为一"的境界，超越一切世俗的价值，彻底摆脱是非、好恶、利害、生死等世俗观念的困扰，"乘云气，御飞龙，而游乎四海之外"，让精神获得绝对的独立和自由，恢复真实的自我。这样的人生才有意义。

破除"成心"，莫若"以明"

——《庄子·齐物论》为文化建设提供的思考

安徽大学哲学系　魏　微[*]

摘　要："成心"与"以明"是庄子在《齐物论》中提出的一对关于认识方法的范畴。"成心"指固有的意见与偏见，在庄子看来，"成心"是是非彰显的原因，也是"道"亏损隐匿的根源。庄子承认甚至接纳"成心"的存在，但仍期望将"成心"破除，用"以明"开显"道"。"以明"是超越是非、分别的认识方法，是智慧的表现。破除"成心"，莫若"以明"，有助于我们深入理解中国特色社会主义文化建设，也益于我们尊重文化的多样性，增强文化自信。

关键词：齐物论　成心　以明　文化建设

《齐物论》是《庄子》的经典篇章，庄子以精妙之笔将其通达道体、彰显真理的哲思展露无遗。《齐物论》中，"成心"和"以明"是庄子于观念与思维的阐释中提出的重要范畴，厘清庄子破除"成心"，莫若"以明"的思路，不仅有助于我们更进一步理解庄子哲学的内涵，也有助于我们为中国特色社会主义文化建设从优秀传统文化中找寻传承途径。

一

"有以为未始有物者，至矣，尽矣，不可以加矣。其次以为有物矣，而未始有封也。其次以为有封焉，而未始有是非也。是非之彰也，道之所以亏也。"[①]"是非之彰"是阻碍"道"显于世的关键，而引起"是非之彰"的又是什么呢？"未成

---

[*]　魏微，安徽大学哲学系博士研究生，研究方向为道家哲学、中国生态哲学。

[①]　郭庆藩：《庄子集释》，中华书局，2013，第72页。

乎心而有是非，是今日适越而昔至也。"① "成心" 是是非产生的原因，进而是 "道之所以亏" 的根源。

我们先看庄子是如何认识是非的。庄子对待是非持有完全否认的态度吗？显然不是。这从庄子在《齐物论》的阐述中不难看到。"彼亦一是非，此亦一是非"，② 郭象注："此亦自是而非彼，彼亦自是而非此，此与彼各有一是一非于体中也。"③ 成玄英疏："此既自是，彼亦自是；此既非彼，彼亦非此；故各有一是，各有一非也。"④ 郭象与成玄英都将庄子此话解释为，形而下的事物在同一时刻都是其自身所是，不是其所不是。举个简单的例子，一个茶几在盛放物品，即发挥它身为茶几的功能时只能是茶几，不能同时是床或其他物品。世间万物有其固有的是非属性，对此，庄子进行了另一番类似的阐释："可乎可，不可乎不可。道行之而成，物谓之而然。恶乎然？然于然。恶乎不然？不然于不然。物固有所然，物固有所可。无物不然，无物不可。"⑤ 此处，"是" 被庄子表述成了 "可" 与 "然"，"非" 则成了 "不可" 与 "不然"，但它们拥有同样的内涵。在庄子的思想中，无论是非最终能否被破除，是非都是已然存在的，它是万物实存的必然表现。

我们接着看庄子眼中的 "成心"。"夫随其成心而师之，谁独且无师乎？"⑥ 关于 "成心"，成玄英解读为："夫域情滞著，执一家之偏见者，谓之成心。"⑦ "成心" 即偏见、成见，是人固执之见，往往表现出先入的特点。并且，"成心" 区别于随机而生的想法、念头、观点，它是一种片面的思维定式，又因长久无法自觉其片面性而表现出稳定的态势。在庄子看来，人总是难以避开 "成心" 的烦扰，倘若看待事物时以 "成心" 为出发点，就难免形成视域的不同和角度的差异，导致意见的分歧及分歧的扩大。这样的 "成心" 之说，表明且强调了每一认识个体都有成心，有成心则必然有是非，"成心" 是事物所固有的生存结构。庄子又言："道隐于小成，言隐于荣华。"⑧ 这是庄子对是非真理与言辞说辩缘起的直接论断。"小成" 与 "成心" 有不可忽视的关系，可视作 "成心" 的表现或是具体的物，延伸为物之具体的、有限的一面。"小成" 与 "真宰" 也可对举，

---

① 郭庆藩：《庄子集释》，中华书局，2013，第 56 页。
② 郭庆藩：《庄子集释》，中华书局，2013，第 65 页。
③ 郭庆藩：《庄子集释》，中华书局，2013，第 65 页。
④ 郭庆藩：《庄子集释》，中华书局，2013，第 65 页。
⑤ 郭庆藩：《庄子集释》，中华书局，2013，第 68 页。
⑥ 郭庆藩：《庄子集释》，中华书局，2013，第 65 页。
⑦ 郭庆藩：《庄子集释》，中华书局，2013，第 61 页。
⑧ 郭庆藩：《庄子集释》，中华书局，2013，第 62 页。

突出它的片面与流变。“道”之“小成”落入“言”的形式中，就是文字音律这样的“荣华”。自此不难发现，庄子实际上并没有去驳斥是非之辩、小成荣华。“道隐于小成，言隐于荣华”指示出“隐”的状态，而“隐”的状态并不等同于“空”“无”，也不是弥散或消亡，“隐”是肯定了其本然的存在，并揭示确有阻碍“道”彰显的屏障。所以，对待“成心”，庄子是在承认、认可、接受它存在的前提之下，保留着能将它破除的最终愿望，破除“成心”也在一定程度上意味着“道”的显豁。

二

“道恶乎隐而有真伪？言恶乎隐而有是非？……欲是其所非而非其所是，则莫若以明。”① 庄子直言，若以“成心”为师，肯定对方所否定的又否定对方所肯定的，陷入永无止境的是非之辩，则不如代之“以明”的认识方法，尝试步入“道通为一”的境界。

“夫有是有非者，儒墨之所是也；无是无非者，儒墨之所非也。今欲是儒墨之所非而非儒墨之所是者，乃欲明无是无非也。欲明无是无非，则莫若还以儒墨反覆相明。反覆相明则所是者非是，而所非者非非矣。非非则无非；非是则无是。”② 郭象从儒墨之辩的角度释庄子的“莫若以明”，带有泯灭是非的意味，实际上偏重自身的理解，目的是阐明自己的观点，而非还原庄子本意，本质上是对庄子思想做了“位移”。

想要探究“莫若以明”的意蕴，还是要基于庄子哲学向上追溯。《老子·十六章》尝言：“知常曰明。”③ “明”就是“知常”，老子的“常”即作为本原及万物规律的“道”，“知常”“明”即认识“道”，体察“道法自然”的奥义，这是老子对“明”最直接的定义。老子还说：“不自见故明”，④ “自知者明。”⑤ 这就是从人认识的角度去阐明智慧和智慧开启的状态，“明”是明智，是“大智慧”的表现。

庄子之“明”与老子之“明”合乎统一于“道”。万事万物总是包含相反相

---

① 郭庆藩：《庄子集释》，中华书局，2013，第62页。
② 郭庆藩：《庄子集释》，中华书局，2013，第64页。
③ 陈鼓应：《老子注译及评介》（修订增补本），中华书局，2013，第121页。
④ 陈鼓应：《老子注译及评介》（修订增补本），中华书局，2013，第150页。
⑤ 郭庆藩：《庄子集释》，中华书局，2013，第73页。

成的意味，大成圆满也包含着毁灭缺失，有是就有非，有彼就有此，理解并认同这些现象就是"以明"。"以明"就是"为是不用而寓诸庸"，[①]即以空明的心境观照事物之本真自然，是一种超越分别、是非的智慧方法。"以明"常表现出观念世界"无封"的特点，是超越是非界限的本然形态。对此，庄子给出更直接的形容："因是因非，因非因是。是以圣人不由，而照之以天。"[②]此处，圣人"照之以天"也就是用"以明"观照事物，"以明"是"道"显现的路径。"彼是莫得其偶，谓之道枢。枢始得其环中，以应无穷。是亦一无穷，非亦一无穷也。故曰'莫若以明'。"[③]唯有整体的、系统的、有规律的事物，才会拥有本质、关键、枢机。"道枢"就是"道"的枢机，"道枢"的存在本身就是对成见、偏见的否定，暗含着反对人执着于物性片面之意。"以明"则恰是人复归与天地圆融一体的本性的方式，是超越限制的返璞归真的认识方法。总之，"以明"是要从"成心"的浑浊中将清明的缝隙不断扩大，从"成心"里开显大"道"。

值得注意的是，既然"以明"并非截然拒斥多元，不允许一丁点儿差异的存在，那么庄子提及"莫若以明"的深层意图，实际上更多的是让人在持有观念时能够意识到由自身的偏狭带来的观点、意见的内在限定，并将其扬弃，从而去思考、理解、践行，由"分"与"争"走向"统"与"通"。

三

通过"成心"和"以明"，我们可以看到《齐物论》探讨的多样性与统一性、整体与局部的关系。在中国特色社会主义文化建设的过程中，破除"成心"，莫若"以明"，或可提供有价值的借鉴。

首先，破除"成心"，莫若"以明"，最终是为了通达大"道"，步入"齐万物而为一"的境界，这是对统一性的追求；而中国特色社会主义文化建设也是有目标指向的，一切行动都统一于这一目标下。中国特色社会主义文化建设的基本目标是：建设中国特色社会主义文化，就是以马克思主义为指导，以培育有理想、有道德、有文化、有纪律的公民为目标，发展面向现代化、面向世界、面向未来的，民族的、科学的、大众的社会主义文化。中国特色社会主义文化建设的

① 郭庆藩：《庄子集释》，中华书局，2013，第 73 页。
② 郭庆藩：《庄子集释》，中华书局，2013，第 65 页。
③ 郭庆藩：《庄子集释》，中华书局，2013，第 65 页。

根本目标：培育一代又一代有理想、有道德、有文化、有纪律的公民，提高整个中华民族的思想道德素质和科学文化素质，以适应社会主义现代化建设的需要。党的十五大制定了建设中国特色社会主义文化的纲领，提出了加强社会主义文化建设的任务，明确地把培育"四有"公民、提高全民族的思想道德素质和科学文化素质规定为中国特色社会主义文化建设的根本目标。

其次，破除"成心"，莫若"以明"的路径暗含了对多样性的包容。文化多样性就是各群体和社会借以表现其文化的多种不同形式，这些表现形式在他们内部及其间传承。文化多样性不仅体现为人类文化遗产通过丰富多彩的文化表现形式来表达、弘扬和传承，也体现为借助各种方式和技术进行的艺术创造、生产、传播、销售和消费。文化多样性是人类社会的基本特征，也是人类文明进步的重要动力。中华文化博大精深，本就具有丰富性和多样性，这就要求我们克服偏见，既要认同本民族文化，又要尊重其他民族文化，相互借鉴，求同存异。在各种形式的文化交流中，要尊重差异，理解个性，和睦相处。

最后，我们从庄子哲学中提炼精华，对"成心"与"以明"做一番阐释，本身就是对庄子哲学代表的中华传统文化的认可和赞同，是文化自信的表现。庄子哲学上承老子哲学，下启庄子后学、魏晋玄学，是中国哲学史上的恢宏篇章，有着非凡的意义。庄子在《齐物论》中阐释的"莫若以明"的认识方法，也在一定程度上成为此后历代文人、哲人阐释自家理念的"脚本"。这再次展示了优秀传统文化的魅力与风骨，也印证了哲学并非"无用之学"，更有助于增强文化底气，对建立文化自信颇具助益。

图书在版编目(CIP)数据

庄学研究. 2019 年. 第 1 期：总第 2 期 / 胡文臻，郭
飚主编. -- 北京：社会科学文献出版社，2019.4
ISBN 978 - 7 - 5201 - 4526 - 8

Ⅰ.①庄⋯ Ⅱ.①胡⋯ ②郭⋯ Ⅲ.①《庄子》- 研
究 Ⅳ.①B223.55

中国版本图书馆 CIP 数据核字（2019）第 048564 号

庄学研究 2019 年第 1 期 总第 2 期

主 编／胡文臻 郭 飚

出 版 人／谢寿光
责任编辑／周 琼
文稿编辑／汪延平

出 版／社会科学文献出版社·社会政法分社（010）59367156
 地址：北京市北三环中路甲 29 号院华龙大厦 邮编：100029
 网址：www.ssap.com.cn
发 行／市场营销中心（010）59367081 59367083
印 装／三河市东方印刷有限公司

规 格／开 本：787mm × 1092mm 1/16
 印 张：14.75 字 数：249 千字
版 次／2019 年 4 月第 1 版 2019 年 4 月第 1 次印刷
书 号／ISBN 978 - 7 - 5201 - 4526 - 8
定 价／89.00 元

本书如有印装质量问题，请与读者服务中心（010 - 59367028）联系